교사를 위한 **지속가능발전교육**

교육과 **지속가능발전**의 만남

조성화 · 안재정 · 이성희 · 최돈형 공저

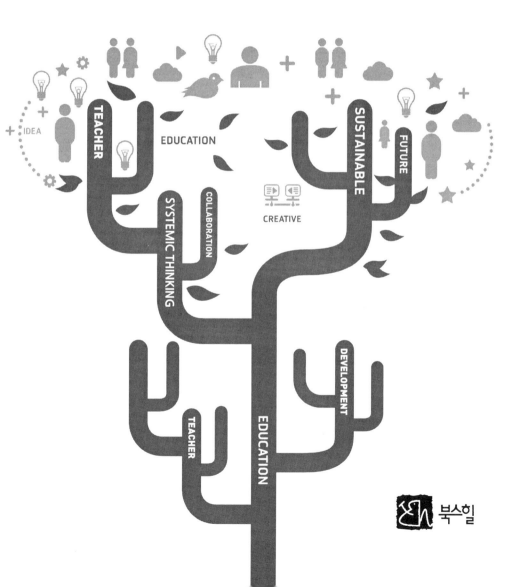

북스힐

머리말

본 교재는 세계적으로 점차 중요성이 부각되고 있는 『지속가능발전교육』에 대해 현직 교사들이 쉽게 이해할 수 있도록 하는 데 목적을 두고 개발하였다. 사실 아직까지 우리나라에는 학교에서 지속가능발전교육을 적용하는 데 직접적인 도움이 될 만한 교재가 거의 없고, 이러한 상황 때문에 지속가능발전교육에 관심을 갖고 있는 교사들도 그 관심을 실행의 차원으로까지 발전시켜 나가지 못하는 경우가 많았다.

본 저자들은 이러한 현실적인 어려움을 해결하기 위해 지속가능발전교육을 교사의 시각에서 쉽게 이해할 수 있도록 교재 내용을 서술하였고, 학교에 직접 적용하는 데 도움이 될 수 있는 다양한 사례들을 제시하였다. 또한 지속가능발전교육에 대한 "이론, 방법, 사례, 평가, 전망"으로 이어지는 일련의 흐름으로 교재를 구성하여 지속가능발전교육에 대해 종합적이고 체계적인 학습이 가능하도록 하였다.

모든 저자들은 지속가능발전교육을 우리나라의 교육 현장에 확산시키기 위해 오랜 기간 노력해 왔으며, 지속가능발전교육을 주제로 한 교사 연수 활동을 통해 현장의 목소리를 많이 들어왔다. 또한 유네스코에서 교사를 대상으로 개발한 지속가능발전교육 프로그램을 번역하여 우리나라에 소개한 경험도 가지고 있다. 이러한 경험들은 본 교재가 현직 교사들에게 보다 구체적이고 실질적인 도움이 될 수 있도록 개발되는 데 많은 영향을 주었다.

지속가능발전교육이 잠시 스쳐가는 유행이 아닌, 학교 교육의 핵심 가치가 되었을 때 우리나라의 교육, 사회, 문화는 미래 세대까지 바람직한 모습으로 지속될 수 있을 것이다. 또한 우리나라의 이러한 변화는 지구 수준의 지속가능발전에도 긍정적인 기여를 하게 될 것이다.

본 교재를 통해 보다 많은 교사들이 지속가능발전교육을 더 잘 이해하고 현장에서 미래세대를 키워내는 교육에 접목할 수 있게 되길 진심으로 바란다.

저자 일동

차 례

1부

지속가능발전교육의 이해

지금까지 지속가능발전교육이라는 용어를 들어보기는 했지만 잘 알지 못했다면 1부를 통해 그 궁금증을 해소할 수 있을 것이다. 1부에서는 지속가능발전교육의 개념과 목표, 교육과의 관계, 영역과 주제 등을 다룬다. 이러한 내용은 지속가능발전교육에 대한 보다 체계적인 이해가 필요한 연구자나 교육자들에게 도움이 될 것이다.

1장

지속가능발전교육의 개념과 목표

> 물질에는 한계가 있지만 사람의 욕망에는 한이 없다.
> 한계가 있는 것으로 한없는 것을 만족시키자면
> 반드시 다툼이 일어날 수밖에 없다.
> – 뤼신우

1. 지속가능발전교육의 개념

지속가능발전교육(Education for Sustainable Development: ESD)
에 대해 이해하기 위해서는 먼저 지속가능발전(Sustainable Develop-
ment: SD)에 대한 기초적인 이해가 필요하다. 지속가능발전은 현재
의 인류가 선택하고 있는 발전이 장기적으로 보았을 때 지속되지 못
할 것이라는 문제의식에서 출발한다. 현재 우리 인류의 발전은 과도
한 에너지 소비, 화석에너지에 의지한 산업 활동, 가진 자에게 더 많
은 것을 갖게 하는 사회 구조, 국가 간 불평등한 관계와 같은 것들에
의존하고 있는 경향이 크다.

단적인 예로 우리나라의 경우 지난 50년 동안 1인당 에너지 사용량
이 100배 가까이 늘어났고, 이러한 에너지의 대부분은 화석연료에 의
존하고 있다. 인구 측면에서 보면 100년 전 지구 전체 인구가 15억

명이었는데 현재는 중국에만 15억 명이 살고 있고, 지구 전체 인구는 100년 만에 5배가 늘어나서 75억 명에 육박하고 있다. 경제적 측면에서는 세계 상위 20 %가 전체 수입의 80 % 이상을 차지하고 있고, 하위 20 %는 수입의 1 %를 조금 넘게 차지하고 있을 뿐이다.

이러한 방식으로 인류의 발전이 계속될 수 있을까? 지구의 자원과 에너지가 무한하다면 가능할 수도 있겠지만, 우리가 알고 있는 것처럼 지구는 물질적인 측면에서 보았을 때 "닫힌계"이며, 자원은 유한하다. 따라서 지금과 같은 방식의 발전이 계속 된다면 에너지 문제, 국가 간 분쟁, 사회적인 혼란, 환경 문제 등이 심화되어 조만간 인류의 발전은 멈추거나 오히려 후퇴하게 될 것이다. 이렇게 발전이 지속되지 못하는 상태를 "지속불가능한 발전"이라고 부른다.

[그림 1.1]에서 볼 수 있는 것처럼 지속불가능한 발전의 패턴에 빠지게 되면 환경과 인간의 건강, 발전 자체에 부정적인 영향을 주게 되고, 지속적으로 쇠락해 가는 구조를 보이게 된다.

지속가능발전은 이러한 지속불가능한 발전의 형태를 극복하고 장기적으로 지구에서 인간과 인간 이외의 모든 생물종이 함께 발전해가면서 삶을 유지하는 것을 목적으로 한다. 즉, 지속가능발전은 지금까지

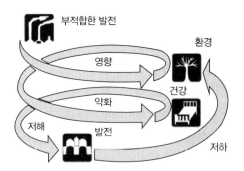

[그림 1.1] 지속불가능발전의 하향식 나선형

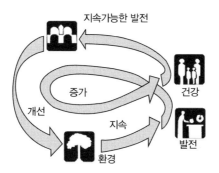

지속가능한 발전

증가

개선

건강

지속

발전

환경

[그림 1.2] 지속가능발전의 상향식 나선형

인류가 추구해 왔던 물질적 성장 중심의 발전 패러다임에서 벗어나 장기적으로 지속될 수 있는 새로운 방식의 발전 패러다임을 의미한다.

[그림 1.2]에서 볼 수 있는 것처럼 지속가능발전 패턴이 자리를 잡게 되면 환경과 인간, 발전이 모두 긍정적으로 변화하게 되고, 지속적으로 상승해 가는 구조를 보이게 된다.

지속가능발전은 그 개념이 처음 등장한지 이미 40여 년이 지났고, 많은 연구자들에 의해 계속해서 그 정의와 개념이 진화하고 있다. 사실 지속가능발전은 국가나 지역의 상황에 따라서 다양하게 정의되어야 하는 개념이다. 그 이유는 국가마다 현재 상태가 다르기 때문에 각 국가의 현 상태에 적절한 지속가능발전의 방식이 다를 수 있기 때문이다.

하지만 국가나 지역마다 다양하게 지속가능발전이 정의될 수 있고, 그에 따른 여러 전략들이 사용될 수 있다고 하더라도 지속가능발전에서는 가장 기본적으로 공유해야 하는 가치가 있다. 그 가치는 "현 세대와 미래 세대를 함께 고려하는 것, 우리의 삶에서 꼭 필요한 최소한의 것을 찾아가는 것, 양적인 성장 못지않게 질적인 변화를 중시한다는 것" 등이다. 이러한 가치는 초창기의 지속가능발전교육의 정의이

자 현재도 가장 널리 사용되고 있는 1987년 세계인간개발회의에서 출간된 우리 공동의 미래(속칭 브룬트란트 보고서)의 정의에 다음과 같이 잘 나타나 있다.

> 미래세대의 필요(need)를 훼손하지 않는 범위에서 현 세대의 필요(need)를 충족시키는 발전
>
> – World Commission on Environment and Development, 1987

ESD 토막상식

필요(needs)와 욕구(wants)

지속가능발전에 대한 논의에서 자주 등장하는 용어 중 하나가 필요(needs)이다. 필요는 일반적으로 욕구(wants)와 대비되는 개념으로 "우리가 살아가는 데 필요한 최소한의 것"으로 정의할 수 있다. 우리가 살아가기 위해 필요한 최소한의 것을 생각해본 후 최소한의 것 이외의 것(욕구: wants)들을 제거해 보는 노력은 지속가능발전을 위한 삶의 전략이 된다.

예를 들어 현재 우리나라에서 자동차가 없다면 삶을 유지하는 데 상당한 불편을 겪을 가능성이 높다. 즉 우리나라에서 자동차는 필요의 영역에 들어간다고 볼 수 있다. 하지만 자동차가 필요하다고 해서 화석연료를 과도하게 소모하는 높은 배기량의 자동차나 자신의 필요에 비해 불필요하게 큰 차일 필요는 없다. 이러한 높은 배기량의 자동차나 대형차는 욕구의 영역에 들어간다고 할 수 있다. 또한 버스와 전철 등과 같은 대중교통을 충분히 활용해도 문제가 없는 상황에서 자가용을 이용하는 것도 욕구의 영역에 들어간다고 할 수 있다.

즉, 필요와 욕구는 국가나 사회에 따라 달라지는 개념이며, 심지어 개인의 삶 속에서도 절대적으로 정해져 있기 보다는 상황에 따라서 달라질 수 있다.

지속가능발전이 인류의 새로운 발전 방향으로 자리를 잡게 됨에 따라 이를 실현하기 위한 다양한 방안들이 제시되고 있다. 예를 들어 대체에너지 개발이나 공정 무역, 개발도상국으로 친환경 기술 이전, 기후변화에 대응하기 위한 국가 간 협약 등이 이러한 방안들이다. 이 방안들 중에서 새로운 발전의 형태를 많은 사람들이 공감할 수 있도록 도와주고 삶의 형식을 바꿀 수 있도록 하는 데 효과적인 것이 바로 "교육"이다.

지금 지구적으로 발생하고 있는 여러 문제들을 보면 현재까지 많은 국가들이 중점을 두고 있던 일반적인 교육(기초교육)만으로는 지속불가능한 발전에서 벗어날 수 없다는 것이 점점 자명해지고 있다. 따라서 지속가능한 발전을 위해 미래세대와 현세대가 지속가능발전의 개념을 알고 이를 위해 행동할 수 있도록 도와줄 수 있는 교육이 대두되고 있고, 이러한 교육을 "지속가능발전교육(ESD)"이라고 한다. 지속가능발전교육도 지속가능발전과 같이 다양하게 정의될 수 있지만, 일반적으로 다음과 같이 정의된다.

> 모든 사람들이 질 높은 교육의 혜택을 받을 수 있으며, 이를 통해 지속가능한 미래와 사회 변혁을 위해 필요한 가치, 행동, 삶의 방식을 배울 수 있는 사회를 지향하는 교육
>
> — UNESCO, 2012

앞서 언급했던 것처럼 현재 우리가 보유하고 있는 단편적인 경험, 지식, 기술만으로는 오늘날 전 지구적으로 직면하고 있는 환경적·사회적·경제적 문제들을 설명하고, 해결하기가 어렵다는 것이 전문가들의 일반적인 의견이다. 지금까지 우리 인류는 위기에 직면할 때마

다 성공적으로 위기를 극복할 수 있는 길을 찾아온 것이 사실이지만, 현재의 문제들은 과거의 위기들에 비해 그 규모가 훨씬 크며, 복잡한 특성을 가지고 있다. 바로 이것이 전 세계 시민들에게 지속가능발전에 대해 인식하고 이를 실천할 수 있는 대안을 찾는 방법과 능력을 배울 것을 요구하는 이유이다.

2. 지속가능발전교육의 목표

지속가능발전교육은 단순히 지속가능발전과 관련된 내용이나 원칙들을 가르치는 것 이상의 의미를 지닌다. 가장 넓은 의미에서의 지속가능발전교육은 보다 지속가능한 사회를 만들고자 하는 목표를 가지고 사회를 변화시키기 위한 교육이라고 할 수 있다. 따라서 지속가능발전교육은 교육 계획, 교육 정책 개발, 프로그램 시행, 교육 재정, 교육 과정, 교수 · 학습, 평가, 행정을 포함하는 교육의 모든 측면에 관계되어 있다.

유네스코(UNESCO)에서는 지속가능발전교육의 핵심 목표와 강조 분야를 다음과 같이 제시하고 있다.

첫 번째 핵심 목표는 기초교육에 대한 접근성을 향상시키고 이를 유지하는 것이다. 학생들이 양질의 기초교육을 지속적으로 받는 것은 그들의 삶과 그들이 살아가고 있는 사회 전반의 복지를 위해 매우 중요하다. 기초교육이 잘 이루어졌다고 해서 지속가능발전이 실현되는 것은 아니지만, 기초교육이 충실히 이루어지지 못하면 지속가능발전과 지속가능발전교육이 성공할 수 없다. 기초교육은 학생들이 지속가능한 삶을 유지하는 데 필요한 기본적인 지식, 기능, 가치, 관점을 습득할 수 있도록 돕고, 시민들이 지속가능한 삶을 영위할 수 있도록 지원할 수 있기 때문이다.

두 번째 핵심 목표는 지속가능성을 다루기 위해 기존 교육 프로그램을 재구조화하는 것이다. 교육의 재구조화는 유아교육부터 고등교육에 이르는 교육 전반의 변화를 요구하는데, 이를 위해서는 무엇을 가르쳐야 하고, 어떻게 가르쳐야 하며, 평가를 어떻게 해야 하는지와 같은 것을 지속가능성을 중심으로 검토해볼 필요가 있다.

세 번째 핵심 목표는 지속가능발전에 대한 대중의 이해와 인식을 증진하는 것이다. 지속가능발전의 목표를 달성하기 위해서는 지역사회와 국가의 지속가능성 목표를 실현하는 데 필요한 일상의 실천에 대해 충분히 인지하고 있는 시민들이 필요하다. 이를 위해 교육이 기여해야 하며, 시민들이 평생에 걸쳐 학습할 수 있도록 지역사회의 광범위한 교육과 책임감 있는 홍보 미디어가 필요하다.

마지막 핵심 목표는 모든 직업인에 대한 교육 실시이다. 직업 인력은 자신의 일을 통해서 지역적, 국가적 차원의 지속가능발전 실현에 기여할 수 있다. 공공 및 민간 영역의 직업인들은 지속가능발전의 원칙이 반영된 직업 및 전문 훈련을 지속적으로 받을 수 있으며, 이를 통해 모든 직업인들이 지속가능한 방식으로 의사결정을 하고 업무를 추진하는 것이 가능하다. 따라서 모든 직업인들에게 지속가능발전을 이해하고 실행하는 것과 관련된 지식 및 기능에 접근할 수 있는 기회를 제공해야 한다.

핵심 목표 중 처음의 두 핵심 목표(기초교육 접근 향상, 교육 프로그램 재구조화)는 주로 형식교육과 관련이 있고, 마지막 두 목표(대중의 이해와 인식 증진, 모든 직업인 대상 교육)는 비형식교육 또는 무형식교육과 연관되어 있다. 이를 보면 지속가능발전교육 목표를 달성하기 위해서는 형식, 비형식, 무형식 부문을 포함한 모든 교육공동체의 활동과 연계가 요구되는 것을 알 수 있다.

3. 지속가능발전교육의 특성

지속가능발전교육은 교육의 전반적인 재구조화를 추구하며, 사회의 변화를 목표로 하는 만큼 기존 교육에 비해 다양한 특성을 가지고 있다. 일반적으로 논의되는 지속가능발전교육의 특성은 [그림 1.3]과 같다.

1) 상황 의존성
지속가능발전교육은 교육을 진행하는 사회, 국가의 상황에 적합한 방식으로 진행되어야 한다. 모든 지속가능발전교육이 지속가능한 사회를 목표로 하지만 국가나 사회마다 현재 처해있는 상황이 각각 다르기 때문에 상황에 따라서 다른 방식의 접근이 필요하다.

예를 들어 선진국의 경우 많은 시민들이 충분한 기초교육을 받았고, 경제적으로도 일정 수준 이상에 도달해있기 때문에 책임 있는

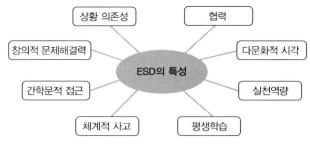

[그림 1.3] 지속가능발전교육의 특성

지구 시민으로서의 삶에 초점을 둔 지속가능발전교육이 필요하다. 반면에 개발도상국에서는 우선적으로 기초적인 소양 교육과 빈부격차 해소를 위한 방안 마련, 민주적인 의사결정 구조 정립을 위한 노력 등에 초점을 둔 지속가능발전교육이 필요할 것이다.

이렇게 지속가능발전교육은 사회, 국가의 상황과 여건에 적합한 방식으로 접근할 필요가 있으며, 이러한 접근이 잘 이루어졌을 때 성공 가능성이 훨씬 높아진다.

2) 창의적 문제해결력

창의적 문제해결력은 지속가능발전교육을 통해 학습자들이 기를 수 있는 능력 중 한 가지이다. 지속가능발전교육에서는 현실 문제가 교육의 주제로 등장하고 학습자는 이를 해결하기 위한 다양한 방안을 찾아보며, 가능한 수준에서 현실 문제를 해결하기 위한 행동에 참여하기도 한다. 이러한 과정에서 반드시 필요한 능력이 바로 창의적 문제해결력이다.

각 국가나 사회의 상황에 적합한 창의적인 해결방법을 도출하고, 효율적이며 합리적인 해결 방안을 찾는 것은 쉬운 일이 아니다. 따라서 지속가능발전교육은 학습자들이 창의적 문제해결력을 가질 수 있도록 하는 것을 중요한 특징으로 한다.

3) 간학문적 접근(학문간 통합)

지속가능발전교육의 특징 중 한 가지는 간학문적 접근이다. 간학문적 접근이란 다양한 학문 영역이 하나의 주제를 중심으로 통합되는 접근 방식을 의미한다. 지금까지 우리는 학교에서 분절된 교과목 중심의 교육을 받아왔다. 이러한 분절된 교육은 각각의 학문 영역을 깊이 있게 이해하는 것에는 효과적일 수 있지만, 다양한 학문 영역을 연계해서 이해하고 통합적으로 생각하기에는 적합한 방법이 아니다. 이러한 문제를 해결하기 위해 최근에는 융합인재교육(STEAM)과 같이 다양한 학문을 통합적으로 접근하는 방식이 교육에 적극적으로 도입되고 있다.

지속가능발전교육에서 다루는 내용이나 문제들 역시 어느 하나의 학문을 이해하는 것만으로는 그 본질을 정확하게 이해하거나 문제의 해결 방법을 찾기가 쉽지 않다. 예를 들어 지역 하천의 수질 문제를 다룬다면 수질 측정 및 수질 개선을 위한 다양한 공학적 지식이 필요하고 지역에서 이 하천 수질에 영향을 주는 다양한 지리적, 공간적, 사회적 측면에서의 요소 분석이 필요하며, 만약 수질을 개선한다면 이를 위한 다양한 경제적, 사회적, 문화적 요소를 고려해야 한다. 이러한 하나하나의 요소들은 독립적인 학문 영역이라고 할 수 있는데, 만약 우리가 이들 중 어느 한 요소만을 고려한다면 지역 하천의 수질 문제를 올바르게 다루는 데 많은 한계를 가지게 될 것이다. 또한 하천 생태를 지속시키는 것은 쉽지 않을 것이다.

이러한 사례에서 볼 수 있는 것처럼 어떤 주제에 대해 지속가능발전교육의 측면으로 접근한다는 것은 그 주제와 관련된 다양한 학문적 영역들을 통합적으로 고찰한다는 의미가 된다.

4) 체계적 사고

지속가능발전교육이 간학문적인 접근을 해야 한다는 것과 같은 맥락에서 지속가능발전교육은 학습자들이 체계적인 사고(system thinking)를 할 수 있도록 교육하는 특성을 갖는다. 체계적 사고는 산업, 경제, 과학 및 사회분야의 복잡성과 변화를 이해하고 설명하는 방법 중 하나이다. 체계적 사고는 선형 방식의 사고에 대한 대안으로 등장한 사고방식으로 다양한 요인들이 독립적이지 않고 인과관계를 가지고 있으며, 결과가 다시 원인에 영향을 줄 수 있다고 가정한다. 이를 통해 원인과 결과가 지속적으로 상호영향을 주면서 자기 강화나 자기 약화가 일어날 수 있다고 본다.

이러한 체계적 사고방식은 상황에 따른 다양성, 변화 및 복잡성을 가지고 있는 지속가능발전교육의 주제를 이해하고 해결하는 데 적절한 방식이라고 할 수 있다. 예를 들어 최근 이슈가 되고 있는 기후변화 현상의 경우에도 여러 학문에서 간학문적인 접근을 하는 것과 동시에 기후변화라는 복잡한 현상을 이해하기 위한 체계적인 사고를 통해서만 현상을 올바르게 이해하고 대응해나갈 수 있다. 기후변화의 "원인 – 영향 및 결과 – 해결방안"이라는 선형적인 도식으로는 복잡한 양상으로 드러나는 기후변화 현상의 완화와 적응에 적절하게 대응하기에 역부족인 것이다.

5) 협력

지속가능발전교육을 성공시키기 위해서는 다양한 주체들 간의 협력이 중요하며, 이는 지속가능발전교육의 중요한 특성이다. 지속가능발전교육을 위해서는 우선 교수자 간의 협력이 이루어져야 한다. 앞서 제시한 것처럼 지속가능발전교육은 다양한 학문 간의 연계와 시스템적 사고가 필수적으로 요구되기 때문에 특정 교사 한 명이 지속가능발전교육 전체를 효율적이고 효과적으로 담당하는 것은 불가능한 일이다.

따라서 지속가능발전교육에 대한 내용을 다룰 때에는 관련이 있는 동교 교수자 및 전문가 등과 협력하여 교육을 진행해야 한다. 이와 같은 맥락에서 학교와 사회, 기업, 정부 등 다양한 주체들의 적극적인 의지와 협력을 통해 학습자가 지속가능발전에 대해 이해하고, 이를 내면화할 수 있도록 도와주는 것이 무엇보다 중요하다고 할 수 있다.

6) 다문화적 시각

지속가능발전교육에서 다루게 되는 주제들 중 대부분의 주제들이 지역 수준을 넘어서 국가와 지구 수준까지 확대되는 경우가 많다. 이렇게 다루는 주제의 범위가 넓어짐에 따라 필수적으로 요구되는 것이 다양한 문화를 받아들이고 인정하며, 이들 문화를 존중해주는 태도이다. 이는 지속가능발전의 한 영역인 "사회적 영역"에서 특히 강조하는 것으로 각기 다른 문화와 국가, 지역이 가지고 있는 불평등을 인지하고, 이를 해소하는 것은 지속가능발전교육의 목표 중 하나이다.

우리나라도 이미 다문화 사회로 접어들고 있고, 다문화 교육이 학교교육에서 중요한 위치를 차지하게 되었다. 다문화 교육은 우리와 다른 사회 및 국가를 있는 그대로 받아들이고 서로 이해하는 것을 중요한 가치로 삼는다. 지구의 여러 사회와 국가들이 지속가능하기 위해서는 상호 존중과 이해가 중요하기 때문에 지속가능발전교육에서 다문화적 시각을 갖추는 것은 중요한 특성이 된다.

7) 실천역량

지속가능발전교육의 장기적인 목표 중 하나는 학습자의 실천역량을 길러주는 것이다. 실천역량은 말 그대로 특정 주제나 문제에 대해 알고 있는 수준에서 머무는 것이 아니라 실천하고 행동할 수 있는 힘을 의미한다. 따라서 지속가능발전교육은 학습자가 지속가능발전과 관련된 주제에 대해 단순하게 인식하고 이해하는 수준을 넘어 그러한 주제를 자신과 직접적으로 관련된 것으로 내면화하고, 이를 위해 행동할 수 있도록 하는 것을 목표로 한다. 다시 말해 지속가능발전교육은 국가나 사회, 지구의 변화를 최종적인 목표로 하는 만큼 변화를 위한 역량을 기르는 것이 중요한 것이다.

8) 평생학습

지속가능발전교육은 평생학습의 특성을 갖는다. 지속가능발전교육에서는 복잡한 지구적 문제나 현 시점에서 직면한 지역적, 사회적 문제들을 다루는데, 이는 개인의 삶과 직접적으로 관련된 것들이다. 따라서 지속가능발전교육은 특정 시기나 공간에서만 이루어질 수 있는 성격의 교육이 아니다. 학습자 개인으로 보았을 때 지속가능발전교육은 태어나서 죽을 때까지 시간적인 모든 영역에서 교육이 이루어져야 하며, 특정 시점에서 보았을 때는 교육의 다양한 주체(학교, 지역사회, 가정 등)에서 동시에 이루어져야 하는 교육이다.

모든 주체에서 통합적이고 조직적으로 지속가능발전교육이 잘 이루어지기 위해서는 구심점이 필요한데, 우리나라의 여건에서는 우선적으로 "학교"를 중심으로 다양한 주체가 협력해서 교육을 진행하는 것이 가장 효과적인 방법이라고 할 수 있다.

4. 지속가능발전교육의 확산

1990년대부터 지속가능발전교육의 개념이 보다 정교화되었고, 이후 지속가능발전교육을 위한 교사교육 프로그램이 개발되어 보급되기 시작했다. 이러한 대표적인 프로그램 중 한 가지가 바로 "지속가능한 미래를 위한 교수학습(Teaching and Learning for a Sustainable Future: TLSF)"이다. TLSF 프로그램은 유네스코에서 개발한 프로그램으로 지구상의 모든 교육자를 대상으로 웹에 프로그램을 공개하고 있으며, 프로그램이 개발된 이후 현재까지 지속적으로 수정, 보완 작업이 진행되고 있다. 이 TLSF 프로그램의 보급 이후 국가별로 다양한 지속가능발전교육 프로그램이 자체적으로 개발되고 있다.

TLSF 프로그램

교사를 대상으로 한 지속가능발전교육의 대표적인 교육 프로그램이 TLSF 프로그램이다. 유네스코에서 개발해서 온라인으로 공개하고 있어서 누구든 쉽게 활용할 수 있는 이 프로그램의 웹 주소는 www.unesco.org/education/tlsf이다. TLSF 프로그램은 크게 4개 주제(교육과정 이론, 교육과정에서의 지속가능발전, 현시대의 쟁점들, 교수 · 학습 전략)로 구분되어 있고, 총 27개의 하위 주제가 포함되어 있다. TLSF 프로그램의 특징 중 한 가지는 각각의 하위 주제가 독립적인 모듈 식으로 구성되어 있어서 모든 주제를 학습할 필요 없이 학습자가 필요한 주제를 선택적으로 학습할 수 있다는 것이다. 또한 학습자가 별도의 교수자의 도움 없이 스스로 학습을 할 수 있도록 구성되어 있는 학습자 중심 프로그램이라는 것도 중요한 특징이다. 마지막으로 처음 프로그램이 온라인에 공개된 이후로 10여 년이 지나는 동안 지속적으로 프로그램이 업데이트되고 있어서 지속가능발전교육 영역의 가장 공신력 있는 최신의 정보를 확인할 수 있다는 것도 이 프로그램의 큰 특징이다.

이 TLSF 프로그램은 최돈형 등에 의해 우리나라 말로 번역되어 "교사가 실천하는 지속가능발전교육: 미래 세대와 동행하기"라는 책자로 발간되었다.

이렇게 지속가능발전을 실현하기 위해서 '교육'이 중요하다는 인식이 점차 강조되자, 2002년 12월 제57차 유엔총회에서는 지속가능한 세계로 나아가는 데 있어 교육의 역할을 강조하기 위해 2005년부터 2014년까지를 '지속가능발전교육 10년(Decade of Education for Sustainable Development: DESD)'으로 지정하는 결의안을 채택하였고, 이를 추진하는 주무 기관으로 유네스코를 선정하였다.

지속가능발전교육 10년(DESD)을 통해 다양한 형태의 교육과 대중의 인식 증진 및 훈련 활동을 제공하여 보다 지속가능하고 공정한 범세계적 공동체를 만들고자 하였다. 2007년에 열린 제34차 유네스코 총회에서는 지속가능발전교육을 위해 교수·학습을 재구조화하기 위해서는 유네스코와 그 회원국들이 보다 내실 있는 계획을 수립해야 한다는 점을 인식하고, 지속가능발전교육 관련 결의안을 채택했다. 이와 관련해 유네스코와 전 세계 국가들은 처음으로 지속가능발전교육을 개념화하고 전략적으로 이행해야 할 과제에 직면하게 되었다. 지속가능발전교육 10년의 후반기에는 이행할 과제들이 어느 정도 성과를 내고 있는지를 확인하는 쪽으로 초점이 옮겨졌다.

2009년에 50여 명의 장차관을 포함한 150여 개국에서 900여 명이 참가한 가운데, 독일 본에서 개최된 지속가능발전교육 10년 중간점검 회의에서는 유네스코의 역할이 다시금 강조되었다. 또한 이때 발표된 「본 선언」은 전 세계에 지속가능발전교육을 위한 행동계획과 함께, 남은 지속가능발전교육 10년 기간 동안 지속가능발전교육을 이행하기 위한 구체적인 절차를 제공해 주었다.

유엔에서는 총회 결의안을 통해 '지속가능발전교육 10년'의 최우선 목표로 정부가 모든 교육시스템과 전략 및 국가 발전계획에 '지속가능발전교육 10년'의 이행 방안을 포함시키는 것을 고려하도록 장려한다고 명시하였다. 이를 위해 '지속가능발전교육 10년'은 모든 형태의 교육과 학습에 지속가능발전을 내재적으로 연계시키는 가치, 활동, 원칙들을 통합하고, 사회적·환경적·경제적 차원에서 보다 지속가능한 미래를 보장하는 태도, 행동, 가치의 변화를 돕는 것을 목표로 한다. 또한 '지속가능발전교육 10년'은 국가의 모든 이해관계자들이 지속가능성의 관점을 지니고 세상을 바라볼 수 있도록 다양한 차원의 교육, 훈련 및 관리 방식을 재구조화할 수 있는 기회를 제공해 주었다.

유엔의 '지속가능발전교육 10년'은 다음과 같은 구체적인 활동 목표 제시를 통해 이러한 결과를 성취하고자 하였다. 첫째, 유엔 시스템을 비롯해 회원국 내와 회원국 간의 지속가능발전교육 이해관계자들 간에 지역적·국가적·국제적 네트워크, 연계, 교류 및 상호작용을 촉진한다. 둘째, 지속가능발전교육을 위한 양질의 교수, 학습, 연구 및 역량 구축을 장려한다. 셋째, 지속가능발전교육을 통해 새천년개발목표를 달성하고자 하는 국가들을 지원한다. 넷째, 기후변화 및 재난 위험 감소를 중시하는, 최근의 교육 경향을 지지하고 통합하는 개념으로써 지속 가능발전교육을 제시한다. 다섯째, 지속가능발전교육을 통해 지속가능발전과 교육의 질 향상을 동시에 달성할 수 있는 교육개혁의 기회를 제공한다.

5. 우리나라 지속가능발전교육의 전개

우리나라에서도 앞선 국제적 흐름에 따라서 다양한 방법으로 지속가능발전교육을 추진해 왔으며, 지속가능발전교육 10년 동안의 우리나라 변화 양상을 이선경 등(2014)은 '1기, 2기, 3기'로 구분하였다.

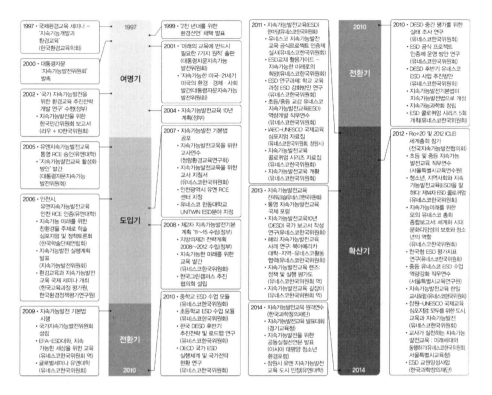

1997 · 국제환경교육 세미나 -
 '지속가능개발과
 환경교육'
 (한국환경교육학회)

2000 · 대통령자문
 '지속가능발전위원회'
 발족

2002 · '국가 지속가능발전을
 위한 환경교육 추진전략
 개발 연구' 수행(정부)
 · 지속가능발전을 위한
 한국민간위원회 보고서
 (리우 + 10한국위원회)

2005 · 유엔지속가능발전교육
 통영 RCE 승인(유엔대학)
 · '지속가능발전교육 활성화
 방안' 발간
 (대통령자문지속가능
 발전위원회)

2006 · 인천시
 유엔지속가능발전교육
 인천 RCE 인증(유엔대학)
 · 지속가능 미래를 위한
 친환경을 주제로 학술
 심포지엄 및 정책토론회
 (한국학술단체연합회)
 · 지속가능발전 실행계획
 발표
 (지속가능발전위원회)
 · 환경교육과 지속가능발전
 교육 국제 세미나 개최
 (한국교육과정 평가원,
 한국환경정책평가연구원)

2009 · 지속가능발전 기본법
 시행
 · 국가지속가능발전위원회
 설립
 · EFA~ESD대회, 지속
 가능한 세상을 위한 교육
 (유네스코한국위원회 역)
 · 글로벌세미나 유엔대학
 (유네스코한국위원회)

여명기

도입기

전환기

2010

1997

1999 · '2천 년대를 위한
 환경선언' 채택 발표

2001 · 미래의 교육에 반드시
 필요한 7가지 원칙 출판
 (대통령자문지속가능
 발전위원회)
 · '지속가능한 미국~21세기
 미국의 환경 · 경제 · 사회
 발전(대통령자문지속가능
 발전위원회)

2004 · 지속가능발전교육 10년
 계획(정부)

2007 · 지속가능발전 기본법
 공포
 · 지속가능발전교육을 위한
 교사연수
 (청람환경교육연구회)
 · 지속가능발전교육을 위한
 교사 지침서
 (유네스코한국위원회)
 · 인천광역시 유엔 RCE
 센터 지정
 · 유네스코 한동대학교
 UNTWIN ESD분야 지정

2008 · 제2차 지속가능발전기본
 계획('11~'15 수립(정부)
 · 지방의제21 전략계획
 2008~2012 수립(정부)
 · 지속가능한 미래를 위한
 교육 발간
 (유네스코한국위원회)
 · 한국그린캠퍼스 추진
 협의회 설립

2010 · 중학교 ESD 수업 모듈
 (유네스코한국위원회)
 · 초등학교 ESD 수업 모듈
 (유네스코한국위원회)
 · 한국 DESD 후반기
 추진전략 및 로드맵 연구
 (유네스코한국위원회)
 · OECD 국가 ESD
 실행체계 및 국가전략
 현황 연구
 (유네스코한국위원회)

2010

2011 · 지속가능발전교육(ESD)
 한마당(유네스코한국위원회)
 · 유네스코 지속가능발전
 교육 공식프로젝트 인증제
 실시유네스코한국위원회)
 · ESD교재 활용가이드 -
 지속가능한 미래의
 희망(유네스코한국위원회)
 · ESD 연구과제: 학교 교육
 과정 ESD 강화방안 연구
 (유네스코한국위원회)
 · 초등/중등 교과 유네스코
 지속가능발전교육(ESD)
 역량개발 직무연수
 (유네스코한국위원회)
 · IAEC~UNESCO 국제교육
 심포지엄 자료집
 (유네스코한국위원회 창원시)
 · 지속가능발전교육
 콜로퀴엄 시리즈 자료집
 (유네스코한국위원회)
 · 지속가능발전교육 개황
 (유네스코한국위원회)

2013 · 지속가능발전교육
 전국워크숍(유네스코한국위원회)
 · 통영 지속가능발전교육
 국제 포럼
 · 지속가능발전교육10년
 (DESD) 국가 보고서 작성
 연구(유네스코한국위원회)
 · 해외 지속가능발전교육
 사례 연구: 북아메리카
 대학~지역~유네스코활동
 협력(유네스코한국위원회)
 · 지속가능발전교육 렌즈:
 정책 및 실행 평가도
 (유네스코한국위원회 역)
 · 지속가능발전교육 길잡이
 (유네스코한국위원회 역)

2014 · 지속가능발전교육 원격연수
 (한국과학창의재단)
 · 지속가능발전교육 발표대회
 (경기교육청)
 · 지속가능발전을 위한
 공동실철선언문 발표
 (아시아 태평양 청소년
 환경포럼)
 · 창원시 유엔 지속가능발전
 교육 도시 인정(유엔대학)

2010

전환기

확산기

2014

2010 · DESD 중간 평가를 위한
 실태 조사 연구
 (유네스코한국위원회)
 · ESD 공식 프로젝트
 인증제 운영 방안 연구
 (유네스코한국위원회)
 · DESD 후반기 유네스코
 ESD 사업 추진방안
 (유네스코한국위원회)
 · 지속가능발전기본법이
 지속가능발전법으로 개정
 · 지속가능과학회 창립
 · ESD 콜로퀴엄 시리즈 5회
 개최(유네스코한국위원회)

2012 · Rio+20 및 2012 ICLEI
 세계총회 참가기
 (전국지속가능발전협의회)
 · 초등 및 중등 지속가능
 발전교육 직무연수
 (서울특별시교육연수원)
 · 청소년, 지역사회와 지속
 가능발전교육(ESD)을 말
 하다! 제14차 ESD 콜로퀴엄
 (유네스코한국위원회)
 · 지속가능미래를 위한
 모의 유네스코 총회
 종합보고서 세계화 시대
 문화다양성의 보호와 청소
 년의 역할
 (유네스코한국위원회)
 · 한국형 ESD 평가지표
 연구(유네스코한국위원회)
 · 중등 유네스코 ESD 수업
 역량강화 직무연수
 (서울특별시교육연구원)
 · 지속가능발전교육 한일
 교사포럼(유네스코한국위원회)
 · 창원~UNESCO 국제교육
 심포지엄 모두를 위한 도시
 교육과 지속가능발전
 (유네스코한국위원회)
 · 교사가 실천하는 지속가능
 발전교육: 미래세대와
 동행하기(유네스코한국위원회,
 서울특별시교육청)
 · ESD 교원양성사업
 (한국과학창의재단)

[그림 1.4] 우리나라 지속가능발전교육의 시기 구분

본 교재에서는 UN 지속가능발전교육 10년(2005년~2014년) 동안의
우리나라 변화 양상을 다음과 같이 4기(여명기, 도입기, 전환기, 확산
기)로 명명하여 구분하였다.

1) 여명기(~2004년)

여명기는 1990년대 초반 이후 지속가능발전교육에 대한 개념과 정
의가 국내에도 소개되고, 일부 환경교육을 전공하는 대학에서 지속가
능발전교육과 관련된 강좌가 운영된 시기이다. 이 시기에는 지속가능

발전교육과 환경교육의 관계에 대한 학술적인 논의가 이루어졌고, 국제적인 지속가능발전교육 프로그램이 국내에 소개되었으며, 시범적인 교사 연수가 진행되기도 하였다. 하지만 아직까지 지속가능발전교육에 대한 합의가 이루어지지 않은 시기이며, 연구자나 교육자들마다 자신의 관점에서 지속가능발전교육을 해석하고 교육하는 기간이기도 하다.

이 시기에 주목할 만한 성과는 7차 교육과정의 환경 과목에서 지속가능발전교육의 내용과 가치가 상당부분 반영되어 학교에서의 지속가능발전교육의 기틀을 닦았다는 것이다. 이때 환경 과목에 도입된 지속가능발전교육의 가치는 현재까지 이어져 오고 있다.

2) 도입기(2005년~2008년)

국제적으로 2005년 UN지속가능발전교육 10년이 시작된 2005년부터 2008년까지를 도입기로 구분하였다. 이 기간에 우리나라에서는 대통령자문지속가능발전위원회(PCSD)를 중심으로 지속가능발전의 맥락에서의 이를 이행하기 위한 일환으로써 지속가능발전교육이 강조되었다. PCSD와 환경부의 지원으로 UN지속가능발전교육 10년 추진전략이 개발되었으며, 이를 토대로 2006년 UN지속가능발전교육 10년 이행 계획이 발표되었다.

또한 2007년 8월 지속가능발전기본법이 제정·공포되었으며, 이 법은 2008년 2월부터 시행되었다. 2008년 8월에는 환경교육진흥법이 제정되어 9월부터 시행되었다. 이 시기에는 주로 PCSD의 이행전문위원회를 중심으로 지속가능발전교육을 위한 기반이 마련되었으며, UN DESD 선도기관인 유네스코한국위원회는 PCSD의 지속가능발전교육 관련 업무에 협력하는 한편, 독자적으로 세계문화유산교육, 유네스코

학교 활동 등 유네스코 고유의 활동이나 교육에 지속가능발전교육을 통합하기 위한 노력들을 기울였다.

학교교육에서는 2007 개정 교육과정을 통해 지속가능발전교육의 가치가 환경 과목에 더 강하게 반영되었고, 환경 과목 이외의 교과들에서도 지속가능발전이라는 용어가 등장하여 점차 학교교육 전반으로 퍼지는 양상을 보였다.

3) 전환기(2009년~2010년)

2008년 말부터 2010년까지 이르는 전환기에는 국가 전략으로 '저탄소 녹색성장'을 공포함에 따라 이를 이행하고 증진하기 위한 맥락에서 녹색성장교육이 진행되었다. 따라서 녹색성장위원회를 중심으로 녹색성장교육이 빠르고 강력하게 추진되었다. 이전 시기에서 지속가능발전교육을 추진하던 PCSD는 환경부 산하의 위원회로 지위가 달라져 환경적 맥락에서 지속가능발전교육을 다루게 되었으며, 이 위원회를 중심으로 한 교육적 활동은 가시화되지 않았다.

2009년 7월 저탄소 녹색성장을 위한 국가 전략이 발표되고, 2009년 12월 저탄소 녹색성장기본법이 국회를 통과하여 2010년 4월 시행되게 되었다. 이 법의 통과와 시행은 많은 녹색성장 관련 사업을 추진할 수 있는 근거가 되었으며, 국가의 많은 예산이 녹색성장 또는 녹색성장교육을 위해 지원되었다. 따라서 녹색성장교육 시범학교, 녹색성장교육의 교육과정 내 반영, 환경과 녹색성장 교과 개설, 녹색성장교육 프로그램 공모, 글로벌 교사연수 등 다양한 사업이 수행되게 되었다. 한편 2008년 제정된 환경교육진흥법에 이어, 2009년 제주도, 서울시, 경상남도에서는 환경교육진흥조례를 제정 및 시행하게 되었으며, 2010년에 환경부는 지속가능한 미래를 지향하는 환경교육종합계획을 발표하게 되었다.

이 시기의 유네스코한국위원회에서의 국내·외적 지속가능발전교육 관련 노력은 주목할 만하다. 2009년 유네스코 지속가능발전교육한국위원회가 출범하여 한국 내 지속가능발전교육의 정책 결정 기관으로 역할을 시작하였고, 이를 중심으로 여러 영역들과 연계하는 지속가능발전교육 콜로퀴엄 시리즈, 지속가능발전교육 교재 개발, 지속가능발전교육 관련 여러 사업들이 잇달아 수행되었다. 이는 2011년 초반에 서울시교육청과의 협력을 통한 교사연수 사업으로 이어지게 되었다.

4) 확산기(2011~)

2011년대 이후부터 현재에 이르는 이 시기에는 녹색성장교육이라는 이름 대신 지속가능발전교육이라는 이름으로 많은 일들이 수행되었다. 교육부와 한국과학창의재단의 적극적 관여와 지원 속에 초등 및 중등 교사를 대상으로 한 지속가능발전교육 연수, 교장, 교감 등 관리자를 대상으로 한 연수, 지속가능발전교육 수업 모델 개발, 지속가능발전교육 수업 공모, 지속가능발전교육 연구회 지원, 지속가능발전교육 교실 환경 개발 및 지원, 지속가능발전교육 리더스쿨 지원 등 다양한 사업이 수행되고 있다.

2011년 이후 여러 지방자치단체들에서 환경교육진흥조례들이 잇달아 제정되고 시행됨에 따라 지속가능한 미래를 위한 환경교육이 활성화되는 기반이 마련되었고, 실제로 경기도, 충청북도 등 여러 지역에서 학교 환경교육의 활성화, 학교와 지역사회의 협력 등 환경교육과 관련된 논의와 실행이 가능하게 되었다.

이 시기 유네스코한국위원회의 지속가능발전교육 활동들은 더욱

더 정교화되었다. 2011년 서울시교육청과의 협력으로 지속가능발전
교육 교사 연수를 시작한 후 교사 연수가 확대되었으며, 이어 경기도
교육청, 충북 교육청과의 협력을 통해 교사 연수 및 교육 컨설팅이
수행되었다. 지속가능발전교육 콜로퀴엄은 방식을 다소 변화시키며
계속 실시되었고, 지속가능발전교육 인증제의 시행, 지속가능발전교
육 교재발간, 국립공원과의 연계, 유네스코학교, 아태지역에서의 공
동 프로젝트 수행, 아태지역에서의 우수 사례발간 등 다양한 형태로
현재까지 이어지고 있다.

2장

교육과 지속가능발전교육

> 행복한 사람이 되기를 원한다면 쉽게 이루어질 것이다.
> 그러나 남보다 더 행복한 사람이 되기를 원한다면
> 그것은 항상 어려운 법이다.
> − 몽테스키외

1. 지속가능발전이 교육에 미치는 영향

　일반적으로 우리는 교육을 통해 학습자를 변화시키고, 이를 통해 국가와 사회를 변화시킬 수 있다고 믿는다. 이러한 이유 때문에 교육은 국가나 사회가 나아가야 하는 미래를 달성하기 위한 효과적인 방안이나 수단으로 인식되는 경우가 많다. 하지만 실제적으로 교육과 사회를 이렇게 일방향적인 관계(교육 변화 → 사회 변화)로만 보기는 어렵다. 즉 교육을 통해 사회를 변화할 수 있겠지만 그 반대의 경우(사회 변화 → 교육 변화)도 가능하며, 엄밀히 따지면 교육의 변화와 사회의 변화는 서로 영향을 주고받는 관계에 있다고 이해하는 것이 합리적이다.

　지속가능발전교육은 교육과 사회가 서로 영향을 주면서 함께 변화하고 있는 대표적인 예라고 할 수 있다. 교육을 통해 사회의 지속가능발전을 이룩하려는 노력이 전 세계적으로 나타나고 있으며(교육 변화 → 사회 변화), 이와 함께 지속가능발전을 위한 사회 변화가 교육의 변화에 영향을 주고 있다(사회 변화 → 교육 변화).

최근에는 국가와 사회의 지속가능발전에 대한 관심이 높아지면서, 지금과 같은 형태의 발전 방식으로는 발전이 지속될 수 없을 것이라는 생각이 확산됨에 따라 전통적인 방식의 교육을 개선하자는 목소리가 힘을 얻고 있다. 이를 통해 교육이 변화하게 되면 국가와 사회의 변화는 더 힘을 받게 되고, 이는 다시 교육의 변화에 기여하게 되는 선순환적인 구조가 자연스럽게 형성될 것이다.

[그림 2.1]은 교육과 사회의 선순환적인 구조를 나타내고 있다.

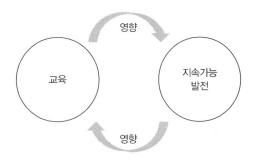

[**그림 2.1**] 지속가능발전과 교육의 선순환 관계

교육과 지속가능발전의 선순환 관계에서, 지속가능발전이 교육에 미치는 영향 중 한 가지는 교육의 방향 또는 목표를 제시하고 있다는 것이다. 최근까지 대부분의 국가, 사회에서 교육의 목표는 학습자가 학습한 내용을 얼마나 알고 있는지와 관계된 성취 수준이나 교육 정책이 얼마만큼 파급력을 가지고 있는지에 대한 정책 성공 여부 또는 장기적으로 교육을 받은 사람들이 얼마만큼 경제 성장에 기여했는지

로 제시되는 경향이 있었다. 이러한 방식으로 교육 목표를 설정하는 것도 가능하지만 지속가능발전은 앞서 제시한 교육 목표를 포괄한 차원에서 우리 사회나 국가가 나아가야 할 새로운 발전의 방향이기 때문에 교육을 통해 도달해야 하는 장기적인 목표로 설정하기에 적합하다고 할 수 있다.

사실 우리나라를 포함한 많은 국가들에서 교육은 경제성장을 위한 여러 투자들 중 하나로써 활용되어 왔다. 하지만 무분별한 경제성장은 전례 없는 환경 문제와 더불어 '가진 자'와 '못 가진 자' 사이의 상당한 사회적·경제적 격차를 발생시켰다. 교육 목표로써의 경제성장은 더 이상 국가, 사회, 지구에 기여하지 못한다는 것이 명백해지고 있다. 이제는 지속가능발전의 관점에서 교육의 목표에 대해 다시 생각하고, 교육 목표의 방향을 조정해야 하는 시점인 것이다.

지속가능발전이 교육에 미친 또 다른 영향은 교육과정과 현실의 연관성을 부여한 것이다. 지금까지 초·중등 교육과정과 실제 사회와의 연관성에 대해서는 많은 의문이 제기되어 온 것이 사실이다. 교육과정과 실제 자신의 삶 사이의 괴리는 학생들이 학습에 흥미를 잃게 만드는 중요한 요인이 된다. 이렇게 학습에 흥미를 잃게 되면 학교 자체에 대한 흥미도 잃게 될 가능성이 높고 학습자들이 학교교육에서 이탈하게 될 가능성 역시 높아진다. 실제로 학생들이 학교에서 학업을 계속 유지할 수 있도록 하는 것은 우리나라를 포함하여 전 세계 많은 국가들에게 중요한 문제가 되어 버렸다.

지속가능발전교육은 실제로 지역사회가 안고 있는 문제들을 조사하고 이를 위한 해결방안을 모색해보면서, 학습자들의 삶과 교육을 직접적으로 연결해 주는 역할을 한다. 또한 지속가능발전교육은 교육 내용의 추상적인 개념에 구체적인 실례를 제공한다. 지금까지의 교육은 너무 이론적이고 추상적인 내용을 다룬다는 비판을 받는 경우가 많았는데, 지역사회가 해결해야 할 지속가능발전의 공통 주제들 및 이와 관련된 문제들(예를 들어 기후변화와 생물다양성)은 교육과정에 포함된 추상적인 개념이 실제 사례 속에서 어떻게 나타나는지를 알 수 있게 도와준다. 또한 이러한 개념들이 실제 사례 속에서 얼마나 복잡하게 연관되어 있는지도 확인할 수 있게 해준다.

마지막으로 지속가능발전은 교육에 영향을 미쳐 학생들의 삶을 개선할 수 있는 직접적인 힘을 주기도 한다. 지구적으로 많은 국가에서 자연 재해는 학생들과 그들 가족의 삶을 위협하고 있는데, 지속가능발전교육을 통해 지역의 자연 재해와 관련된 주제(예를 들어 인간 활동이 재해 발생 지역의 상황을 악화 혹은 개선시킬 수 있는 방법)를 학습하게 되면 학생들과 지역사회 구성원들의 삶은 더욱 안전해질 수 있다.

2. 교육과 지속가능발전교육의 관계

1) 지속가능발전교육과 다른 교육들과의 관계

앞 장에서 교육과 지속가능발전은 서로 영향을 주고받는 관계에 있다는 내용을 설명하였다. 본 장에서는 기존에 진행되어 왔고, 지금도 진행되고 있는 다양한 형태의 교육들과 지속가능발전교육이 어떤 관계를 맺고 있는지를 알아볼 것이다.

지속가능발전교육에 대한 잘못된 이해 가운데 한 가지는 지속가능발전교육이 지금까지 해 오던 교육과 다른 것이며, 너무나 이상적인 교육이어서 현실과 동떨어져 있다고 생각하는 것이다. 하지만 지속가능발전교육은 갑자기 하늘에서 뚝 떨어진 교육이 아니다. 지속가능발전교육은 과거에 진행된 다양한 교육이나 현재 강조되고 있는 여러 교육들과 다양한 측면에서 관계를 맺고 있다. 특히 국제적인 수준에서 강조하고 있는 다양한 교육 움직임들과 강한 연계를 갖는데, '인류와 지구의 복지'에 관심을 가진다는 점이 바로 이러한 연계의 핵심이다.

실제로 2009년에 유네스코에서 발간한 '지속가능발전교육 10년 (DESD) 중간보고서'를 보면 지속가능발전교육의 하위 주제로 『환경 교육, 기후변화 교육, 평화 교육, 인권 교육, 소비자 교육, 개발 교육, 보건 교육, 에이즈(HIV/AIDS) 교육, 생물다양성 교육, 성 교육, 다문화 교육, 융합 교육, 국제 교육, 시민 교육』 등을 명시하고 있다. 이는 지속가능발전교육이 '환경적, 사회적, 경제적' 영역을 아우르기 때문에 기존의 다양한 교육들과 밀접한 관계가 있다는 것을 의미한다.

기존의 여러 교육 영역들 중에서도 기후변화 교육은 최근 들어 지속가능발전교육과 함께 발전하고 있는 교육의 한 영역이라고 할 수 있다.

[그림 2.2] 기존 교육들과 지속가능발전교육의 관계

기후변화 교육은 지구온난화 등 다양한 기후변화 현상이 지구적으로 발생하게 됨에 따라서 기후변화에 직·간접적으로 영향을 받게 되는 거의 모든 나라들에서 점차 강조되고 있다. 특히 기후변화에 직접적인 영향을 받는 나라들에서는 학교 교과과정에 포함되어 주요한 내용으로 다루어지고 있는 추세이다. 지구 전체적으로 보면, 약 60%의 국가에서 기후 변화와 관련된 자연과학, 인문·사회과학, 정책 대응 및 지속가능한 생활방식과 같은 요소들을 교육에 도입하여 기후변화 교육을 진행하고 있는 것으로 보고 되고 있다.

2) 환경 교육과 지속가능발전교육의 관계

앞서 제시한 것처럼 많은 사람들이 지속가능발전교육이 여러 다른 교육들과 어떤 관계를 갖는지에 대해 궁금증을 가지고 있는데, 그 가운데 가장 많은 의문을 표시하는 것이 바로 지속가능발전교육과 환경 교육의 관계이다. 어떤 사람들은 지속가능발전교육이 환경 교육의 변화된 형태라고 주장하기도 하고, 또 다른 그룹에서는 환경 교육과 지속가능발전교육은 서로 관련은 있지만 어느 한쪽으로 포함되는 관계는 아니라고 주장하기도 한다.

연구자나 교육자들에 따라서 두 교육 간의 관계가 다르게 설명될 수 있지만 확실한 것은 지속가능발전교육과 환경 교육이 상당히 밀접한 관계를 갖고 있다는 것이다. 이는 지속가능발전교육이 변화해 온 역사에 명확하게 드러나 있다. 지속가능발전교육이라는 개념을 처음으로 제시한 그룹이 바로 환경 교육을 담당했던 사람들이었고, 이들은 2000년대에 들어 지속가능발전교육의 인식을 대중들에게 확산시키고 교육의 근간을 만든 장본인들이다. 즉, 지속가능발전교육의 기초를 닦은 사람들이 바로 환경 교육계의 사람들인 것이다. 또한 환경

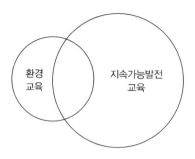

[그림 2.3] 환경 교육과 지속가능발전교육의 관계

교육은 교육 내용과 교수법의 측면에서 지속가능발전교육이 하나의 교육 영역으로 발전해 나아가는 데 기여했다. 결론적으로 지속가능발전교육의 초창기에 자리를 잡을 수 있도록 이론적으로, 실질적으로 도움을 준 영역이 바로 환경 교육인 것이다.

이렇게 환경 교육과 지속가능발전교육이 밀접한 관계를 맺고 있지만, 다음과 같은 차이점도 가지고 있다. 환경 교육은 지속가능발전교육에 비해 상대적으로 환경에 초점을 맞추는 반면 지속가능발전교육은 환경적인 측면과 함께 사회적, 경제적 측면에 대한 교육을 포함한다. 이는 단순히 지속가능발전교육이 더 넓은 영역(사회적, 경제적 영역)을 다루고 있다는 것만을 의미하는 것은 아니며, 1장의 지속가능발전교육의 특성에서 제시한 것처럼 세 영역을 융합적으로 다룬다는 것을 의미한다. 이러한 맥락에서 보면 지속가능발전교육은 환경 교육에 비해 영역의 확장뿐만 아니라 영역 간 융합을 통해 질적인 변화까지 일어난 것이라고 이해할 수 있다.

따라서 지속가능발전교육과 환경 교육의 관계는 [그림 2.3]과 같이 일정 부분을 공유하면서도 독립적인 영역이 존재하는 것으로 이해하는 것이 합리적이다.

3. 교육패러다임 전환으로서의 지속가능발전교육

지구적으로 보았을 때, 지속가능발전교육을 강조하기 훨씬 이전부터 현재까지 강조되고 있는 교육은 '모두를 위한 교육(Education for All: EFA)'으로 대표되는 기초소양교육이다. 많은 교육자들과 교육연구자들은 기초소양교육이 충분하게 실현되면 인간의 삶의 질이 높아지고, 지구적으로 발생되고 있는 많은 문제들이 해소될 것으로 예상했었다.

하지만 국민들의 기초소양교육이 어느 정도 달성된 선진국들에서도 여전히 양극화 문제나 환경파괴 문제, 사회적 갈등 문제, 경제적 불안 문제 등이 발생하고 있고 일부 상류 계층에게만 기초소양교육의 혜택이 돌아가는 개발도상국에서는 교육을 받은 사람들이 교육 받지 못한 사람들을 상대로 특권층으로 군림하는 모습을 보이고 있다.

이러한 양상을 보았을 때, 기초소양교육은 인간의 삶의 질을 높이는 데 반드시 필요한 교육이기는 하지만 이것만으로 충분하다고 보기는 어렵다. 이에 따라 2000년대 이후부터는 기초소양교육을 기본으로 하고, 이에 더해 국가와 사회가 지속가능하게 발전할 수 있는 지속가능발전교육을 반드시 병행해야 한다는 것에 많은 교육전문가들이 동의하고 있다. 즉, 기초학력을 높이고, 학생들의 성취 수준을 높이는 방식과 함께 발전에 대한 통합적인 시각을 갖고 다양한 주체 간 협력을 하며, 장기적인 발전을 이룰 수 있도록 하기 위한 변화가 교육계에 요구되고 있는 것이다.

이렇게 교육에 대한 접근 방식 자체에 대한 변화를 교육의 패러다임 변화라고 부를 수 있으며, 지속가능발전교육은 기존 교육에 대한 관점을 근본적으로 변화시키려고 하는 교육이라고 할 수 있다. 교육

패러다임 전환으로서의 지속가능발전교육이 성공하기 위해서는 교육
자들이 지속가능발전교육에 대해 이해하고, 목표의식을 공유할 필요
가 있고 학교 전체의 모든 시스템이 지속가능발전교육을 중심으로
재조직될 필요가 있다.

3장

지속가능발전교육 영역과 주제

> 살짝 스치기만 하는 것들을 움켜잡지 말라.
> 움켜잡는 순간 당신은 복잡한 삶 속으로 빠져들게 될 것이다.
> — 법정

1. 지속가능발전교육의 영역

지속가능발전교육은 일반적으로 '환경, 경제, 사회' 세 영역 모두를 고려한 교육을 의미한다. 이는 어떤 프로그램이 지속가능발전교육 프로그램이라면 환경적, 사회적, 경제적 영역을 동시에 고려한 프로그램이라는 것을 의미한다. 그래서 지속가능발전교육을 나타낼 때 [그림 3.1]과 같이 도식화하는 경우가 많다.

지속가능발전교육의 세 영역 중 환경적 영역은 환경과 관련된 지식, 친환경적 가치와 태도, 환경 보전을 위한 행동 등을 의미한다. 사회적 영역은 지역적, 지구적 차원에서의 평화와 평등, 인권 등과 같은 사회적 가치를 다루는 것을 의미하며, 경제적 영역은 인간이 최소한 인간적인 삶을 유지할 수 있는 수준으로 경제적인 발전이 이루어지는 것을 의미한다. 이는 어떤 사회나 국가 또는 지구가 지속적으

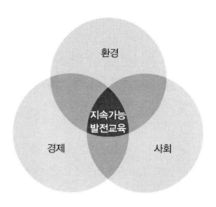

[그림 3.1] 지속가능발전교육의 세 영역

로 발전하기 위해서는 환경적인 부분과 사회적인 부분, 경제적인 부분 중 어느 한 부분이라도 문제가 발생하면 안 된다는 것을 뜻한다.

그렇다면 지속가능발전교육 프로그램에서 이러한 세 영역을 어떻게 다룰 수 있을까? 가장 일반적인 방법은 어떠한 교육 주제를 환경, 경제, 사회라는 세 영역으로 각각 접근해본 후 이를 종합하는 방식이다. 예를 들어 과학 시간에 에너지를 주제로 수업을 한다면, 에너지에 대한 과학적인 사실과 이론 등을 학습한 후에 에너지 생산, 사용이 환경에 미치는 영향(환경적 영역), 사회 내 또는 국가 간 빈부 격차에 의한 에너지 수급 불균형 문제(사회적 영역), 에너지 공급 가격의 변동과 이를 통한 국가나 사회의 경제적 영향(경제적 영역)을 다룬 후에 결과를 종합해 보면 에너지를 주제로 한 지속가능발전교육이 될 수 있는 것이다.

사실 많은 전문가들은 이미 우리 교육에서 다루고 있는 거의 모든 주제들은 지속가능발전교육의 좋은 주제로 활용할 수 있다고 말하고 있다. 이는 우리가 다루고 있는 교육 주제들이 이미 환경적, 경제적, 사회적 측면을 복합적으로 포함하고 있는 경우가 많기 때문이다. 지속가능발전교육은 이렇게 이미 많은 교육 주제들이 포함하고 있는 복합적이고 현실적인 환경적, 경제적, 사회적 영역들을 학습자들이 깨닫게 해줄 수 있는 기회가 된다.

기존에 발표되어 있는 지속가능발전교육 프로그램이나 연구물들 중에서는 특정 프로그램이 마치 환경적, 경제적, 사회적 영역 중 어느 한 부분에 속해 있는 것으로 제시하는 경우가 종종 있다. A라는 프로그램은 환경적 영역의 프로그램이고, B라는 프로그램은 경제적 영역의 프로그램이라는 식으로 말이다. 하지만 엄밀하게 말하면, 지속가능발전교육 프로그램을 이런 식으로 구분하는 것은 바람직하지 않다. 지속가능발전교육은 원칙적으로 환경, 경제, 사회라는 세 영역이 '동시에' 고려된 프로그램이지 어느 한 영역에만 속해 있는 프로그램을 의미하는 것은 아니기 때문이다. 따라서 지속가능발전교육 프로그램은 환경과 경제, 사회적 영역 중에서 어느 한 영역이 다른 영역들에 비해 보다 강조되어 있을 수는 있지만, 기본적으로는 모든 영역에 대한 접근이 이루어지고 있어야 한다.

2. 지속가능발전교육 영역에 대한 논의

지속가능발전교육 영역에 대해서 첫 번째로 논의해야 하는 것은 지속가능발전교육의 영역이 반드시 세 영역으로 고정되어 있는 것은 아니라는 것이다. 지속가능발전과 지속가능발전교육에 대한 여러 연구와 발표들에서 가장 일반적으로 제시되고 있는 것이 세 영역(환경, 경제, 사회)인 것은 사실이지만 모든 연구자나 교육자들이 이러한 세 영역만이 지속가능발전교육의 영역이라고 동의하고 있는 것은 아니다.

일부 연구자나 교육자들 혹은 기관에서는 환경, 경제, 사회 영역과 함께 '정치' 영역을 독립적으로 제시하는 경우도 있으며, '문화' 영역을 따로 제시하는 경우도 있다. 이렇게 지속가능발전교육의 영역이 다양하게 제시될 수 있는 이유는 지속가능발전교육이 지역적, 사회적, 국가적으로 다양하게 정의될 수 있고, 각각의 상황에 따라서 보다 중요하게 다룰 수 있는 영역이 있을 수 있기 때문이다. 실제로 '정치' 영역을 독립적으로 논의하는 경우는 정치적으로 민주주의 체제가 자리 잡지 못한 개발도상국에서의 논의일 경우가 많고, '문화' 영역을 독립적으로 논의하는 경우는 문화적 다양성과 특성을 강조할 필요가 있는 국가나 사회의 논의일 경우가 많다. 하지만 '정치, 문화' 등은 넓게 보면 '사회'라는 영역에 포함되는 것으로 이해할 수 있기 때문에 여전히 지속가능발전교육은 세 영역(환경, 경제, 사회)으로 논의되는 경우가 가장 일반적이다.

지속가능발전교육의 영역에 대해 두 번째로 논의할 수 있는 것은 실제로 '환경, 경제, 사회'라는 가치를 모두 선택할 수 있는가에 대한 것이다. 사실 지금까지도 지속가능발전교육의 세 영역인 환경, 경제, 사회는 함께 선택할 수 없는 가치라고 여기는 사람이 많다. 즉, 환경과 경제와 사회는 어느 한 가지를 선택하면 다른 것들은 선택할 수 없는 관계로 생각하는 경향이 있는 것이다. 이러한 생각을 가장 쉽게 확인할 수 있는 것이 "환경 보전은 경제 성장을 한 후에 해야 하는 것이다", "환경을 보전하기 위해서는 경제 발전을 막아야 한다"와 같은 말들이다.

이렇게 어떠한 한 가지를 선택할 경우 다른 것들을 함께 선택하지 못하는 관계를 상충관계라고 하는데, 전통적으로 환경, 경제, 사회를 상충관계로 보는 경우가 많은 것이다. 하지만 이렇게 환경과 경제,

사회를 상충관계로 보는 것은 옳지 않다.

이미 우리 사회는 환경, 경제, 사회라는 세 개의 가치를 함께 추구하는 것이 가능하며, 많은 사례들에서 이러한 점을 찾을 수 있다. 예를 들어 공정무역이나 사회적 경제의 경우 무역이나 경제 영역에서 환경적 가치와 경제적 가치를 함께 추구하는 대표적인 사례라고 할 수 있고, 여러 국가와 기업에서 개발하고 있는 다양한 친환경 기술들이 환경적 가치와 사회·경제적 가치를 중요하게 고려하고 있다. 이러한 예들을 보았을 때 환경과 사회, 경제적 영역을 함께 고려하는 것이 가능하며, 이러한 방식이 바람직하다는 인식이 점차 확산되고 있는 것을 알 수 있다. 따라서 지속가능발전교육의 세 영역이 여전히 상충관계에 있다고 인식하는 것은 바람직하지 않으며, 이러한 인식을 바꾸는 것도 지속가능발전교육의 목표 중 하나라고 할 수 있다.

3. 지속가능발전교육의 주제

지속가능발전교육의 주제는 어떠한 것이라고 명확하게 정해져 있는 것은 아니다. 앞선 설명에서 제시했던 것처럼 이미 우리 교육에서 다루고 있는 크고 작은 주제들을 '환경적, 경제적, 사회적' 측면에서 종합적으로 고찰해보는 것만으로도 좋은 지속가능발전교육이 될 수 있기 때문이다. 하지만 상대적으로 지속가능발전교육에서 다루기에 더 적합하고 좋은 주제들이 있다.

이후에 다루는 '인구, 여성, 소비, 기후변화, 관광, 먹거리' 등이 바로 이러한 주제들이다. 이 주제들은 각각의 주제 안에서 지속가능발전에 대한 다양한 내용들을 포함하고 있지만, 주제들 상호 간에도 밀

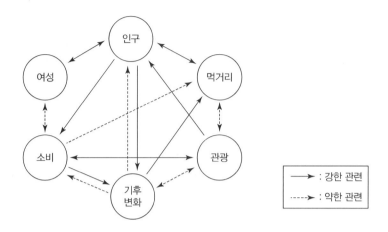

[그림 3.2] 지속가능발전교육의 주요 주제와 주제간 관계

접한 영향을 주고받는 관계에 있다. 예를 들어 인구는 여성과 소비, 기후변화, 먹거리와 밀접한 관계에 있고, 관광은 소비, 기후변화, 먹거리와 연관된 부분이 많다. 따라서 이후 각각의 주제에 대해 독립적으로 설명하고 있지만 모든 주제들은 상호 영향을 주고받고 있으며, 깊은 관련을 맺고 있다고 이해하는 것이 바람직하다.

1) 인구

인구는 지속가능발전교육에서 다루는 중요한 주제 중 한 가지이다. 지구 전체적으로 보았을 때 인구 증가가 급속히 진행되고 있으며, 이러한 인구 증가 패턴은 정상적인 패턴으로 보기 어려운 상황이다. 불과 100년 전 지구 인구는 15억 명에 불과했는데, 현 시점에서 지구 인구는 75억 명에 이르고 있고, 이러한 증가율은 점차 가속화되고 있다.

우리나라의 경우에는 저출산 · 고령화 문제가 심각해지고 있기 때문에 인구 문제에 대해 심각하게 다루고 있지 않은 것이 사실이지만,

우리나라에서 인구 증가를 더 이상 문제로 인식하지 않는다고 해서 지구적으로 심각한 인구 문제를 다루지 않는 것은 바람직하다고 볼 수 없다. 지구에서 우리나라만 따로 살아갈 수는 없기 때문이다. 분명한 것은 지구적 규모에서 보았을 때 인구는 지속가능한 형태를 보이고 있지 않은 것이다.

인구가 지속가능발전교육의 중요한 주제로 다뤄질 수 있는 이유는 인구 증가가 '환경적, 경제적, 사회적' 영역에 미치는 영향이 매우 크기 때문이다. 일반적으로 과도한 인구 증가는 해당 지역의 국가와 사회의 환경을 극도로 파괴하는 경향이 크다. 환경이 늘어난 인구를 감당할 수 없게 되기 때문이다. 또한 과도한 인구는 양극화 문제 등과 같은 사회적 문제를 발생시키며, 경제적으로 기아와 같은 문제를 발생시키기도 한다.

따라서 인구는 사회적, 경제적, 환경적인 영역에 모두 복합적으로 영향을 주는 주제이고, 이 세 영역을 종합적으로 교육했을 때 인구 문제를 보다 정확하게 이해하고 해결할 수 있는 가능성이 생기는 것이다.

2) 여성

여성도 지속가능발전교육에서 다루는 중요한 주제 중 하나이다. 우리나라의 경우 양성평등이 상당히 이루어진 편이지만, 지구적으로 보았을 때 여성은 여전히 남성에 비해 상대적인 약자이고 많은 불이익을 당하고 있다. 지구적으로 인구의 절반인 여성이 전체 소득의 얼마만큼을 가지고 갈까? 여성이 소유하고 있는 재산은 남성에 비해 얼마나 될까? 그리고 여성은 전체 노동의 얼마만큼을 담당하고 있을까?

지구적으로 보면, 여성은 전체 노동의 2/3을 담당하고 있으면서도 소득이 남성의 1/10에 불과하다. 또한 소유하고 있는 재산은 남자들에 비해 1/100에 불과하다. 이러한 남성과 여성의 불평등은 사회적, 국가적, 지구적인 지속가능발전에 부정적인 영향을 주고 있다. 여성들은 여전히 교육혜택을 받지 못하는 경우가 많기 때문에 장기적으로 인구 증가를 초래하고(일반적으로 교육 수준이 높을수록 출산율이 낮아짐) 사회적, 경제적인 부분에서의 합리적인 선택을 하지 못하는 결과가 나타나게 된다.

아직까지 양성평등이 단순히 여성의 인권에 국한된 문제라고 생각하고 있다면, 이러한 인식은 바뀔 필요가 있다. 여성과 관련된 주제는 환경, 사회, 경제 전반에 영향을 주는 지속가능발전교육과 관련된 주제인 것이다.

3) 소비

몇몇 전문가들은 인간의 특성을 정의하면서, 인간을 '소비하는 인간(호모 컨슈머리쿠스)'이라고 정의하기도 한다. 그만큼 현대 인간에게 소비는 인간의 특성으로 정의될 만큼 큰 부분을 차지하고 있다. 따라서 이미 소비교육은 학교에서 여러 교육 내용으로 다루어지고 있으며, 이러한 내용은 '절약'과 '합리적인 소비'로 요약될 수 있다.

하지만 인간의 영향이 점차 커짐에 따라서 소비를 인간의 경제생활에만 국한해서 다루는 주제라고 보기가 어려워지고 있다. 이미 우리가 알고 있는 것처럼 소비 활동은 불가피하게 환경적인 부분에 영향을 줄 수밖에 없고 경제적인 소비 불균형은 양극화 문제가 되어 사회 발전에 부정적인 영향을 주기도 한다. 이렇게 소비는 단순히 경제적 영역에 국한된 주제가 아니고, 환경적, 사회적으로 밀접하게 관련을 맺고 있는 주제이다.

따라서 지구시민으로서 바람직한 소비생활을 한다는 것이 무엇인지를 올바르게 이해하는 것은 무엇보다 중요하다. 소비활동에서 경제적인 합리성과 함께 환경적인 보호와 보전, 사회적인 평화와 평등을 생각해야 하는 시점이 된 것이다. 학습자들이 소비라는 주제에서 이러한 종합적인 생각을 할 수 있도록 하는 것이 바로 지속가능발전교육이기 때문에 소비는 지속가능발전교육의 중요한 주제가 될 수 있는 것이다.

4) 기후변화

기후변화는 지속가능발전교육의 가장 전통적인 주제 중 하나이다. 사실 기후변화는 그 자체로 독립적인 교육 영역(기후변화교육)을 만들고 있을 정도로 범위가 넓고, 다양한 방법이 제시되고 있는 교육이다. 이러한 기후변화 주제를 지속가능발전에서 자주 다루는 이유는 전 지구적으로 보았을 때 현 시점에서 지구의 지속적인 발전을 저해하는 가장 심각하고, 광범위하게 발생하고 있는 문제이면서 그 원인과 영향, 해결 방법이 매우 복잡하기 때문이다.

기후변화는 보통 환경적인 문제라고 인식되는 경우가 많은데, 기후변화는 단순히 환경문제로 볼 수 없다. 기후변화 자체는 환경이 변화하는 것이 맞지만 이로 인해 발생되는 영향은 환경뿐만 아니라 인간 사회 전반에 영향을 주며, 이는 다시 경제적인 부분으로까지 영향을 주게 된다. 또한 기후변화의 원인은 인간 활동에 의한 것이며, 이러한 인간 활동은 사실 경제적인 활동과 사회적인 활동을 뜻한다. 결국 기후변화를 해결하기 위한 활동이나 적응하기 위한 활동들은 경제적, 사회적 활동을 포함해서 논의할 수밖에 없는 것이다.

따라서 기후변화는 단순한 환경적인 주제로 다룰 수 있는 규모의 주제가 아니며, 환경과 사회, 경제 등 아주 다양한 영역을 복합적으로 다루어야 하는 주제이다. 이러한 특성 때문에 기후변화는 지속가능발전교육의 좋은 주제가 되고 있다.

5) 관광

관광 산업은 지구에서 가장 큰 성장세를 보이고 있는 산업이면서 환경과 경제, 사회가 복합적으로 작용하는 영역이다. 우리나라의 경우에 2013년에 해외여행을 다녀온 사람이 1천5백만 명으로 단순히 계산해 보면 국민 4명 중 1명이 일 년에 한 번 해외여행을 다녀오는 수준에 이르렀고, 중국의 경우에는 2015년에 해외여행객이 1억 명을 넘어설 것으로 예측되고 있다. 이렇게 국내·외 관광 산업이 급속하게 확장되고 있는 상황에서 관광이 미치는 환경, 경제, 사회 영역에의 영향은 갈수록 커지고 있다.

일반적으로 관광산업이 커지게 되면 관광지에 많은 관광객이 몰리게 되고 이로 인해 환경이 훼손되게 된다. 또한 외부 자본에 의해 지역 상권이 무너지는 경우가 많으며, 기존에 유지하고 있던 고유한 문화가 사라지게 되는 경우도 있다. 이렇게 관광 산업은 해당 지역의 환경과 사회, 경제에 영향을 주게 되는 것이다.

이러한 관광의 부정적인 영향을 줄이거나 오히려 관광이 긍정적인 영향을 줄 수 있도록 노력하는 것 중 하나가 '대안관광'이다. 대안관광은 앞서 제시했던 일반적인 관광이 미치는 부정적인 영향을 줄이기 위한 형태로, 소수 규모로 여행을 다니며 관광지의 환경에 영향을 덜 미칠 수 있는 방법을 고민한다. 또한 대안관광객은 가능한 해당 지역의 경제에 도움이 될 수 있는 형태의 경제적 소비를 하고 해당 지역 고유문화에 관심을 갖는다.

이렇게 환경과 경제, 사회 전반에 영향을 미치는 관광은 지속가능발전교육의 중요한 주제가 될 수 있다.

6) 먹거리

먹거리는 모든 사람이 관심을 가지고 있는 주제이면서 어떠한 방식으로든 환경과 경제, 사회에 영향을 주는 주제이다. 우리나라 국민들도 먹거리를 굉장히 중요하게 생각하기 때문에 먹거리에 약간의 문제가 발생하면 국가적으로 큰 이슈가 된다. 먹거리는 우리 건강과 직접적으로 관련되어 있기 때문이다.

우리는 먹거리가 우리의 건강과 직접적으로 관련되기 때문에 관심을 갖는 경우가 많지만, 실제로 먹거리는 단순히 건강에만 관련을 맺고 있는 것이 아니다. 먹거리는 생산, 유통, 소비, 폐기 전체 과정을 통해 환경과 경제, 사회에 영향을 미치게 된다.

최근 들어 빈번하게 발생되고 있는 구제역이나 조류독감의 경우를 보면, 대규모 가축이 길러지는 과정에서 환경과 관련된 부분을 교육할 수 있다. 또한 조류독감이나 구제역이 발생되었을 때 사회적인 영향과 경제적인 영향, 농가와 소비자의 입장 차이, 국가에서 제도적으로 접근하는 방식 등 매우 다양한 측면의 교육도 가능하다.

최근 주목 받고 있는 먹거리 거래 방식으로 생산자와 소비자의 직거래 방식이나 조합을 만드는 것이 있다. 이러한 방식은 대규모 생산을 하지 않기 때문에 생산지의 환경을 덜 파괴하고, 생산자에게 충분한 경제적 보상이 갈 수 있도록 하며, 생산자와 소비자 간에 바람직한 관계를 형성함으로써 먹거리의 공급과 소비가 지속가능할 수 있도록 한다. 즉 먹거리가 하나의 좋은 지속가능발전교육 주제가 되는 것이다.

2부

학교에서의 지속가능발전교육
접근과 실천

2부에서는 지속가능발전교육을 위한 학교의 역할과 행복한 학교를 꿈꾸는 지속가능발전교육의 접근과 실천에 대한 구체적인 사례를 제시하였다. 학생들의 지속가능발전교육 역량 증진을 위해 교사들은 교과수업에서, 창의적 체험활동시간에, 방과 후나 방학 중에 할 수 있는 적용 전략 및 방법을 통해 행복한 학교를 꿈꾸게 하는 다양한 아이디어를 나눌 수 있을 것이다.

4장

행복한 학교를 꿈꾸는 지속가능발전교육

한 나라의 과거를 보기 위해서는 박물관에 가고
한 나라의 현재를 보기 위해서는 시장에 가고
한 나라의 미래를 보기 위해서는 학교에 가라.
– 작자 미상

1. 학교교육에서의 지속가능발전교육 접근

지속가능발전교육과 관련된 기관은 많이 있다. 교육부 및 시·도 교육청, 시민사회단체, 지속가능발전교육 지역전문센터(RCE: Regional Center of Experitise on Education for Sustainable Development), 전국지속가능발전협의회/지방의제21실천협의회, 유네스코한국위원회, 기업, 학교 등 각 기관들은 지속가능발전교육을 실천하기 위해 다양한 노력을 기울이고 있다. 이러한 기관들 중에서 학교는 지속가능발전교육기관으로 특별한 의미를 가진다. 따라서 학교교육에서의 지속가능발전교육에 대한 내용을 토대로 학교의 비전 및 실천 방법을 탐색하여 학교 전체적 접근을 통한 지속가능발전교육에 대한 내용을 아는 것이 필요하다.

1) 지속가능발전교육 관련 기관과 학교

교육부 및 시·도 교육청은 구체적으로 초·중등학교 현장에 영향을 미칠 수 있는 중요한 교육행정기관이다. 교육부와 교육청은 지속가능발전교육과 관련된 정책과 지침으로 학교현장에 지속가능발전교육의 확산과 파급을 가져올 수 있고 교사 연수를 통해 교사들의 전문성을 신장하고 학교 평가로 학교교육과정에 지속가능발전교육을 강화할 수 있다.

RCE는 세계적으로 지속가능발전을 촉진시키는 지역거점으로 지속가능발전을 위한 교육이 주변 지역으로 파급될 수 있도록 다양한 교육 프로그램을 보유하고, 강사를 등록하여 운영하고 있다. 전 세계적으로 약 90여 개의 도시가 RCE로 지정되어 있는데, 우리나라에서는 2015년 현재 통영시, 인천광역시, 울주군, 인제군이 지정되어 있다.

시민사회단체(NGO)에서의 지속가능발전교육(관련 교육 활동)을 살펴보면 환경교육, 인권교육, 통일교육, 평화교육, 민주시민교육, 다문화교육 등이 주를 이루고 있으며 특히 체험환경교육 확산과 주민참여 등을 주도해 왔다.

'지방의제21실천협의회'는 1992년 브라질의 리우회의를 계기로 마련된 지속가능발전을 위한 행동계획을 담은 지방의제21의 실천을 추진하는 기관으로 각국 지방 정부는 정부 – 기업 – 시민 사회의 파트너십을 통해 '지방의제21'을 작성하고 이를 실천해왔다.

유네스코한국위원회에서는 우수한 지속가능발전교육 프로그램을 발굴하고 확산하기 위하여 '유네스코 지속가능발전교육 공식프로젝트 인증제'를 실시하고 있다.

우리나라 기업들은 경영전반에 지속가능한 경영을 추구하며 지속가능한 사회를 위한 교육기부와 사회공헌에 다양한 활동을 하고 있다. 기업은 현대사회의 시스템에 중요한 역할을 하고 있으며 경제적 지속가능성, 환경적 지속가능성과 관련하여 중요한 영향을 끼칠 수 있으므로 기업은 지속가능발전교육을 지원하고 협력하는 파트너로서 중요한 역할을 해야 한다.

그렇다면 지속가능발전교육을 위한 학교의 역할은 무엇일까?

학교는 교육을 가장 본질적으로 삼는 전문적인 교육기관으로 교육전문가로서의 교사가 교육활동을 하고 있고, 학부모, 지역기관, 시·도 교육청 등과 유기적으로 연계하여 교육활동을 지원하는 체계를 갖춘 곳이다. 이러한 구조적인 특징으로 인해 학교는 지속가능발전교육에서 제시하는 개념, 가치, 삶의 양식 등을 교육과정과 학교운영을 통하여 가장 이상적인 방법으로 전달할 수 있으며 교육효과를 극대화할 수 있다.

또한, 학교는 사회규범이나 가치관을 유지시키기도 하면서 동시에 사회 변화를 촉진시키는 역할을 한다. 그렇기 때문에 학교는 사회가 가져야 할 방향에 대해서 깊이 고민하고 학교의 운영과 교육과정을

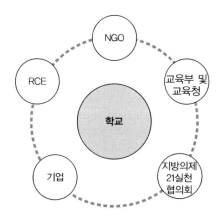

[**그림 4.1**] 학교에서의 지속가능발전교육 관련 기관

통해 지속가능발전교육이 목적으로 삼고 있는 '교육으로 만들어 나가는 지속가능한 발전, 지속가능한 사회'를 구현할 수 있는 역할을 하게 되는 것이다.

따라서 학교는 개인의 능력, 소질, 홍미에 따라서 각자에게 알맞은 교육과 훈련을 시켜 자신에게 맞는 직업을 갖게 하는 교육 기관으로, 지속가능발전을 가능하게 하는 사회적 역할을 수행하여 미래의 인재를 육성하는 데 이바지하게 된다.

ESD 토막상식

유네스코 · 유네스코한국위원회

유네스코(UNESCO: United Nations Educational, Scientific and Cultural Organization)는 세계 평화와 인류 발전 증진을 목적으로 교육, 과학, 문화 등 지적 활동 분야에서의 국제협력을 촉진하기 위해 1945년 창설된 유엔 전문기구이다. 유네스코는 6.25 한국전쟁 직후 우리나라에 국정 교과서 공장을 짓고 초등학교 교과서를 보급해주는 등 도움을 주었다. 당시만 해도 유네스코를 비롯한 국제사회의 수혜자였던 최빈국 대한민국은 이제 세계 10위권 경제 강국으로 성장해 저개발국의 발전을 지원하는 입장에 서게 되었다.

유네스코한국위원회는 대한민국의 유네스코 국가위원회로서 1954년 설립 이후 교육, 과학, 문화 분야의 다양한 국내 · 외 사업들을 펼쳐 왔다. 현재 대표적인 지속가능발전교육 사업으로는 지속가능발전교육 공식프로젝트 인증제, 지속가능발전교육 한국위원회 설치, 지속가능발전교육 콜로퀴움 시리즈 발간 등을 들 수 있다.

지속가능발전교육 공식프로젝트 인증제

유엔 '지속가능발전교육 10년'의 선도기관인 유네스코는 전 세계적으로 지속가능발전교육(ESD)을 촉진·활성화하기 위하여 다양한 노력을 기울여 왔다.

이러한 국제사회 흐름의 일환으로 유네스코한국위원회는 '유네스코 지속가능발전교육 공식프로젝트 인증제(Korea UNESCO ESD Official Project)'를 실시하고 있다. 유네스코 지속가능발전교육 공식프로젝트 인증제는 한국사회에서 실천하고 있는 다양한 지속가능발전교육 사례를 발굴하여 널리 알림으로써, 구체적인 지속가능발전교육 실천 전략을 국내에 보급하고, 한국형 지속가능발전교육 모델을 개발하여 국제사회에 소개하는 것을 목표로 한다. 지속가능발전교육의 목적을 달성하기 위해 정부·기관·단체가 수행 중이거나 수행한 교육과 사업 등 여러 활동을 유네스코한국위원회가 우수한 실천사례로 인증하였다. 2011년부터 시작하여 2016년까지 총 74개의 프로젝트가 유네스코 지속가능발전교육 공식프로젝트로 인증을 받았으며 매년 진행되고 있다.

2) 학교의 지속가능발전교육 비전 계획 및 실천

지속가능발전교육으로의 전환은 현세대와 미래세대를 배려한 지속가능한 삶의 공간을 만들기 위해 새로운 가치관을 형성하는 교육의 새로운 패러다임이다. 따라서 학교의 한 영역이나 하나의 단계에서뿐만 아니라 계획의 단계에서부터 평가에 이르기까지 지속적인 관심과 절차가 필요하다. 무엇보다도 모든 프로그램은 학교 구성원 스스로의 동기부여에 의한 자발적 참여가 활발하게 일어날 때 지속적으로 전개될 수 있기 때문에 지속가능발전교육 비전의 계획 단계, 실행 단계,

평가 단계의 전 영역에서 실천 전략이 수립되어야 한다.

구체적으로 '지속가능한 학교'가 되기 위해서는 학교 전체 계획의 일부로서 지속가능발전을 고려한 교육 계획을 작성해야 하고, 지속가능한 학교가 될 수 있도록 학교 운영 방법을 개발하여야 한다. 또한, 지속가능발전교육에 대하여 전문성과 책임감을 가지고 있는 교사를 담당 교직원으로 임명하고 모든 교직원이 지속가능발전교육에 참여할 수 있도록 민주적인 분위기를 형성하는 것이 중요하다. 교육이 이루어지고 있는 중간에 잘 적용되고 있는지 평가해보고, 보다 정교한 지속가능발전교육을 실행하여야 한다.

준비 단계에서는 조직의 구성 및 비전 설정을 위해 지속가능발전교육에 대한 가치를 공감하고 지속가능발전교육 사업추진을 위한 추진위원회를 구성한다. 이를 위해 학교에 적합한 비전을 설정하고 실행 로드맵을 구성한다. 또한 파트너십과 네트워크 형성을 위해 협력 가능한 다양한 지역사회 협력자 및 기관을 모색하여 네트워크화하는 것이 필요하다.

실행 단계에서는 역량강화 훈련 및 비전을 만들기 위해 지속가능발전에 대한 가치를 공감하고 지식습득 및 자원활용법 등을 배워 역량을 강화하는 것이 필요하다. 사업의 실행을 위해 학교환경과 접목한 생활환경실천 교육 프로그램을 실행하고 교과 과정 지속가능발전교육을 적용하거나 각종 기념일 등과 연계한 환경캠페인 전개, 기타 지역사회와 함께한 지속가능발전 프로그램 등을 실행한다.

평가 단계에서는 활동 결과 보고와 성과를 나누고 칭찬하는 등의 상호 피드백하는 과정을 거쳐 좀 더 지속가능한 실천 프로그램을 찾아 더 나은 목표를 설정하는 것이 필요하다.

3) 학교 전체적 접근을 통한 지속가능발전교육

지속가능발전교육의 학교 전체적 접근은 장소에 따라 다양한 방법으로 이루어지며 주로 다음의 내용들을 다룬다. 지속가능성과 관련된 지식, 기술, 관점, 가치를 포함하는 정규 교육과정, 학생들의 동기 및 학습을 고취시키는 실생활의 문제들을 포함하는 학습, 타인에 대한 대우, 학교 부지, 환경에서 발견할 수 있는 지속가능성의 정신을 지닌 학교, 지속가능성을 반영하는 학교 경영(예: 물품 조달, 물과 에너지 사용, 쓰레기 관리), 환경적·사회적·경제적 지속가능성을 반영한 학교 정책, 학교와 지역사회 간의 상호작용 촉진, 교실에서의 지속가능성에 대한 학습을 증진하는 특별 행사 및 과외활동, 학교생활에 영향을 미치는 의사결정 과정에 대한 학생들의 참여 등이다.

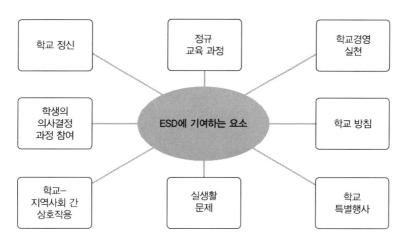

[그림 4.2] 지속가능발전교육에 기여하는 요소

(1) 환경교육시범학교, 지속가능발전선도시범학교, 유네스코 협동 학교사업

환경교육시범학교는 오래전부터 환경부와 교육부가 국가적 규모로 운영하고 있는 학교 전체적 접근 방식으로 학교 체제의 변화를 지향한다. 초창기에는 학교 환경교육의 제도화와 확산을 위해 시작되었으나 최근에는 지속가능발전교육의 목표와 가치를 반영하여 학교 전체적으로 지속가능성을 지향하는 다양한 프로그램들이 시도되고 학교 전체 구성원이 참여하는 사례가 증가하고 있다. 유네스코에서 주도하

ESD 토막상식

환경교육시범학교 역사

환경교육시범학교 운영의 근본 목적은 환경교육을 통하여 환경을 소중히 하는 마음을 심어주고 생활 속에서 환경보전을 실천하도록 유도함으로써 현재의 환경문제를 해결하고 미래의 환경문제를 예방할 수 있는 능력을 가지도록 하는 데 있다. 환경교육시범학교의 일차적인 운영 방향은 시범학교의 운영을 통해 환경교육의 우수사례를 발굴하여 다른 학교에 보급함으로써 학교에서의 환경교육을 일반화하는 데 있다.

시범학교의 운영을 통하여 학교가 가정과 지역사회의 환경보전활동에 대한 촉매역할을 담당하도록 함으로써 학교의 울타리를 넘어 가정, 지역사회로 환경보전의식을 확산하는 것도 주요한 운영 방향이다. 이를 통해 학교뿐 아니라 가정과 지역사회의 환경에 대한 관심과 환경보전활동에의 참여도가 제고되며, 지역사회의 특성에 맞는 교육주제의 운영으로 실질적이고 구체적인 환경교육이 가능하게 된다.

1995년부터 2년 주기로 지정·운영되었으며 1985년 8개의 환경보전시범학교에서 현재는 환경교육시범학교로 명칭이 바뀌어 제15차(2013년~2015년) 환경교육 시범학교가 운영되고 있다.

고 있는 협동학교사업 또한 학교 전체적 접근의 사례로 간주될 수 있다. 이들 학교에서는 국제기구의 이해, 국제문제의 이해, 문화 간 이해, 환경 등 네 개 영역을 주로 다루고 있으며 최근 국제이해 교육, 문화유산교육, 지속가능발전교육, 다문화교육, 민주시민교육, 인권교육 등을 장려하고 있다.

(2) 프로젝트를 통한 학교 전체적 접근

지속가능발전교육은 단순히 교육과정만을 통해 수행되기보다는 학교 전체적 접근을 통해 이루어질 때 훨씬 효과적일 수 있다. 실제로 외국의 경우 지속가능발전교육의 사례는 생태학교(eco-school), 녹색학교(green school), 환경학교(environment school), 지속가능한 학교(sustainable school) 등과 같은 학교 전체적 접근을 통해 실행되는 경우가 많다.

따라서 이제는 학교의 다양한 프로젝트를 통한 학교 전체적인 접근으로 지속가능발전교육을 추구해야 한다. 학교의 자연환경에 대한 관리, 잔반 줄이기, 재활용품의 분리배출과 같은 생활교육, 나아가 민주적 학교운영과 다양한 그룹들의 참여 등을 통하여 학교 자체가 지속가능한 체제로 변화할 수 있도록 노력해야 할 필요가 있다.

〈학교 전체적 접근을 통한 지속가능발전교육 프로젝트의 예〉

• 학교 전체를 대상으로 한 폐기물 검사	• 평화의 정원 혹은 모의 분쟁해결 지역
• 교내 식당과 정원 쓰레기의 퇴비화	• 재활용 프로그램
• 잔반 없는 점심 프로그램	• 물 절약 프로그램
• 유해세척제의 안전한 대용품 구매	• 실내 공기 청정도 검사
• 학교 정원 혹은 자연 공간	• 에너지 검사
• 미술 재료 재활용 센터	• 교내 사회봉사 공간
• 필요한 학생들을 위한 아침 급식 프로그램	• 학생들을 위한 무료 치아 검진

(3) 학교의제21

지속가능발전교육을 위한 이행 수단으로써의 학교의제21은 학교 전체 수준의 프로젝트라고 할 수 있으며, 보다 큰 시각에서의 지속가능발전교육을 위한 실천이라고 할 수 있다. 학교의제21은 국가교육과정과 연계하여 모델을 구현할 수 있고, 현장 연구의 형태로써 학교교육과정 속에 녹아들어 지속적 지역 사회 문제를 해결하는 데 중요한 역할을 할 수 있다.

리투아니아에서 30개의 학교를 대상으로 시행된 학교의제21을 통하여 교사들의 협력을 통한 통합적 교육, 지역사회에 열린 학교, 지속가능발전을 향한 학교 운영 및 발전 등의 결과를 얻을 수 있었고, 바로셀로나에서는 100개 이상의 학교를 대상으로 한 학교의제21 프로젝트를 통하여 책임감 향상, 환경 지식 능력 향상, 교사들의 전문 분야 협력, 자발적 구성원 참여 등의 효과를 얻을 수 있었다. 이와 같은 사례들은 학교의제21의 활성화를 통해 지역과 학교와의 교류, 통합적 교육 등의 효과를 얻을 수 있음을 보여주고 있다.

학교의제21 프로젝트의 운영은 '학교의제21 운영위원회'를 설치하여 운영함을 원칙으로 하며, 학교의제21 운영위원장을 프로젝트 책임자로 하여 학교 내 구성원 대표와 학교 외의 관계자들로 구성한다. 학교의제21 운영위원장은 학교운영위원장과 겸임할 수 있으며, 프로젝트의 운영 전반에 걸친 책임과 권한을 갖고 학교 내·외 운영위원들의 원활한 협조와 운영을 위한 노력을 한다.

학교의제21 운영위원회는 수직적 관계가 아니라 수평적 논의 구조로, 각 대표가 구성원의 다양한 의견을 수렴할 수 있도록 하는 열린 구조이다. 각 대표는 1명이 아니라 융통성 있게 운영되는 것이 좋으며, 운영위 구조에서 사전에 논의되어 추가하거나 감할 수 있다. 또

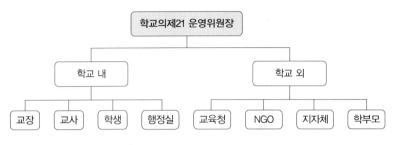

[그림 4.3] 학교의제21 운영위원회 구성 (예시)

한, 학교 내의 운영위원을 구성할 때 학교와 기존의 조직체계 등을 활용하는 것이 좋은 방법이 될 수 있고, 학교 외의 운영위원을 구성할 때는 자문과 실제 참여가 가능한 관련 단체 및 지자체, 교육청, 학부모로 구성하는 것이 바람직하다.

(4) 학교 행정의 변화를 통한 지속가능한 학교 운영

학교행정은 해당 학교의 제도 전반에 대한 정비·운영·관리를 담당한다. 구체적으로는 학교의 조직·편성·교육과정·지도 방법, 교재·교구, 교사(校舍) 등의 시설·설비, 교육재정에 관한 사항 등 학교 운영 전반에 관여한다.

따라서 교구와 각종 물건, 식품을 선택할 때는 원자재부터 제품의 생산, 사용, 폐기까지 지속가능한 평가 기준을 고려해야 한다. 재생 불가능한 자원의 소비가 학교의 운영 과정에서 가능한 발생되지 않도록 하며, 위기의 지구환경을 지속적으로 지탱하기 위한 교육의 장소로써 의미를 생각하여 친환경적인 생활 태도를 형성하게 하는 것이 주요한 목표가 되어야 한다.

(5) 지속가능발전교육 기반으로서 학교시설

학교시설은 성장기의 학생들에게 올바른 환경에 관한 가치관을 정립하는 데 중요한 의미를 지니고 있으며, 생태감수성 및 다양한 활동을 통한 소통과 협력의 공간이다. 따라서 학교시설은 지속가능한 사회를 위한 다양한 교육 방식과 내용을 효율적이고 안전하며 쾌적하게 수행할 수 있는 중요한 기반이다. 학생은 학교 텃밭, 옥상녹화, 주차장 녹화 등을 통해서 생명의 소중함을 인식할 수 있고, 장애인 시설을 통해 인권의 소중함을 알게 된다. 또한 빗물 활용 시설로 재활용 및 자원의 소중함을 느낄 수 있고, LED 조명, 적정실내온도 조절을 통해 전기를 아끼는 생활을 습관화하게 된다.

서울의 양원초등학교에서는 에코뮤지엄 및 수중생태환경을 조성하였다. 또한 건물 외벽에 작두콩 40줄을 올리고 학년별 텃밭을 가꾸거나 해남 고구마 모종 심기 등 자연을 체험할 수 있는 환경을 조성하여 학생들이 자연을 배울 수 있는 학교시설로 정비하였다.

[그림 4.4] 에코뮤지엄과 수중생태계 조성

교육부에서는 2012년도부터 지속가능발전교육 미래융합인재교육을 위한 미래형 교실 구축을 시작하였다. 안산고등학교는 2013년에 미래형 융합 교실을 구축하였는데, 인식의 전환을 바꾸는 물음표 책상, 지속가능발전교육의 학습내용으로 가득 채워진 복도 등 다양한 수업이 운영될 수 있는 환경을 조성하였다.

[그림 4.5] 안산고등학교 지속가능발전교육 미래융합인재 교실

영국에서는 지속가능한 학교를 만드는 71가지 방법으로 학교시설에 대한 다양한 시사점을 제공하고 있다. 다음의 71가지 방법은 기후변화, 재생에너지, 건강한 먹거리와 먹거리 재배, 교통(수단), 자연계와 생물다양성, 소비자와 생활양식, 쓰레기와 재활용, 지속가능한 놀이 공간, 주택과 건물, 에너지 효율성, 물, 음식의 세부요소들을 고려하여 작성되었다.

지속가능한 학교를 만들기 위한 다양한 관점들을 확인해보고, 우리 학교에 적용 가능한 방법을 모색하는 것은 매우 중요한 일이다.

• 기후변화	• 쓰레기와 재활용
• 재생에너지	• 지속가능한 놀이 공간
• 건강한 먹거리와 먹거리 재배	• 주택과 건물
• 교통(수단)	• 에너지 효율성
• 자연계와 생물다양성	• 물
• 소비자와 생활양식	• 음식

1. 풍력 발전	26. 재활용 포장	49. 지역의 급식자재
2. 투광 조명	27. 정보의 열람과 공유	50. 친환경 세제
3. 태양광 발전	28. 운동장 게임	51. 재활용 용기
4. 기상관측기	29. 바이오에너지 작물 재배	52. 퇴비 상자
5. 바이오매스 굴뚝	30. 컨테이너 화분	53. 식기 세척대
6. 태양열 급탕	31. 학생용 벤치	54. 온실
7. 생태통로	32. 운동을 위한 산책로	55. 스쿨 푸드
8. 새집 만들기	33. 야외 학습장	56. 빗물 저장소
9. 방과후 부지 사용	34. 칭찬 게시판	57. 주전자
10. 벽화	35. 재활용 학용품	58. 자전거 거치
11. 소원의 벽과 낙서판	36. 공정 상품	59. 전기자동차 충전소
12. 핸드 드라이어	37. 문서 파단기	60. 자전거 통행로
13. 수돗물 타이머	38. 복사기 대기전력 차단과	61. 스쿨버스 승강장 위치
14. 물 사용 절약	양면 인쇄	62. 스쿨버스 승강장기
15. 재활용 화장지	39. 사물함	63. 스쿨버스 대기소
16. 수량 조절 장치	40. 전력사용량 모니터	64. 분리수거대
17. 결로 관리	41. 개별 온도조절기	65. 외부 전시 공간
18. 에너지 절약형 전구	42. 학교 기업	66. 환경 정책
19. 컴퓨터	43. 충전지 사용	67. 동물 서식지
20. 종이 재활용	44. 책 돌려보기, 교과서 물	68. 자동차 함께 타기
21. 이면지 사용	려주기	69. 지속가능한 교통
22. 지속가능한 재료의 바닥	45. 교복 물려주기	70. 고효율 냉장고
23. 갈대림	46. 윤리적 소비	71. 건강한 토양
24. 그늘막이	47. 로컬 푸드	
25. 타이어 재활용	48. 아나바다 장터	

〈지속가능한 학교를 만드는 71가지 방법(www.suschool.org.uk)〉

4) 교육과정적 접근

지속가능성과 관련된 많은 주제들이 이전부터 정규 교육과정의 한 부분을 차지하고 있지만, 이러한 사실이 인정받지 못했을 뿐더러 이들 주제가 지속가능성이라는 더 큰 개념에 기여한다고도 여겨지지 않았다. 지속가능성의 개념은 여러 세대 전에 생겨나 지금도 발전하고 있지만, 1980년대까지만 해도 제대로 된 이름조차 부여받지 못했다. 그럼에도 불구하고 환경적·사회적·경제적 지속가능성과 관련된 많은 주제들이 교육과정에 포함되어 있다. 교육을 재정향하여 지속가능성을 다루는 모델을 실행하기 위해서는 정규 교육과정이 기존에 지속가능발전교육에 기여하고 있는 바를 조사하는 것이 중요하다.

교육과정을 분석하기 위해서는 지속가능성의 세 가지 영역(환경, 사회, 경제)과 관련된 개념들을 비롯해, 지역사회 혹은 국가에 중요한 지속가능성의 여러 주제들을 찾아낼 필요가 있다. 일부 개념들은 지속가능성을 이해하는 기반이 되며, 또 다른 개념들은 지속가능성과 직접적인 관련성이 있다. 예컨대 천연 자원의 보존 혹은 지속가능한 활용과 관련된 학습은 지속가능성과 관련되지만, 천연 자원이 무엇인지를 아는 것은 천연 자원의 지속가능한 활용을 이해하는 토대가 된다. 기초 개념 없이는 지속가능성 관련 학습이 방향을 잃거나 어려움을 겪게 될 것이다. 결과적으로 교육과정에서 기초 개념과 지속가능성 개념 모두를 파악하는 것이 필요하다.

(1) 교과에서의 지속가능발전교육

지속가능발전교육과 관련된 주제들이 상대적으로 자주 다루어지는 교과로는 사회, 도덕, 과학, 실과(기술/가정) 등이 있다. 7차 교육과정과 2007 개정 교육과정을 비교해보면 각 교과별로 지속가능발전교육과의 관련성이 양적으로 증가하였다. 또한 2009 개정 교육과정에서는 지속가능발전교육과의 관련성이 더 심화되었다.

지속가능발전교육의 교육과정 접근을 살펴보기 위해서는 먼저 2009 개정 교육과정 속에서 지속가능발전교육과 녹색성장교육의 관계를 이해하는 것이 필요하다. 2009년에 교육과학기술부는 '녹색성장교육 활성화 방안'을 통해 2009 개정 교육과정에서 녹색성장 관련 내용의 반영을 다음과 같이 밝힌 바 있다(교육과학기술부, 2009).

2010년 교과 교육과정 부분 개정 시 기존 교과에 녹색성장 내용을 반영하도록 한다. 곧 사회, 과학 등 기존 교과목에 녹색성장 관련 내용을 분산 반영하도록 한다. 현행 초·중등(3~12학년) 교과목 중 녹색성장 관련 교과(도덕, 사회, 과학, 실과/기술·가정 등)를 선정하고 관련 학습 요소를 추출하여 관련 교과 교육과정에 분산 반영을 추진한다.

이러한 교육과정 개정을 통해 당시 교육과학기술부는 녹색성장교육을 강조함으로써 기존의 환경교육에 경제와 녹색기술 측면을 강조하였다. 이러한 점에서 2009 개정 교육과정에서 녹색성장교육과 관련된 내용을 각 교과 교육과정에 분산 반영을 추진한 점은 지속가능발전교육의 일부분을 반영한 것으로 볼 수 있다. 결론적으로 녹색성장교육은 경제발전과 환경이라는 두 가지 축을 강조해왔으나, 지속가능발전교육은 경제발전 영역과 환경보전 영역 및 사회·문화 영역의 세 가지 축을 통합적으로 접근하는 교육이라는 점이 가장 큰 특징이다.

2009 개정 교육과정 총론에서 당시 교육과학기술부는 녹색성장의 내용을 '녹색성장교육 활성화 방안'을 바탕으로 반영하였고, 이는 교과 교육과정 연구 개발진들에게도 워크숍을 통해서 전달된 바 있다. 이를 바탕으로 각 교과에서는 교육과정 시안을 구성하였으며, 2009 개정 교과 교육과정에서 지속가능발전 핵심 개념이 [표 4.1]과 같이 반영되었다.

[표 4.1] 2009 개정 교과 교육과정에서의 지속가능발전 핵심 개념 관련 상황(김호석 · 최석진 · 강상규, 2011)

영역 및 개념	국어 초3-6	국어 중	국어 고	도덕 초3-6	도덕 중	도덕 고	사회 초3-4	사회 초5-6	사회 중	사회 고	과학 초3-6	과학 중	과학 고	영어 초3-6	영어 중	영어 고	실과 초5	실과 초6	실과 중	실과 고	체육 초3-4	체육 초5-6	체육 중	체육 고	환경 중	환경 고
1. 사회·정치·문화적 관점																										
S1 인권·평화			○	●	◎	○	◎	●	●	●				○	○	○									●	●
S2 통일				●	●				●	●				○	○	○									○	○
S3 문화 다양성	○		○	●	●	○	○	◎	●	●				○	○	○									●	●
S4 사회정의				○			◎	◎	●	●				○	○	○									●	●
S5 안전											●	●	●	○	○	○					●	◎	●	●	●	●
S6 건강·식품							●	●	●	●	◎	◎	◎	○	○	○	◎	◎	●	●	●	●	●	●	●	●
S7 거버넌스·시민 참여	◎	●	○	●	◎	○	●		●	◎	○	○		○	○	○	◎	◎	●	○					●	●
S8 양성평등		○	◎											○	○	○									●	●
S9 소양(매체, ICT)	○	◎	◎	●	●	○	●	●	●	●				○	○	○	◎	◎	●	●					●	●
S10 세계화·국제적 책임							◎	●	●	●				○	○	○									●	●
2. 환경적 관점																										
E1 자연자원(물, 공기, 토양 등)				○			○		◎	◎	●	●	●	○	○		◎	◎	○	◎					●	●
E2 에너지					○				◎	●	●	●	●	○	○		◎	◎	●	◎					●	●
E3 기후 변화					○				◎	●	●	●	●	○	○		◎	◎	●						●	●
E4 생물 다양성				○	◎		◎		◎	●	●	●	●	○	○		●	●	●				◎		●	●
E5 환경 문제				●	●			◎	●	●	●	●	●	○	○		◎	◎	●	●					●	●
E6 지속가능한 식량 생산								◎	●	●				○	○		●	●	●			◎			●	●
E7 지속가능한 촌락·도시							◎		●	●				○	○				●						●	●
E8 재해 예방·감소								◎	●	●				○	○							○			●	●
E9 교통							◎		●	●				○	○		◎	◎	●						●	●
3. 경제적 관점																										
Ec1 지속가능한 생산과 소비								◎	●	●				○	○		●	●	●	●					●	●
Ec2 기업의 지속 가능성								◎	●	●				○	○										●	●
Ec3 시장 경제							◎		●	●				○	○										●	●
Ec4 빈부 격차 완화									●	●				○	○										●	●

※ ● 매우 밀접한 관련 있음, ◎ 밀접한 관련 있음, ○ 어느 정도 관련 있음

각 교과별로 살펴보면 도덕의 경우에는 인권, 세계평화, 사회 윤리, 민주주의, 자연과 인간의 관계 등과 같은 주제에서 지속가능발전의 가치를 다루거나 관점을 반영하였다. 과학의 경우에는 날씨와 생활, 생태계, 에너지, 지표의 변화, 물과 관련된 단원 등에서 지속가능발전교육의 주제와의 융합을 모색하였다. 특히 물·공기, 토양 등을 주로 다루는 생명과 지구 영역에서 뿐만 아니라 물의 상태변화의 개념을 포함하는 물질과 에너지 영역에서도 지속가능발전교육 관련 핵심 주제들을 다루었다. 또한 2009 개정 교육과정에서는 기후변화를 인류의 미래와 관련지어 중요하게 부각하였다. 실과의 경우는 바람직한 소비, 주거환경, 영양의 식생활 등에서 지속가능발전의 가치를 반영하였고, 지속가능발전과의 관련성이 깊은 사회과의 경우에도 지속가능한 촌락과 도시, 민주주의, 주민참여, 세계화/국제화 등의 다양한 내용을 포함하였다. 중등의 경우 지리 영역에서는 '내가 사는 세상', '자연재해와 인간생활', '인구 변화와 인구 문제' 등, 일반사회 영역에서는 '문화의 이해와 창조', '사회의 변동과 발전', '현대 사회와 사회문제' 등 거의 전 영역에서 지속가능발전과 깊은 관련성을 보였다.

　그 뿐만 아니라 미술, 국어, 체육에 이르기까지 지속가능발전교육의 핵심내용을 직접적으로 혹은 간접적으로 다룰 수 있는 방법은 매우 많으며 실제로 이러한 우수사례도 보고되고 있다. 녹색 디자인을 응용한 미술수업, 에너지 절약 연극의 대본을 써보는 국어수업, 환경보건과 위생을 다루는 체육 수업 등 전 교과에서 지속가능발전교육은 다채롭게 교과 내에서 수행되고 있다.

　또한 각각의 교과 내에서뿐만 아니라 교과 간 수업에서도 지속가능발전교육은 매우 활발하게 진행되고 있다. 융합인재교육(STEAM)과 같이 학제 간 융합을 꾀하는 수업에서도 지속가능발전교육과 관련된 주제 중심의 수업이 진행될 수 있다. 국어와 미술시간을 연계한 수업, 과학과 사회를 연계한 수업 등 교과 간 수업도 가능하며 지속가능발전교육을 주제로 한 주제중심 수업도 가능하다.

초등과 중등 수업에서 가장 효과적으로 지속가능발전교육을 수업할 수 있는 방법 중 한 가지는 [표 4.2]와 [표 4.3]과 같이 수업시간에 교과 내용을 재구성하여 수업하는 경우일 것이다.

표에서 제시한 미술, 사회, 과학, 실과, 도덕 교과뿐만 아니라 국어, 음악, 체육 교과에서도 지속가능발전교육 관련 수업이 가능하다.

중등수업에서는 '환경교과'가 독립선택교과로 존재하고 있으나, 선택률이 매우 낮기 때문에 [표 4.3]에서 제시한 것과 같이 과학, 사회, 도덕, 기술가정과 같은 교과에서 수업내용을 재구성하여 적용할 수 있다.

[표 4.2] 초등학교 교과 지속가능발전교육 적용 교과 단원 (예시)

구분	영역	학년	단원	차시 (횟수)
교과 교육	미술	3, 4학년	4. 자연환경과 미술	4차시
	미술	5, 6학년	5. 자연환경과 미술	6차시
	사회	6학년 1학기	3. 환경을 생각하는 국토 가꾸기	4차시
	과학	6학년 1학기	2. 산과 염기	1차시
	과학	6학년 1학기	4. 생태계와 환경	5차시
	과학	6학년 2학기	3. 에너지와 도구	1차시
	실과	5학년 1학기	3. 꽃과 채소 가꾸기	5차시
	실과	6학년 1학기	3. 생활자원과 소비	2차시
	도덕	4학년	3. 더불어 나누는 이웃사랑	2차시
	과학, 미술	4학년 2학기	4. 지표의 변화 4. 생활 속의 미술	2차시

[표 4.3] 중등 교과 지속가능발전교육 적용 교과 단원 (예시)

학년급	과목	학년	대단원	중단원
중학교	과학	2	III. 기권과 우리 생활	1-3. 탄소의 순환과 지구온난화
	사회	2	V. 환경 문제와 지속가능한 환경	1. 전 지구적 차원의 환경문제 2. 국경 없는 환경 문제 3. 우리 환경 스스로 지키기
			XIV. 현대 사회와 사회 문제	2. 미래 사회와 지속가능한 발전
		3	X. 일상생활과 경제 주체의 역할	1. 합리적 소비와 지속가능한 생활
	도덕	1	IV. 환경과 도덕	1. 환경과 인간의 삶 2. 환경 친화적인 생활 태도
	기술가정	2	II. 녹색 가능생활의 실천	1. 녹색 식생활과 음식 만들기 2. 친환경적 의생활과 옷 고쳐 입기 3. 지속가능한 주거 생활과 주거 공간 꾸미기
고등학교	과학	1	VI. 환경	1. 생물 농축 2. 산성비 3. 온실 효과 4. 소음
	사회	1	V. 지역 개발과 환경 보전	3. 자연재해와 환경 문제
	기술가정	1	II. 가족이 여는 행복한 가정 생활 문화	1. 건강 가정과 지속가능한 소비 생활

2015 교육과정에서는 환경교육을 '다른 사람들과 더불어 지구 생태계 내에서 조화로운 삶을 살아가는데 요구되는 의지와 역량을 갖추어 기후 변화와 생물다양성 감소 등 인류가 직면한 환경 문제를 해결하고 지속가능한 사회를 만드는 데 기여'하는 과목으로 설정함으로써

환경교육의 최종목적을 지속가능한 사회에 두고 있다. 이와 관련하여 환경교육의 학습 영역 또한 '환경과 인간', '환경의 체계', '지역 환경과 지구 환경', '지속가능한 사회'로 설정하였다(교육부, 2015).

(2) 창의적 체험활동

창의적 체험활동은 제7차 교육과정과 2007년 개정 교육과정의 재량활동 중 창의적 재량활동과 특별활동을 통합한 교과 외 활동으로 학교의 교육과정 편성, 운영의 자율성과 책무성을 강화하기 위해서 매우 강조되고 있다. 창의적 체험활동은 창의성과 인성 함양을 강조하고 학생들이 자발적으로 참여하여 타인에 대한 이해를 바탕으로 세계 시민으로서 갖추어야 할 공동체 의식과 수준 높은 자질 함양을 도모한다. 또한 지역 사회의 인적, 물적 자원을 학교 교육과정과 연계시켜 다양한 체험활동을 하도록 하는 지역 사회와 협력하는 지역 단

2009 개정 교육과정상의 범교과 학습 관련 내용

민주 시민 교육, 인성 교육, 환경 교육, 경제 교육, 에너지 교육, 근로정신 함양 교육, 보건 교육, 안전 교육, 성 교육, 소비자 교육, 진로 교육, 통일 교육, 한국 정체성 교육, 국제 이해 교육, 해양 교육, 정보화 및 정보 윤리 교육, 청렴·반부패 교육, 물 보호 교육, 지속가능발전교육, 양성 평등 교육, 장애인 이해 교육, 인권 교육, 안전·재해 대비 교육, 저출산·고령 사회 대비 교육, 여가 활용 교육, 호국·보훈 교육, 효도·경로·전통 윤리 교육, 아동·청소년 보호 교육, 다문화 교육, 문화 예술 교육, 농업·농촌 이해 교육, 지적 재산권 교육, 미디어 교육, 의사소통·토론 중심 교육, 논술 교육, 한국 문화사 교육, 한자 교육, 녹색 교육 등

위의 교육과정을 지향한다.

따라서 창의적 체험활동을 통해 지속가능발전교육과 관련된 다양한 활동과 학습이 가능하다. 특히 범교과 주제 학습이 창의적 체험활동 시간에 주로 이루어지는 것을 감안하면 지속가능발전교육을 활성화하는 데 크게 기여할 수 있다. 범교과 학습 내용은 특정 교과 영역에서 주된 내용이 될 수 없다는 한계가 있기는 하지만 교과 구분의 구애를 받지 않고 주제와 관련된 내용을 자유롭게 다룰 수 있다는 강점도 지니고 있다. 2007 개정 교육과정부터는 지속가능발전교육이 범교과 학습에 명시되었으며 민주 시민 교육, 환경 교육, 에너지 교육, 경제 교육, 소비자 교육, 양성 평등 교육, 인권 교육, 국제 이해 교육 등 지속가능발전교육과 관련이 높은 교육들이 강조 되었다. 2015개정 교육과정에서는 10대 범교과학습 주제를 선정하여 범교과학습의 실효성을 높이기 위해 노력하였는데 지속가능발전교육은 환경교육과 함께 범교과학습 주제로 강조되었다.

안전 · 건강교육, 인성교육, 진로교육, 민주시민교육, 인권교육, 다문화교육, 통일교육, 독도교육, 경제 · 금융교육, 환경 · 지속가능발전교육

2015 개정 교육과정에 따른 창의적 체험활동은 자율, 동아리, 봉사, 진로활동 등이며 각각의 영역에서 지속가능발전교육과 관련된 다양한 활동이 가능하다. 예를 들면 서울 양원초등학교에서는 자율 활동에서 환경교육과 경제교육을, 동아리 활동에서는 다문화 이해, 인권 이해, 에너지 교육 등을 하였으며 봉사활동을 통한 자연환경 보호 활동도 이루어졌다. 또한 진로활동에서는 지속가능발전교육 관련 직업에 대한 탐색 활동이 이루어졌다.

[표 4.4] 초등학교 창의적 체험활동 지속가능발전교육 적용 프로그램 (예시)

영역	학년	활동 내용	차시 활용
자율	1~6학년	특색 사업: 자연을 닮아가는 어린이	창체4차시 교과6차시
		환경 교육	창체2~4차시 교과26차시
		나눔 및 경제 교육	2~4차시 교과26차시
동아리	3~4학년	Green Bee 환경 동아리, 자전거 문화 동아리	20차시씩 총40차시
봉사	1~6학년	자연환경 보호 활동	5~10차시
진로	1~6학년	지속가능한 사회와 관련된 직업	5~10차시

2. 초 · 중등교육에서의 지속가능발전교육 실천

초 · 중등교육에서의 지속가능발전교육 실천을 주제로 한 본 내용은 초등학교, 중학교, 고등학교 학교급별로 학교 전체적 접근이 우수한 학교사례를 중심으로 정리하였다. 아직 대부분의 학교에서는 지속가능발전교육이 미흡하게 운영되고 있는데, 다음부터 소개할 학교들은 앞 장에서 논의했던 지속가능발전교육 목표 및 특성과 깊은 관련성을 가지고 지속가능발전교육 요소를 적극적으로 교육과정 및 학교 체제에 반영한 지속가능발전교육의 우수사례이다. 행복한 학교가 되기 위해서 우선 실천해야 하는 지속가능발전교육을 위한 방법에 초점을 두어, 행복한 학교를 꿈꾸는 지속가능발전교육의 좋은 표본을 살펴봄으로써 학교현장의 지속가능발전교육의 확산과 파급을 기대해본다.

[표 4.5] 초·중등 지속가능발전교육 우수사례

학교 이름		ESD 목표	ESD 특성	ESD 주제	운영 프로그램 특징
초 등 학 교	이동 초등학교	기존교육프로 그램 재구조화	평생학습	지속가능한 촌락·도시	지역을 기반으로 한 지속 가능한 촌락과 도시
	서울염경 초등학교	기초교육향상	창의적 문제해 결력	지구 환경문제	도시디자인을 통한 창의 적 문제해결 신장 교육
	무정 초등학교	대중의 이해 및 인식을 증진	창의적 문제해 결력	에너지와 자원	가족과 함께 변화를 꿈꾸 게 하는 교육
	미봉 초등학교	대중의 이해 및 인식을 증진	학교와 가정 및 지역사회와 의 협력	건강한 먹거리	학교의제21의 운영을 통 한 학교의 변화
중 학 교	운리 중학교	기초교육향상	다양한 주체들 간의 협력	기후변화, 녹색 에너지	학교 설비의 변화를 통한 에너지 인식 변화
	느리울 중학교	기존교육프로 그램 재구조화	지역사회와의 긴밀한 네트워 크를 통한 상 황의존성	지역사회 환경단체와의 네트워크	학교와 지역사회의 지속 가능발전교육 자원 발굴
	통영 여자 중학교	대중의 이해 및 인식을 증진	간학문적 접근	간학문적 접근	동피랑 벽화그리기를 통한 지속가능한 지역 만들기
고 등 학 교	풀무농업고 등기술학교	기초교육향상	체계적인 사고	건강한 먹거리	지역먹거리를 실천하며 건강한 밥상을 만들기
	낙동 고등학교	모든 영역의 직업 인에 대한 교육	실천역량	지구 환경문제	R&E를 통한 지속가능한 학교 만들기
	제천 디지털전자 고등학교	모든 영역의 직 업인에 대한 교 육	실천역량	녹색 기술, 지속가능한 기업	디지털 시대와 지속가능 한 사회를 이끄는 기술인 육성

1) 초등학교 우수 사례

(1) 지역을 기반으로 한 지속가능한 촌락과 도시 프로그램: 이동초 등학교(경기도 용인시)

■ **ESD 목표 관련성** 지속가능성을 다루기 위해 기존 교육 프로그램을 재구조화하였다. 학습자에게 지속가능성을 중심으로 한 합리적인 문제해결능력과 더불어 창의성을 강조하는 프로그램으로 재구성하였다.

■ **ESD 특성 관련성** 지속가능발전교육은 특정 시점에서 보았을 때는 교육의 다양한 주체인 학교와 지역사회, 가정 등에서 동시에 이루어지는 평생학습의 특성을 갖는다.

■ **ESD 주제** 지속가능한 촌락·도시

■ **방법** 촌락과 도시의 지속가능한 성장과 발전을 위하여 환경, 사회, 경제 분야에 걸쳐 현상을 탐구하고, 문제점을 발견하여 새로운 대안을 모색하는 수업모델이다.

■ **출처** 2013년 교육부 지정 지속가능발전교육 선도학교 운영보고서

이동초는 2013년 교육부 지정 지속가능발전교육 선도학교로 지정되어 지속가능발전교육의 허브 기능을 수행하고 있다. 이동초는 농촌과 도시가 공존하는 용인의 지역적 특색을 반영하여 지속가능한 촌락·도시를 주제로 'UV 디자인 프로젝트'를 운영하고 있다. 'UV 디자인 프로젝트'는 촌락과 도시의 지속가능한 성장과 발전을 위하여 환경, 사회, 경제 분야에 걸쳐 현상을 탐구하고, 문제점을 발견하여 새로운 대안을 모색하는 수업모델이다.

'UV 디자인 프로젝트' 운영을 위하여 이동초등학교는 지속가능발전교육 전문성 신장을 위한 교사 연수 활동을 강화하고, 지속가능발전교육을 체험할 수 있는 학교시설 및 교육과정 전반에 걸쳐 다양한 활동을 전개하였다. UV zone 운영, 지속가능발전교육 전문가 학습, UV 동아리 활동, UV 건강놀이터, UV 창의디자인 놀이터, UV 체험여행, UV 꿈터, 감성터치 인성교실 등 다양하고 전문화된 교육활동을 체계화하여 운영하였다. 그리고 "꿈과 희망이 숨 쉬는 지속가능한 세상"을 주제로 학생, 학부모, 교사, 지역사회가 함께 어우러진 UV 축제를 열었다. 개최된 UV 페스티벌에서는 25개의 체험부스와 UCC 및

작품, 수업결과물 전시 등을 운영하며 환경, 문화, 경제 등 지속가능발전교육의 모든 영역을 망라하는 자율체험학습이 이루어졌다. 특히 가장 많은 인기를 모은 부스는 용인백옥쌀을 주재료로 한 떡볶이 등 슬로우 푸드와 '달콤 촉촉 립밤 만들기', '지속가능발전교육의 얼굴' 부스였다. '달콤 촉촉 립밤 만들기'에서는 유기농 식물 오일과 버터를 이용하여 직접 초콜릿향 립밤을 만들 수 있었으며 '지속가능발전교육의 얼굴'에서는 지속가능발전교육에 대한 개념이해와 더불어 친환경 재료를 이용한 페이스페인팅과 즉석사진 촬영을 할 수 있었고 그 외에도 다양한 만들기와 동식물과 친해지기 활동이 이루어졌다. 학교구성원들은 "지속가능발전교육 선도학교 운영을 통하여 지속가능발전교육의 진정한 가치 공유가 이루어지고, 지속적이고 실천적이며 더불어 함께하는 지속가능발전교육의 가치가 어린이들에게 내면화될 수 있도록 노력하겠다"고 하였다.

(2) 도시디자인을 통한 창의적 문제해결 신장 교육 프로그램: 서울 염경초등학교(서울특별시 강서구)

- **ESD 목표 관련성** 학생들이 지속가능한 삶을 유지하는 데 필요한 기본적인 지식, 기능, 가치, 관점을 습득할 수 있도록 하며, 미래세대인 학생들이 지속가능한 삶을 영위할 수 있도록 지원할 수 있다.
- **ESD 특성 관련성** 지속가능성은 창의적 문제해결력과 깊은 관계가 있다. 지속가능발전교육에서 도시 문제가 교육의 주제로 등장하고 학습자는 이를 해결하기 위한 다양한 방안을 찾아보며, 가능한 차원에서 해결을 위한 행동에 참여하게 된다.
- **ESD 주제** 지구환경문제
- **방법** 지속가능성을 바탕으로 자연, 생명, 공동체의 대영역을 추출하고 각 대영역을 '자원 – 지구 – 사람 – 함께'의 소영역으로 나누어 도시디자인 아이디어에 직접 응용하고 창조적 문제해결력으로 이어지는 '창의 프로그램'을 심화하여, '도시 디자인'으로 총합되도록 유도하였다.
- **출처** 2013년 교육부 지정 지속가능발전교육 선도학교 운영보고서

서울 염경초등학교는 지구환경문제로부터 〈과거−현재−미래〉를 아우르는 지속가능성 개념을 이끌어내고 창조적인 문제해결 능력을 위한 다양한 창의적 학습활동을 병행하였다. 이를 통해 공동체 행동에 참여할 감성과 열정을 지닌 참여적 시민양성을 위한 공동체 감수성, 생태적 감수성, 다양성의 감수성, 공생의 감수성을 길렀다. 환경과 사회적 개념을 직접적으로 도입하여 공동체 행동으로 이어지는 실천적 세계시민 행동교육을 실시하였다.

　　특히 서울 염경초등학교는 '지속가능발전정상회의'의 권고에 기초한 지속가능성을 바탕으로 자연, 생명, 공동체의 대영역을 추출하고 각 대영역을 '자원−지구−사람−함께'의 소영역으로 나누었다. 소영역 관련 제재 및 개념은 도시디자인 아이디어에 직접 응용하고 적용하는 창조적 문제해결력으로 이어지는 '창의 프로그램'으로 심화하고, 각각의 도시디자인 창의적 아이디어는 '도시디자인'으로 총합되도록 유도하였다. 창의 프로그램은 쓰기, 그리기 등의 지필활동에서 벗어날 수 있도록 다양한 재료와 도구를 이용하여 접근할 수 있도록 하였다. 이를 통해 지속가능발전의 중요성 인식, 지속가능발전에 대한 이해력 신장, 생활 속 실천력과 의사결정력 신장, 환경을 바라보는 시각의 확대, 창의성, 자기 주도적 학습 능력 신장, 세계시민교육의 중요성 인식 및 감수성이 신장되었다. 학교에서 지속가능발전교육을 실천하기 위해서는 학교전체 구성원들 사이에 민주적인 분위기를 만드는 것이 중요하고 학교에서 중요한 행사를 계획할 때에는 교사들이 함께 준비하고, 학급을 운영할 때에는 교사와 학생들이 서로의 의견을 존중하는 학교문화 형성이 중요하다는 것을 인식하였다.

(3) 가족과 함께 변화를 꿈꾸게 하는 교육 프로그램: 무정초등학교 (전라남도 담양군)

- **ESD 목표 관련성** 지속가능발전에 대한 대중의 이해 및 인식을 증진시키는 것은 지속가능발전교육의 핵심목표이다. 학교를 기반으로 지역과 학부모의 이해를 변화시킬 수 있는 지역공동체의 핵심역할을 학교가 담당할 수 있다.
- **ESD 특성 관련성** 지속가능발전교육에서 에너지 문제가 교육의 주제로 등장하고 학습자는 이를 해결하기 위한 다양한 방안을 찾아보며, 가능한 차원에서 해결을 위한 행동에 참여하게 된다.
- **ESD 주제** 에너지와 자원
- **방법** '녹색체험 상설부스'는 녹색에너지, 녹색환경, 녹색재활용의 3가지 영역에 대한 체험코너로 학생들의 체험활동을 위해 학부모로 구성된 그린맘 도우미들이 주체가 되어 운영하였다.
- **출처** 2012년 교육부 지정 녹색성장 시범학교 운영보고서

무정초에서는 교내에 3개의 작고 아름다운 동산(에코, 들꽃, 무지개동산)과 연못을 조성하여 꽃과 나무를 가까이에서 관찰하며 환경의 다양한 변화와 소중함을 깨닫게 하였을 뿐만 아니라, '태양광집열판'으로 물레방아를 돌아갈 수 있게 하여 태양에너지에 대한 관심과 호기심을 가지게 하였다.

또한 교내의 작은 공간을 '친환경 가족텃밭'으로 만들어 가족들에게 분양하여 농사활동을 할 수 있도록 하였다. 이를 통해 가족관계가 향상되고 유기농 농작물을 재배할 수 있게 되어 로컬 푸드(지역 먹거리)에 대한 부모님들의 이해를 높이고 가정과 연계한 교육활동을 펼쳤다. 학생들은 또한 '학급상자텃밭'을 만들어 작물재배와 생태농장 운영을 통해 친환경 농산물에 대한 이해가 증진되었고 농림수산부의 '팜스쿨'의 운영지원을 받아 창원의 감누리 마을과 결연을 맺어 농촌의 문화를 알고 농촌과 더불어 건강한 삶을 살아가야 한다는 생각을

갖도록 하면서 결실과 수확의 기쁨을 체험하게 하였다.

'녹색체험 상설부스'는 녹색에너지, 녹색환경, 녹색재활용의 3가지 영역에 대한 체험코너로 학생들의 체험활동을 위해 학부모로 구성된 그린맘 도우미들이 주체가 되어 운영하였다. 자전거발전기와 손발전기 체험에서는 학생들이 움직이는 정도에 따라 에너지가 생산되는 정도를 보고, 직접 전기를 생산하여 주스를 만들어 먹어봄으로써 전기가 만들어지는 게 얼마나 힘들고 어려운 일인지 체험하였다. 또한 태양광선풍기와 태양광자동차, 과일전지를 만들어보고 녹색에너지의 미래에 관심을 갖게 되었다. 녹색환경과 관련하여 천연세제 만들기, 천연염색 등 환경을 지키고 실천하기 위한 활동을 실시하였다. 또한 우유팩을 이용한 재생용지 만들기, 폐자재를 활용한 생활용품 만들기를 통해 자원을 재사용한 재생용품에 관심을 불러일으키고자 하였다. 무정초의 학생들은 특히 체험부스에 큰 호응을 보였는데 교내에서 부모님과 함께 체험부스를 운영한 경험을 바탕으로 하여 부산시 '환경아 놀자' 행사에 지구지킴이 봉사단들이 자신만의 재미있는 체험부스를 운영하여 많은 호평을 받았다.

(4) 학교의제21의 운영 프로그램: 미봉초등학교(충청북도 영도군)

'학교의제21' 시범학교인 미봉초등학교는 학교와 가정 및 지역사회와의 연계를 통해 지속가능발전교육을 확산하였다는 특징이 있다. 학교의제21은 학교와 관련된 구성원 전체가 전 과정에서 함께 참여하는 것을 원칙으로 하는데, 이를 통해 학교의 지속가능성을 점검하고 개선을 위한 방법을 찾는다.

미봉초등학교의 지역과 연계한 학교의제21 운영 사례는 교사, 학부모, 학생들이 함께 생태텃밭을 만들어 이 지역에서 생산하는 채소를 직접 재배하는 과정에서 친환경 농산물, 지역 먹거리, 유기농, 건강한 먹거리에 대한 통합적 접근이 이루어졌다. 또한 생태텃밭을 만드는 과정에 교사, 학부모, 학생뿐만 아니라 지역과 연계한 지속가능발전교육을 진행할 때 활용 가능한 지역 내 인적, 물적 자원과 참여 주체들을 확인하였다. 지역과 연계한 학교의제21의 운영이 학부모와 지역사회와 학교 간의 협력관계를 구축하는 데 기여하였으며 이후에도 학교 운영의 주요한 자산이 될 수 있었다.

금강과 학교 주변 숲 등 교실 밖 수업도 자랑거리다. 학생들은 틈틈이 금강을 찾아 수질을 측정하고, 숲 속의 생태를 관찰하였다. 여름이면 교사와 학부모 등이 함께 만든 원두막과 학교 잔디밭에서 바깥 수업을 하는 것도 유명하다.

또한 해금 연주를 특기로 하여 해금 특성화 학교로 지정되기도 하였다. 해금 전문 연주단인 청주 해금 앙상블과 협연하는 자리에 학교 근처 노인 70여 명을 초청했다. 학생들은 연주와 함께 학교에서 기른 수레국화, 한려화 등 화분과 함께 카네이션을 선물했다.

매봉초는 전교생 30여 명에 교사가 8명으로 학생 5명에 교사가 1명인 셈이다. 가족 같은 학교 분위기가 알려지면서 청주 등 도회지에서도 전학 오는 학생이 점차 늘어나 학교가 지역을 살리는 좋은 사례가 되고 있다.

2) 중학교 우수 사례

(1) 학교 설비의 변화를 통한 에너지 인식 프로그램: 운리중학교(광주광역시 서구)

- **ESD 목표 관련성** 학생들이 지속가능한 삶을 유지하는 데 필요한 기본적인 지식, 기능, 가치, 관점을 습득할 수 있도록 하며, 미래세대인 학생들이 에너지 문제를 인식하여 지속가능한 삶을 영위할 수 있도록 지원할 수 있다.
- **ESD 특성 관련성** 지속가능발전교육을 성공시키기 위해서는 다양한 주체들 간의 협력이 중요하며 이를 위해 전 교육가족의 협력이 필요하다. 운리중학교는 일상생활에서 생태적으로 살아가는 방법을 모색하여 에너지 저소비형 생활로의 변화를 꾀하는 등의 노력을 기울였다.
- **ESD 주제** 기후변화, 녹색 에너지
- **방법** 기후변화 인식 및 에너지 절감을 위해 친환경 교육 및 환경체험 활동을 강화하여 환경문제 개선에 대한 긍정 인식의 폭을 넓혔다. 특히 학급별로 대형 태양열 조리기를 1개씩 제작·설치하여 미래 에너지에 대한 활용가치를 이해할 수 있는 좋은 계기가 되었다.
- **출처** 2011년 '환경과 녹색성장' 우수 프로그램 공모 수상집

운리중학교는 학생, 학부모, 교직원의 관심과 참여를 유도하기 위해 학급별로 대형 태양열 조리기를 1개씩 제작·설치하였는데, 태양열로만 계란을 굽는 것에 모두가 신기해했다. 처음에는 환경반 동아리 학생들의 실습으로 시작하여 전교생의 간식을 공급하는 태양열 조리기가 될 정도로 모든 학교 구성원에게 인기가 높았다. 체험활동의 중요성을 확인하는 계기가 되었다.

태양열 조리기

실천에는 때때로 불편이 따르지만 지구적 환경문제 해결을 위한 작은 실천을 중요시하는 학생들과 교사, 학부모가 함께 한다면 운리중과 같은 변화가 이루어질 수 있을 것이다. 운리중의 경우와 같이 모든 실천을 요구하기보다 자신이 잘 할 수 있고 또 하려는 마음을 먹는 몇 가지 실천방식을 스스로 정하여 꾸준히 참여하도록 하는 방식은 지속가능발전교육에서의 실천이 어떤 방식으로 이루어질 수 있는지를 잘 보여준다. 이에 운리중 한 교사는 '음식물 쓰레기 줄이기', '전기요금 줄이기' 등 한 가지 목표만이라도 꾸준히 실천하는 것이 필요하다고 제안한다. 또한 적극적인 관심을 갖고 시도하면 예산이나 강사를 지원하는 기관 및 단체가 의외로 많다며, 다른 학교의 교사들의 적극적인 참여를 권하고 있다.

(2) 학교와 지역사회의 지속가능발전교육 자원 발굴 프로그램: 느리울중학교(대전광역시 서구)

■ **ESD 목표 관련성** 지속가능성을 다루기 위해 기존 교육 프로그램을 재구조화하였다. 푸른환경지킴이 활동, 환경캠프 등 기존의 프로그램을 재구조화하여 지

속가능성에 대한 교육을 실시하였다.
- **ESD 특성 관련성** 지속가능성은 상황의존성을 특징으로 한다. 사회적 상황의 존성은 지역사회와의 긴밀한 네트워크를 통해 사회를 이해하는 것부터 시작된다. 따라서 학교와 지역사회의 지속가능발전교육의 자원을 발굴하는 일이 중요하다.
- **ESD 주제** 지역사회 환경단체와의 네트워크
- **방법** 대전충남 환경보전협회와 금강유역환경청이 후원하는 '푸른환경 지킴이' 활동에 41명의 학생들이 참여했다. 또한 환경부와 산림청이 주관하는 그린레인 저 활동에도 학생들이 참여하는 등 지역사회의 환경교육 자원발굴에 노력하였다.
- **출처** 2012년 녹색교육 우수사례 발표대회집

대전충남 환경보전협회와 금강유역환경청이 후원하는 '푸른환경 지킴이' 활동에는 41명의 학생들이 참여하고 있으며, 창의적 체험활동으로 이루어지는 관저동 일대의 수질과 대기질 관찰(월1회)과 문제해결을 위한 토론활동을 통해 환경에 대한 이해 및 환경의식을 함양하고 있다. 교내 및 학교 인근에서 연 2회 환경보전 홍보활동을 진행하고 있으며, 금강유역환경청에서 후원하는 '환경캠프'에 참여하여 우수활동사례 발표 등 타 학교와 환경교육을 위한 정보를 교류하였다.

또한 금강유역환경청과 녹색성장 시범학교 운영 협약을 체결하여 학교에서의 에너지 절약, 음식물 쓰레기 줄이기, 실내 적정온도 유지 등의 생활 속 환경실천을 진행하기도 하였다. 학급별 녹색성장 리더를 1명씩 선정하여 매주 금요일마다 온실가스 감축 실천현황을 점검하고 1년 동안 온실가스 감축 실천사항이 가장 우수한 학급을 시상하였다. 환경부와 산림청이 주관하는 그린레인저(푸른숲 선도원: 청소년준거집단)로는 현재 51명의 학생들이 참여하고 있다. 2011년도에는 그린레인저 활동 학교지원프로그램 공모에 당선되어 활동비를 지원받아 학교 자체적인 프로그램을 진행하였고, 방학 중 사단법인 그린레인저 산림학교 행사에 참여하여 환경에 대한 인식을 고취하였다.

2011년부터 새롭게 시행된 창의적 체험활동 교육과정을 다양한 환경 체험활동과 접목시켜 지속가능발전교육의 새로운 가능성을 제시하였다. 창의적 체험활동 중 동아리 활동을 위해 다양한 환경 관련 동아리를 조직하였다. 또한 창의적 체험활동 중 진로활동은 가까운 미래의 성장사회를 이해하는 시간으로 편성·운영하였다. 학교 행사도 환경실천 결의대회, 체육대회 시 아나바다 나눔 장터 개최, 학부모와 함께하는 갯벌체험 및 전통문화체험, 조별 환경 UCC 만들기 대회, 환경문예 대회 등 자발적이고 능동적인 행사를 다양하게 실시하였다.

(3) 동피랑 벽화그리기를 통한 지속가능한 지역 만들기 프로그램: 통영여자중학교(경상남도 통영시)

- **ESD 목표 관련성**　벽화그리기를 통해 지속가능발전에 대한 대중의 이해 및 인식을 증진시키는 계기를 갖는다. 학교를 기반으로 지역과 학부모의 이해를 변화시킬 수 있는 지역공동체의 핵심역할을 학교가 담당할 수 있다.
- **ESD 특성 관련성**　지속가능발전교육의 특징 중 한 가지는 간학문적 접근이다. 다양한 학문 영역이 하나의 주제를 중심으로 통합되는 접근 방식을 의미한다. 동피랑 벽화 그리기는 지속가능성의 예술적 융합의 좋은 사례가 된다.
- **ESD 주제**　간학문적 접근
- **방법**　경상남도교육청지정 지속가능발전교육 연구학교인 통영여자중학교 학생들이 직접 참여하여 그린 벽화와 영화반 학생들이 제작한 영화, 그리고 합창부의 노래 등, 지역주민과 함께 어우러진 축제를 시작으로 혁신과 변화의 과정에 학생들이 능동적으로 참여하였다.
- **출처**　지속가능발전교육 연구학교 운영보고서

경남 통영여자중학교의 '동피랑 프로젝트'는 학교가 어떻게 지속가능한 지역 만들기에 동참할 수 있는지를 보여주고 있다. 지금은 유명해진 통영의 동피랑 벽화마을은 2007년 경상남도교육청지정 지속가능발전교육 연구학교인 통영여자중학교 학생들이 직접 참여하여 그린 벽화와 영화반 학생들이 제작한 영화, 그리고 합창부의 노래 등, 지역주민과 함께 어우러진 축제에서 시작되었다.

동피랑은 '동쪽에 있는 벼랑'이란 뜻으로 강구안의 아름다운 포구가 내려다보이는 작은 언덕에 위치한 마을로 그동안 주변 지역의 발달에 비해 이 지역은 상대적 낙후지역으로 남아 있었다. 이에 통영여자중학교와 통영 RCE, 푸른통영 21, 통영청소년문화회 Dreamer 등이 협력하여 동피랑을 지속가능한 발전이 이루어질 수 있는 마을로 변화시키자는 취지에서 '프로젝트 동피랑' 사업을 계획하고 구체적인 행사로 '프로젝트 동피랑-골목의 속삼임', '통영의 망루 동피랑의 재발견'을 추진하게 되었다.

첫 행사로 통영여자중학교를 중심으로 동피랑 사생대회를 열어 학생들의 눈으로 본 통영의 지속가능발전을 위한 비전을 그려보고, 그 성과를 향후 골목 벽화 프로젝트로 연계, 낙후된 동피랑 지역을 전국 유일의 골목벽화 전시공간으로 탈바꿈시켜 새로운 관광명소로 발전시키고 문화예술도시 통영의 이미지를 제고하고자 하였다. 또한 영화 상영 및 합창 등을 통해 그동안 지속가능발전사회를 위한 아이디어를 함축한 동피랑 잔치에서 선보였다. 학생들이 자기 고장에 대한 문제를 함께 고민하고, 더불어 살아가야 한다는 지속가능발전교육을 이해하는 기회가 되었다. 이후 통영의 명소가 된 동피랑에는 벽화와 사람들의 삶이 어우러진 모습을 구경하러 오는 발길이 이어지고 마을을 보존하자는 여론이 형성되어, 통영시의 마을 철거방침은 동포루 복원에 필요한 마을 꼭대기 집 세 채만을 허는 것으로 축소 · 철회되었다. 지역 문제, 예술, 참여와 협력이 어우러진 동피랑 프로젝트에서는 '혁신과 변화의 과정에 학생들이 능동적으로 참여'하는 모습이 잘 드러난다.

동피랑 마을

3) 고등학교 우수 사례

(1) 지역먹거리를 실천하며 건강한 밥상을 만들기 프로그램: 풀무 농업고등기술학교(충청남도 홍성군)

- ■**ESD 목표 관련성** 학생들이 지속가능한 삶을 유지하는 데 필요한 기본적인 지식, 기능, 가치, 관점을 습득할 수 있도록 하며, 농업을 기반으로 한 지속가능한 삶을 위해 가장 기초적인 교육으로 건강한 밥상 만들기 프로그램을 운영한다.
- ■**ESD 특성 관련성** 지속가능발전교육은 학습자들이 체계적인 사고를 할 수 있도록 교육하는 특성을 갖는다. 체계적 사고는 다양한 요인들이 독립적이지 않고 인과관계를 가지고 있으며, 원인과 결과가 지속적으로 상호영향을 주기 때문에 지역의 건강한 먹거리 문화에 대해서 생각해볼 수 있다.
- ■**ESD 주제** 건강한 먹거리
- ■**방법** 풀무농업고등기술학교에서 운영하는 풀무생협은 '행복중심풀무생협 홍성매장'을 통해 지역에서 생산된 건강한 먹거리를 지역민에게 제공함으로써 지역경제를 살리고, 지속가능한 삶의 터전을 만드는 로컬 푸드를 정착시키고 있다.
- ■**출처** 유네스코 지속가능발전시리즈 자료집

지속가능발전의 표본이라고 불리는 풀무학교는 지역과 교육이 함께 나아가는 덴마크의 교육 모델에 자극을 받아서 1958년 기독교와 농촌을 기반으로 세워졌다. 풀무생활협동조합, 홍성 여성농업인센터,

태양광 발전 등 홍동면 곳곳에서 숨 쉬는 공동체 시설들은 '더불어 사는 지역과 학교'라는 목표를 추구해온 풀무학교가 일구어낸 수확물이다.

풀무학교에서 시작한 생협과 신협은 마을 단위로 이어져 학교가 위치한 홍동면에 1969년에는 풀무신용협동조합이, 1980년에는 풀무소비자협동조합이 각각 탄생하면서 대한민국의 협동조합 역사를 새로 쓰기 시작한다. 출범 초기의 풀무소비자협동조합은 출자금 부족과 소극적인 조합원 참여 등으로 어려움을 겪기도 했으나 1984년부터 도시 소비자와의 직거래를 시작하는 등 활로를 개척해왔으며, 1998년 제정된 '소비자생활협동조합법'에 따라 2000년 '풀무생활협동조합'으로 재출범해, 홍동면을 중심으로 한 다양한 협동조합 활동과 주민 네트워크의 든든한 토대가 되어 왔다.

풀무생협은 '행복중심풀무생협 홍성매장'을 통해 지역에서 생산된 건강한 먹거리를 지역민에게 제공함으로써 지역경제를 살리고, 지속가능한 삶의 터전을 만드는 로컬 푸드를 정착시키면서, 환경, 교육, 여성, 문화 등과 관련된 다양한 활동을 펼치고 있다.

또한 학생들 스스로가 지역 먹거리라는 대안을 시도한다는 점에서 지속가능발전교육에서의 학습이란 혁신의 과정이라는 의미가 있음을 보여주고 있다. 지속가능발전교육이 지속가능발전과 관련된 주제나 내용 중심으로 전개되기 쉬운 상황에서 이러한 학습 과정의 특성을 잘 드러내는 사례는 역량을 강조하는 방식의 지속가능발전교육을 시도하는 데 많은 시사점을 주고 있다.

(2) R&E를 통한 지속가능한 학교 만들기 프로그램: 낙동고등학교 (부산광역시 북구)

- **ESD 목표 관련성** 지속가능발전교육은 핵심 목표로 모든 영역의 직업인에 대한 교육을 포함한다. 직업 인력은 자신의 일을 통해서 지역적·국가적 차원의 지속가능발전에 기여할 수 있기 때문에 R&E를 통한 직업탐색은 중요한 의미를 갖는다.
- **ESD 특성 관련성** 학습자가 지속가능발전과 관련된 주제에 대한 단순한 이해의 수준을 넘어서 자신과 직접적으로 연결시킨 주제를 탐구하고 연구하여 실천 역량을 길러주는 내면화 과정은 중요한 특성을 지닌다.
- **ESD 주제** 지구환경문제
- **방법** R&E 프로그램은 연구와 학습을 결합하는 방식으로 '녹색성장'이라는 대주제 아래 각 팀별로 소주제를 선정하고 1년간에 걸친 연구 활동을 수행하여 연구결과를 전체 학생들에게 발표하고 완성된 논문을 책자로 발행하는 등 학생들의 학력신장은 물론 녹색성장과 관련한 지식과 소양을 함양할 수 있었다.
- **출처** 2012년 녹색교육 우수 사례 수상집

낙동고가 실시한 'R&E 프로그램을 이용한 녹색성장 연구 논문집 제작' 활동은 '연구를 통해 교육이 이루어지고 또한 교육을 통해 연구가 이루어지는 것'이란 슬로건으로 과학고등학교 등에서 시행하고 있는 R&E 활동을 일반계 고등학교에 맞게 재편성한 프로그램이다. '녹색성장'이라는 대주제 아래 각 팀별로 소주제를 선정하고 1년간에 걸친 연구 활동을 수행하였다. 연구결과는 포스터 형식으로 제작하여 전체 학생들에게 발표하고 완성된 논문을 책자로 발행하였다. 개별 논문을 책자로 인쇄하여 1인당 5권씩 학생 개인에게 제공하여 상급학교 진학 시 입학사정관제 증빙자료로 활용할 수 있도록 하였으며 이를 통해 직업에 대한 탐색도 이루어졌다.

또한 낙동고에서 도입한 'PBL 프로그램을 이용한 녹색성장 탐구토론 학습' 활동은 문제중심교수학습 모형을 수정하여 자체 개발한 프로그램으로 학생들이 막연하게 생각하기 쉬운 '녹색성장'이란 개념을 문제 상황을 통해 인식하는 데 효과적이었다. PBL 프로그램은 교사들이 문제 상황을 개발하고, 프로그램에 참여할 학생팀을 공모하여 선정한 다음, 학생들이 3일간의 집중캠프를 통하여 주어진 문제를 해결해 나가는 학생 중심의 교수학습 모형이다. 프로그램의 1일차에는 PBL 프로그램의 개요와 진행방법 등에 대한 오리엔테이션을 실시하고 외부 강사를 초빙하여 문제 상황을 학생들에게 제시하였다. 2일차에는 진술된 문제에 대하여 지도교사의 조언을 듣고 수정 보완 과정을 거쳐 최종적인 문제해결책을 모색하였다. 마지막 3일차에는 발표할 프레젠테이션 자료를 제작하여 팀별 탐구토론대회를 통해 발표와 질의응답 및 평론 활동을 전개하였다. 그리고 프로젝트가 진행되는 전 과정을 학생과 지도교사로 구성된 심사위원들이 평가를 하였고, 이를 바탕으로 시상하였다.

(3) 디지털시대와 지속가능한 사회를 이끄는 기술인 육성 프로그램: 제천디지털전자고등학교(충청북도 제천시)

- **ESD 목표 관련성** 직업 인력은 자신의 일을 통해서 지역적·국가적 차원의 지속가능발전에 기여할 수 있기 때문에 특성화 고등학교의 상황에 맞는 프로그램의 재구조화는 지속가능발전교육의 핵심목표를 도달하는 데 긍정적인 의미를 갖는다.
- **ESD 특성 관련성** 지속가능발전교육과 관련된 주제탐구를 바탕으로 행동할 수 있도록 하는 것을 목표로 한다. 사회의 변화를 최종적인 목표로 하는 만큼 변화할 수 있는 역량을 기르는 것은 중요하다.
- **ESD 주제** 녹색 기술, 지속가능한 기업
- **방법** 인성교육, 산업체와 연계한 교육과정 운영, 직업교육 등을 중요시하며 특성화 고등학교의 특성을 반영하여 공모전 개최 등을 통한 포스터 및 UCC 자료

제작하게 하였다. 이러한 과정에서 학생들의 자료 수집 및 활용 능력을 기르고 지속가능한 발전과 관련된 의식을 함양할 수 있었다.

■ **출처** 2011년 녹색교육 우수 사례집

충북의 제천디지털전자고등학교(이하 제천디지털고)는 디지털시대를 이끌어갈 창의적 기술인 양성을 목표로 디지털미디어과, 디지털정보통신과, 보건간호과의 3개 학과 400여 명의 학생들이 함께하고 있다. 제천디지털고는 학력보다 인성교육, 산업체와 연계한 교육과정 운영, 직업교육 등을 중요시하는 특성화 고등학교에 '녹색성장 연구학교'가 적합하다고 여겨 연구학교를 운영하게 되었다. 특성화 고등학교의 특성을 반영하여 녹색성장에 관한 이론교육과 함께 공모전 개최 등을 통하여 녹색성장 관련 포스터 및 UCC 자료를 제작하였다. 이러한 과정에서 학생들의 자료 수집 및 활용 능력을 기르고 지속가능한 사회를 위한 소양을 함양할 수 있었다.

제천디지털전자고는 환경 교과를 선택하여 운영하지는 않고 국어, 사회 등 전 교과에서 지속가능발전교육과 관련된 교수 · 학습 자료를 개발하여 수업에 활용하였다. 전공 교과의 경우 2009년과 2010년에는 전기 · 전자 · 통신 관련 교육과정을 운영하였는데, 디지털 미디어과는 학년별로 2개 반이 구성되어 있으며 전자과 및 방송 관련 교육과정을 운영하고 있었다. 또한 디지털 정보통신과는 학년별로 3개 반으로 구성되어 통신, 네트워크, 웹디자인 관련 교육과정을 운영하였다. 과별로 관련 친환경 에너지 산업을 수업에 적용하였고, 디지털 미디어과는 디지털 영상편집, 방송영상제작 실습시간을 이용하여 녹색성장 관련 UCC 자료를 제작하였다. 또한 디지털 정보통신과는 웹디자인, 모바일 콘텐츠 제작 실습시간을 이용하여 녹색성장 포스터 공모전 자료를 제작하였다. 학교 내 시설 면에서도 지속가능발전교육이 이루어질 수 있도록 기반을 조성하였다. 옥상에는 태양열 시스템을 구축하여 학교 화장실 및 사무실에서 사용하는 온수를 공급할 수 있도록 하였고, 화장실 출입 시 출입구 상단에 감지기를 설치하여 화장실 전등 및 환풍기 자동 점멸 시스템을 구축하였다. 그리고 자가 발전용 손전등 등의 친환경 에너지 관련 제품을 구입하여 수업시간에 원리 및 구조 등을 설명하는 데 활용하였다.

3. 고등교육에서의 지속가능발전교육 실천

고등교육 기관인 대학은 교육과 연구의 주체로서 지속가능발전교육과 관련된 깊이 있는 다양한 활동을 전개하고 실천할 수 있다. 뿐만 아니라 환경 경영의 주체로서 지속가능한 대학 경영을 운영해야 하며, 자연에 미치는 영향을 최소화하기 위한 노력과 연구를 수행하는 자치 단위가 될 수도 있다. 따라서 대학은 지역공동체의 일원으로서 지속가능한 사회 만들기에 기여하고, 대학생들에게 핵심 역량으로서 지속가능성에 대한 소양을 길러주는 것을 우선시해야 한다.

다음의 고등교육에서 지속가능발전교육 실천 사례는 고등교육기관인 대학을 중심으로 이루어지는 지속가능발전교육의 노력들을 담았다. 본 내용은 '지속가능발전교육 10년(DESD) 국가보고서 작성연구' 이선경(2013)의 연구 보고서를 참고하고 다른 관련 자료를 보완하여 재구성하였다.

1) 지속가능발전교육 교육과정 실천 사례

(1) 대학생의 착한 소비 윤리적 소비 실천교육: 가톨릭대학교

가톨릭대학교의 '대학생의 착한 소비 윤리적 소비 실천교육' 프로그램은 2012년에 지속가능발전교육 공식 프로젝트 인증을 받았다. 2009년 소비자주거학 전공 소속 교수진이 윤리적 소비 관련 교육 프로그램을 개발하고, 2010년 교재를 발간하여 '소비와 윤리'라는 핵심 교양 교과목을 개설하여 16주간 진행하였다. 매 학기 수강생들이 증가하고 있으며, 수강 전후 인식 및 실천 변화 연구 결과, 본 프로그램이 학생들을 윤리적 소비자로 성장시켜 지속가능발전에 기여하고자하는 교육 목표를 달성하고 있는 것으로 밝혀졌다(한국대학교육협의회·유네스코한국위원회, 2012).

(2) 바롬인성교육 과정: 서울여자대학교

서울여자대학교는 공동체생활교육으로 교양 과정인 '바롬인성교육'을 진행하고 있다. 바롬인성교육은 글로벌 시민 소양 교육을 목표로 하여 글로벌 시민 소양을 갖추고 공동체의 화합을 이끄는 실천형 인재를 양성하고자 하며, 크게 세 가지의 교육과정으로 구성되어 있다. 바롬인성교육 I은 1학년 학생들을 대상으로 3주간의 공동체 생활을 통해 기본예절과 학습윤리, 외국어 문화 소양을 가르치며 자아정체성과 비전 확립을 주요 목적으로 한다. 바롬인성교육 II는 2주간의 공동체 생활을 통해 타인과의 소통과 배려를 주제로 공감적 의사소통 능력 함양을 목표로 다문화 민감성을 높이고자 구성되었다. 바롬인성교육 III은 3학년을 대상으로 16주간의 팀 프로젝트 학습을 통해 세계적 관점에서 사회 문제를 인식하고 해결할 수 있도록 하는 프로젝트 활동을 진행한다.

(3) 그린리더십 교육과정: 서울대학교

서울대학교는 2010년 5월 환경부, 민간 기업들과의 협약을 체결하고, 그에 따라 그린리더십 교과과정을 운영하고 있다. 대학은 교과과정 개발 및 운영을 담당하고 환경부는 그린리더십 자격을 수여하며, 민간 기업은 인턴십을 제공한다. 그린리더십 교과과정은 지속가능성에 대한 학문적 지식 습득과 함께 지식을 적용하고 실천하는 능력함양을 표방하며, 이러한 목적을 달성하기 위해 총 18개 과목(2013년 기준)이 개설되어 있고, 이 중 그린리더십과 그린리더십 · 인턴십의 두 과목은 필수로 지정되어 있다. 그리고 전체 교과과정 중 5코스(15학점)를 이수한 학부생을 대상으로 하여 졸업 시에 그린리더십 자격을 수여하게 된다.

(4) 환경 지속가능발전교육 코디네이터 양성 과정: 신라대학교

신라대학교는 중국의 하해대학, 일본의 서일본공업대학과 함께 2010년 8월에 3국의 환경상태에 대한 공동인식에 기초해 환경 지속가능발전교육 코디네이터 양성에 필요한 프로그램 개발 및 운영을 위해 서로 협력키로 하고 컨소시엄을 구성하였다. 인증과정은 환경학개론, 환경과 법, 지구환경의 현재와 미래 등 기초지식강좌 영역, 지역사회발전연습, 기업 및 환경법 연습, 놀이를 통한 환경 등 응용강좌 영역, NGO와 함께 하는 환경운동, 친환경 기업 분석 등 발전강좌 영역으로 구성되어 있으며, 총 16학점을 이수하면 인증서를 수여받게 된다. 두 학기에 걸친 수업에 재학생의 30 %가 수강했으며, 그중 5 %가 중복수강생일 정도로 호응이 좋다.

2) 지속가능한 학교 환경 관리 사례

2005년부터 2013년 사이의 지속가능한 학교 환경 관리를 파악하기 위해 태양열 이용 시설, 태양광 이용 시설, 지열 이용 시설, 수소연료 전지 시설, LED 조명, 빗물 재활용 시설, 냉난방 제어 시스템, 친환경 공용 차량, 캠퍼스 녹화 사업, 친환경 하수처리 시스템, 친환경 폐기물 처리시설로 구분하여 연도별로 설비 여부를 조사한 바 있다.

조사 결과, 20개교가 정도는 다양하지만 모두 관련 시설을 최소 1개 이상 갖추고 있다고 답하였다. 특히 냉난방 제어 시스템과 캠퍼스 녹화 사업은 DESD 기간 동안 꾸준히 여러 학교에서 적용되고 있음을 볼 수 있으며, LED 조명의 경우는 2013년 20개교 중 17개교에서 설비를 하고 있어 그 적용 비율이 꽤 높은 편이었다. 반면, 수소연료 전지 시설이나 친환경 하수 및 폐기물 처리 시설, 친환경 공용 차량 등은 적용하고 있는 학교가 매우 드문데, 이는 관련 기술의 보급도와 비용의 영향으로 해석된다.

학교 환경 관리 노력은 국내·외 고등 교육의 지속가능발전교육에서 주된 흐름으로 나타나고 있다. 특히 우리나라에서는 2009년 이후로 지속가능한 학교 환경 관리에 대한 관심이 증가하고 있음을 알 수 있는데, 이는 2009년에 (사)한국그린캠퍼스협의회가 설립되면서 본격적으로 대학에서 캠퍼스의 녹색화와 지속가능한 관리에 대해 노력을 기울이게 된 것에서 그 배경을 찾을 수 있다.

(1) 저탄소그린캠퍼스: 계명대학교

저탄소 그린캠퍼스 사업은 대학생활 속에서 온실가스 배출을 줄이기 위해 대학 구성원의 에너지 절약, 대중교통 이용, 녹색생활 실천 등을 확산하고 온실가스로 인한 기후변화에 적응할 수 있는 녹색공간의 확대, 벽면녹화, 빗물관리시스템 도입 등을 통해 지속가능한 저탄소 그린캠퍼스를 조성하는 사업이다.

2012년 저탄소 그린캠퍼스로 선정된 계명대는 3년 동안 1억2천만원의 재정지원을 받아 녹지 공간 확대, 자원 재활용, 환경정화운동 등 저탄소 그린캠퍼스 조성을 위해 다양한 관련 사업을 추진해오고 있다.

특히 고효율 LED 조명 교체, 에너지 절약형 냉난방기 교체, 그린캠퍼스 리더(학생) 선발 및 운영, 그린캠퍼스 캠페인 실시, 그린캠퍼스 앱 출시, 녹색문화 확산 공모전 시행, 절전 규제, 냉난방기 실내온도 조정 및 통제, 계명그린카드 발급 등 계명대는 전 구성원이 실제 생활에서 참여하고 실천할 수 있는 다양한 세부사업을 추진하며 좋은 평가를 받았다.

이뿐만 아니라 계명대는 최근 환경부와 한국환경공단이 주관한 '그린캠퍼스 친환경문화 확산 공모전'에서 계명대 학생으로 구성된 '에너자이조' 팀이 실천 아이디어 부문에서 동상을, 'Green fingers' 팀이 UCC 동영상 부문에서 특별상을 수상해 눈길을 끌었다.

'에너자이조' 팀은 종이컵의 사용 자제를 유도하기 위해 정수기 컵홀더 내에 환경 관련 그림을 삽입하는 아이디어를 제안했으며, 'Green fingers' 팀은 분리배출, 강의실 절전, 종이컵 사용 자제, 금연, 잔반 안 남기기 등 교내에서 학생들이 실천할 수 있는 그린캠퍼스 활동을 동영상으로 구성하여 입상의 영예를 안았다.

계명대 저탄소그린캠퍼스사업추진단장은 "그동안 저탄소 그린캠퍼스 조성을 위해 노력해온 여러 사업에 대해 공식적으로 인정을 받아 기쁘다"며 "녹색경영, 교육과정, 녹색교정 조성, 생활실천 등 4개 분야에 걸쳐 여러 사업이 진행되고 있는데, 앞으로는 학생의 자발적인 참여를 유도할 수 있는 에너지 절약 실천운동과 옥상 녹화, 도시 텃밭 조성, 탐조 등 생물다양성 증진운동 등을 중점적으로 추진할 계획"이라고 밝혔다.

한편, 계명대는 한 업체와 저탄소 그린캠퍼스 조성을 주요 내용으로 하는 협약을 체결하고, 계명대 학생이 사용하던 중고물품을 서로 거래해 자원 재활용을 통한 저탄소 그린캠퍼스 조성을 유도하는 중고물품 거래 애플리케이션 '그린캠퍼스'를 출시해 주목을 받은 바 있다.

또 2014년 6월에는 '세계 환경의 날'을 맞아 그린캠퍼스 리더가 중심이 되어 교내 친환경 시설 인증샷, 일회용품 사용 자제 서명운동, 트리 허그(Tree Hug), 금연 허그(Smoke Free Hug), 환경사진전시회 개최 등 캠퍼스 일대에서 다양한 그린캠퍼스 캠페인을 전개해 화제가 되기도 했다.

(2) 동아리 에코캠퍼스의 빈 그릇 운동: 경상대학교

경상대학교 해양과학대학의 동아리 에코캠퍼스는 '대학 캠퍼스와 지역사회의 생활양식을 변화시키는 빈 그릇 운동'을 통해 2011년 상반기에 유네스코한국위원회로부터 지속가능발전교육 공식 프로젝트 인증을 받았다. 대학 내 생활관 관생을 대상으로 빈 그릇 강의(비움, 나눔)와 캠페인(이벤트, 조사)을 통해 빈 그릇 운동을 전파시켜왔으며, 첫 해에 잔반 발생량이 71.3 % 감소하는 성과를 얻었다. 또한 대학에서의 경험과 성과를 바탕으로 통영시 지역사회로 활동의 폭을 넓혀, 통영지역 초ㆍ중ㆍ고등학생들에게 빈 그릇 강의를 하고, 통영시청, 학교운영위원회, 단체급식소 영양사회, 노인대학 등 지역 기관을 비롯하여, 통영 RCE 선포식, 한산대첩 축제 등에서 빈 그릇 운동 강의, 퍼포먼스, 서명 운동을 벌였다. 대학 동아리 활동에서 시작된 빈 그릇 운동은 (사)에코붓다로부터 재정지원과 함께 빈 그릇 운동의 홍보방법과 노하우를 전수받고, 통영 RCE의 협조를 받아 활동을 확대하고 있다.

(3) '지속가능한 친환경 서울대(Sustainable SNU)' 선언: 서울대학교

서울대학교는 2008년에 지속가능한 사회를 위한 대학의 사회적 책무를 이행하고, 기후변화에 대응하는 캠퍼스 환경과 문화를 조성하기 위한 구성원의 참여를 목표로 '지속가능한 친환경 서울대(Sustainable SNU)' 선언을 발표하였다. 그리고 이에 따라 종합계획과 추진 방안을 구체화하였고, 이 과정에서 교수진, 학생, 교직원 등 학내 구성원의 참여가 있었다. '지속가능한 친환경 서울대(Sustainable SNU)'를 추진하는 과정 속에서도 교직원 학습모임 지원, 각종 캠페인, 대학 내 아시아에너지환경지속가능발전연구소(AIEES)를 통한 연구 참여 기회 제공 등 학내 구성원의 환경 인식을 높이고 실행력을 강화하기 위한 노력이 병행되었다.

3) 지속가능발전교육 관련 연구 센터 운영 사례

연세대학교 동서문제연구원 내 지속가능사회연구센터는 2004년부터 지속가능발전교육과 직·간접적으로 관련된 다양한 연구들을 수행하고 있다. 이와 같이 대학에서 운영되고 있는 지속가능발전교육 관련 연구소 사례는 다음과 같다.

[표 4.6] 지속가능발전교육 관련 대학 내 연구소 사례

대학명	명칭	개설 연도
경인교대	한국환경교육연구소	2007
	과학영재교육연구소	2008
	경인교육대학교 STEAM 교육센터	2011
경일대	신재생에너지연구소	2010
	광디스플레이연구소	2010
	수소연료전지기술지원연구소	2009
서울대	아시아에너지환경지속가능발전연구소	2009
연세대	환경과학기술연구소	1995
	에코문화디자인연구소	2009
	유엔지속가능발전센터	2012
	동서문제연구원(지속가능사회 연구센터/연세RCE 연구센터)	1972

대학명	명칭	개설 연도
인천대	아시아에너지환경연구소	2012
춘천교대	환경교육연구센터	1999
	다문화교육센터	2005
	양성평등교육센터	2008
한국교원대	환경학교육연구소	2007

4) 지속가능발전교육 관련 장학 제도

2005년부터 2013년까지 지속가능발전교육 관련 장학 제도를 조사한 결과에 따르면 조사에 참여한 총 20개교 중 6개교가 관련 제도를 가지고 있다고 답하였다. 구체적인 추세를 살펴보면, 2009년 이후로 관련 제도가 운영되기 시작하였고, 그 방식은 지속가능발전교육 관련 기금에서의 장학금 지급, 환경 정비 등 지속가능발전교육 관련 특별 활동에 대한 장학금 지급 혹은 시상으로 구분해볼 수 있다. 이 중에서

지속가능발전교육에 대한 실천 활동과 관련한 시상이나 장학금 지급은 개인의 행동적 실천이 대학의 지속가능성 향상에 기여하면서 동시에 대학이 개인에게 그에 대한 보상을 제공하는 것이다. 그러므로 단순히 명목상 지속가능발전교육 관련 장학금을 지급하는 것보다 더 바람직한 것으로 평가할 수 있다.

5장

지속가능발전교육 적용 전략 및 교수 · 학습 방법

> 미래는 우리의 손에 달려 있습니다.
> 훗날 후손들이 우리가 바로잡지 못한 일들의 결과로
> 그들이 왜 고통받아야 하는지 물을 필요가 없도록 우리가 힘을 합쳐야 할 것입니다.
> – 반기문 유엔 사무총장

1. 교육과정 안에서 지속가능발전교육 적용 전략

교육과정이란 학교에서 교육의 모든 과정을 마칠 때까지 요구되는 목표, 내용 그리고 그 내용을 학습하기에 필요한 시간과 장소를 포함하는 교육의 전체 계획이다. 즉 교육과정은 넓게는 학교 내에서 이루어지는 모든 교육활동을 의미하며, 좁게는 교과로 편성된 교과의 목표, 내용 그리고 이를 학습하기 위한 교수 · 학습 방법을 의미한다.

교육과정 안에서 지속가능발전교육을 적용함에 있어 중요한 두 가지 질문은 "무엇을 가르칠 것인가?"와 "어떻게 가르칠 것인가?"이다. 전자는 지속가능발전교육의 내용이며, 후자는 이를 교육하는 방법이다. 지속가능발전교육을 교육과정에 적용하기 위해서는 우선 "무엇을 가르칠 것인가?"를 결정하여야 하고, 이를 바탕으로 "어떻게 가르칠 것인가?"를 생각해야 한다. 즉, 교육과정 안에서 지속가능발전교육 적용 전략의 고민은 왜 가르치는가로 시작하여, 무엇을 가르치는가를 묻게 되고, 보다 구체적으로 어떻게 가르치는가를 고민하게 되는 것이다.

지금까지의 교육은 '왜'와 '무엇'에만 관심이 있었다. 하지만 앞으로의 교육은 '어떻게'를 함께 고려해야 한다. 이러한 점에서 지속가능발전교육에서도 '무엇'과 '어떻게'는 분리될 수 없다. 즉, 지속가능발전교육의 중심 내용인 '환경, 경제, 사회'와 이를 담아내기 위한 방법적 고려인 간학문적인 접근, 비판적 사고와 문제해결력, 학습자 중심의 다양한 교육방법, 지역적 연관성, 참여적 의사결정은 분리될 수 없는 것이다.

교육과정 안에 지속가능발전교육을 도입한다는 것은 좁은 의미에서 보면 단순히 지속가능발전과 관련된 지식과 원칙들을 가르치는 것을 의미한다. 넓은 의미에서는 지속가능한 사회를 만들고자, 사회를 변화시키기 위한 학교의 계획, 정책, 프로그램, 재정, 교육과정, 교수·학습, 평가, 행정 등을 포함하는 모든 교육적 측면의 노력을 의미한다. 그렇기 때문에 지속가능발전교육을 교육과정 안에 도입하기 위해서는 학교 전체적인 접근부터 각 교과에서 이루어지는 개별 교수·학습 방법까지 그 적용 범위가 다양해야 한다.

이를 위해서는 다음과 같은 교육과정 안에서의 지속가능발전교육 적용 전략이 필요한데, 이는 지속가능발전교육을 위해 교육을 재정립하고 간학문적 교수·학습을 적용하며, 교육 목표와 모든 교과에서 학습 경험의 융합을 시도하고, 학사 일정의 행사를 통한 교육을 실현하는 것이다. 이에 대해 자세히 살펴보면 다음과 같다.

첫째, 지속가능발전교육의 적용을 위한 교육의 재정립

지속가능발전교육을 위한 교육의 재정립은 교육의 모든 부문에 걸쳐 학습자들이 지속가능한 생활을 추구하고, 민주적 의사결정을 통해 사회에 참여하며, 지속가능한 방식으로 살아가도록 하는 것이다. 이러한 교육의 재정립에 있어 가장 중요한 주체는 학교로, 이는 학교 전체 정규교육 시스템의 변화를 필요로 한다. 이를 위해 미래 지향적인 지속가능발전교육 교수·학습법을 이해하고, 학교 현장에서 다양한 교과 및 활동에 접목시킬 수 있는 교사의 역량이 증진되어야 한다. 이와 동시에 기존의 공교육 시스템의 혁신적인 전환을 꾀하기 위한 국가적 차원의 인식 제고를 비롯한 적극적인 재정적·행정적 지원이 수반되어야 한다. 그렇기 때문에 이를 담당하는 정책결정자, 관리자, 교사, 학생, 학부모 등 학교 교육 주체들의 역할과 참여가 중요하다. 이상적으로 교육의 재정립을 위한 노력은 국가 혹은 지역의 지속가능 발전 목표에 기반을 둔다. 하지만 지속가능발전교육의 경우 국가적 지속가능발전교육 목표와 지역적 맥락이 연관성을 갖지 못할 가능성이 있다. 이에 올바르게 재정립된 교육은 지역적 연관성과 문화적 적절성을 보장하고, 국가적 지속가능발전교육의 목표를 적용하기 위한 환경, 사회 및 경제적 맥락을 이해하고 있어야 한다.

이러한 전략 중 하나는 지역의 학습 자원과 지속가능발전교육을 연결 짓는 것이다. 지역의 박물관, 미술관과 같이 마을과 도시에서 가용한 자원은 지속가능발전교육에 대한 질문을 제기하고 분석하기 위한 기초 장소로 활용될 수 있다. 예를 들어 식물원은 지속가능발전 교육을 위한 아이디어와 경험, 관찰 등을 위한 풍부한 자원이며, NGO가 운영하는 기관에서도 지역의 쟁점에 대해 전문적인 도움을 받을 수 있다. 또한 지속가능발전교육 활동에 참여하고 있는 기업체, 정부 기관, 시민사회 조직들도 실용적인 학습 자료를 제공할 수 있다. 사업 문서, 강령, 기업의 사회적 책임에 대한 보고서는 지속가능발전의 경제적 측면에 대한 토론을 하는 데 매우 유용한 자료가 될 수 있다. 또한 지속가능한 삶 또는 지역 시장 및 생산 과정에 대한 정보 자원, 학습 요소로써 자급자족 공동체, 농업 공동체 방문, 중소기업과 기술 기반 사업의 현장 방문 등도 중요한 자원이다. 지방 정부의 문서와 계획 통제도 유용한 학습 자원이며, 이는 종종 교육적인 자료를 생산한다. 이러한 과정을 통해 학생 스스로가 지역 공동체에서 활용할 수 있는 지속가능발전교육 학습 자원을 만들 수 있다. 학교와 대학

ESD 토막상식

- 지속가능발전에 대한(about) 교육 VS 지속가능발전을 위한(for) 교육: 지속가능발전교육은 학생들이 단지 지속가능발전이나 지속가능성과 관련된 지식을 얻고 이해하도록 도와주는 것뿐만 아니라 가정, 학교, 사회 등의 차원에서 지속가능한 방향으로의 변화를 계획하고, 촉구하며 유지하는 기능과 소양을 제공해야 하므로 이 둘을 포함할 수 있어야 한다.
- 지속가능발전에 대한(about) 교육: 지속가능발전의 정의, 의미, 중요성, 필요성 등 지속가능발전 자체에 관련된 내용을 교육하는 것으로 지속가능발전에 관한 핵심 내용, 가치, 방법들에 대한 이해 증진을 목표로 한다. 초기의 지속가능발전교육이 '대한' 교육에 초점을 둘 가능성이 높다.
- 지속가능발전을 위한(for) 교육: 지속가능발전을 위한 교육은 단순히 지속가능발전 및 이와 관련된 지식을 전파하는 것 이상이다. 지속가능발전을 위한 교육에 있어 핵심은 가정, 학교, 사회 등의 차원에서 지속가능성을 향한 변화를 촉진하고 관리하기 위한 역량을 강화하는 것이다. 지속가능발전 교육이 안정기에 접어들게 되면 이 '위한' 교육에 대한 요구가 높아지게 된다.

에서 지속가능발전교육을 통해 얻은 지식은 다양한 사회적, 환경적, 경제적 이슈를 알리고 해결하는 데 의미있게 활용할 수 있다. 이러한 접근 방법은 교육이 지역 및 자신의 삶과 관계를 맺고 있음을 이해하는 데 필요하며, 현재 우리 교육이 갖고 있는 문제들을 해결하는 데 기본적인 방향을 제시해줄 수 있다. 이를 위해 학생들이 지속가능발전교육의 관점에서 학습할 수 있도록 풍부한 지식과 충분한 자격을 갖추고 있으며, 관심이 많고, 능력 있는 교사의 확보가 선행되어야 한다.

둘째, 간학문적 교수·학습의 적용

지속가능발전교육의 내용들은 조각조각 나뉜 상태로 존재할 때보다 여러 다른 인식들과 통합되어 학생들에게 제공될 때 보다 의미있는 학습이 된다. 지속가능발전교육은 사회 정의, 적정 개발, 문화 다양성, 환경보전, 민주주의 등과 연관된 주요 핵심 원칙들을 갖고 있다. 이러한 원칙들을 이해하기 위해 학생들은 복잡한 지속가능발전 쟁점에 대해 의사결정을 내리는 데 필요한 기본적 이해를 갖고 있어야 한다. 이를 위해 넓은 범위의 학문 분야, 예를 들면 생태학, 지질학, 지리학, 경제학, 금융과 법률, 역사, 문화학, 사회학, 예술, 정치, 자연과학 등에서 나오는 개념을 통합해야 한다.

이러한 지속가능발전교육의 탈학문적 초점은 모든 과목 및 학문에서 지속가능발전의 원칙 및 개념에 대한 학생들의 이해를 증진시킬 필요가 있다는 것을 의미한다. 하지만 기존의 단일 주제 접근법은 학생들이 서로 밀접하게 관련 있는 지속가능발전의 사회, 환경, 경제적 측면이 포괄하는 모든 이슈를 이해하고 공감하게 만들 수 없다. 실제로 현실 세계에서 일어나고 있는 문제나 쟁점들이 점점 한 분야의 전문가들에 의해서는 해결될 수 없는 것처럼, 학생들이 모든 과목이나 학문 영역에서 지속가능발전의 내용이나 가치에 대해 접근할 수 없다면 지속가능발전교육에 대해 올바르게 이해하고, 이를 추구하는 것은 불가능하다.

지속가능발전교육의 기본 전제는 삶의 모든 형태가 전체성과 상호 의존성을 지니듯이, 지속가능한 미래를 이끌어내기 위한 노력에도 이러한 역량이 요구되는 것이다. 이는 단일 주제 접근으로는 이루어내기 힘들다. 그렇기 때문에 학생들에게는 쟁점들을 주제 통합적인 관점으로 바라볼 기회와 활동이 필요하다. 주제 통합적 접근 방법에는 다학문적 접근 방법(multidisciplinary), 간학문적 접근 방법(interdisciplinary), 탈학문적 접근 방법(transdisciplinary)등과 같은 방법이 있다.

다학문적 접근 방법은 각 과목 혹은 학문 간에 연결 고리를 만드는 접근 방법이며, 지속가능발전교육의 주제나 개념에 대해 이와 관련된 과목이나 학문을 배치하고, 각 과목이나 학문에서 어떻게 다루어질 수 있는가를 기술하는 접근 방식이다. 이를 위해 특정한 주제나 이슈를 중심으로 여러 학문으로부터 내용을 선정하여 구성한다. 그렇기 때문에 기본적으로 학문의 분야에 초점을 둔다. 예를 들어 인구, 오염, 환경 등과 같이 사회나 자연 현상 그리고 인간의 생활에서 나타나는 문제 또는 주제와 관련하여 그 해결책을 탐색하는 과정에서 여러 학문이 다양하게 동원되는 경우이다.

간학문적 접근 방법은 과목이나 학문을 통합하여 새롭게 구성하는 것이다. 이를 위해 적어도 두 개 이상의 학문 분야를 통합하거나 상호 관련시키는 것으로, 몇 개 학문에서의 공통성에 초점을 두어 통합하는 접근 방식이다. 간학문적 통합은 두 개 이상의 학문의 개념, 방법, 절차 등에서 유사성이 발견되고, 공통분모로 연결이 이루어지는 것이다. 이러한 접근 방법은 다학문적 접근 방법에 비해서 각각의 학문 내용은 덜 중요하게 된다.

탈학문적 접근은 학생들이 간학문적 기능과 학문 분야별 기능을 실생활의 맥락에 적용하는 접근이며, 프로젝트 학습이 탈학문적 접근의 좋은 예이다. 탈학문적인 접근은 학문의 개념, 방법 및 절차를 고려하여 두 개 이상의 학문들 사이의 연결을 중심으로 통합을 하는 것이 아니고, 학생중심적인 입장에서 자유로운 표현 활동이나 문제해결의 과정을 통해서 이루어지는 통합이다. 이러한 탈학문적 접근은 학습의 과정에서 구현하기 어려우며, 각 분야의 학습을 마친 학습자가 직면한 문제해결의 과정에서 선택적으로 일어날 가능성이 있다.

위와 같은 주제 통합적 접근 중 지속가능발전교육에서는 간학문적 접근의 방식을 지향하고 있다. 이를 위해 교사는 지식들의 연결고리가 생길 수 있도록 다양한 자료와 학문들로부터 지식에 접근하고, 이를 통합하는 데 숙달되어 있어야 한다. 또한 사회 문제를 해결하는 데 있어 많은 학문과 전공 지식이 필요하며, 교실 밖에서도 문제해결을 위해 다양한 전문가들이 협동하는 것처럼 교실 안에서도 교과들이 불필요하게 분리되지 말아야 한다. 지속가능발전교육의 내용은 별도의 영역이 아니라 전체 교육과정 속에 통합된 지속가능발전에 대한 학습이기 때문에 공개적으로 검토 · 논쟁 · 검증 · 응용의 과정을 거치도록 해야 한다. 즉 지속가능발전교육은 기존의 모든 교과목에서 간학문적인 교수 · 학습 방법으로 지역민과 세계 공동체의 구성원으로서 지속가능한 삶의 방식들을 이해하고 계획하며, 이를 실천해 나갈 때 가능해진다.

셋째, 교육 목표의 통합

교사들은 교육과정에 너무 많은 과목과 내용들이 있어서 그것들을 지도하기에도 시간이 충분하지 않다고 생각한다. 결과적으로 많은 교사들은 언어, 수학, 과학, 사회와 같은 주요 과목의 내용을 지속가능한 미래를 위한 교육 같은 주제 중심적 접근으로 다루어져야 한다고 생각한다.

이러한 관점에서 지속가능발전교육을 이미 분주한 교과과정에 추가해야 하는 새로운 내용이나 과목으로 이해하는 것은 현실적으로 쉽지 않다. 물론 학생들은 지역, 국가, 세계 사회에 대해 잘 알고 책임 있는 시민이 되기 위해 지속가능발전과 관련된 주제, 이슈, 문제(과소비, 빈곤 감소, 기후변화, 교통, 물과 위생, 평화와 인권 등)들을 공부해야 한다. 하지만 이를 모두 교과목화하여 가르치기에는 기존의 교육과정 편재 상에 너무 많은 과목이 있다. 특히 우리나라와 같이 교과목 중심의 편재로 교육과정이 구성되어 있는 경우에는 새로운 과목으로 지속가능발전교육을 추구하기에는 거의 불가능한 상황이다.

이러한 문제를 해결하는 다른 방법은 지속가능발전교육의 교육목표를 통합하는 방법이다. 예를 들면 태도와 기능 영역의 많은 교육목표는 교육과정 상의 대부분 교과에서 공통적인 것이다. 지속가능성에 대해 가르치는 것은 비판적·창의적 사고, 문제해결력, 의사결정력, 분석력, 협동학습, 지도력, 의사소통 능력을 강조한다. 결과적으로 지속가능발전교육에서 추구하는 역량 중심으로 교육 목표를 통합하는 것은 이미 과도한 내용으로 꽉 찬 교육과정의 문제를 심화시키지 않고 교육 목표를 효과적으로 달성하는 매우 좋은 방법이 될 것이다. 이러한 전략이 가능하기 위해서는 우리 교육의 핵심 역량으로 지속가능발전교육에서 추구하는 역량을 받아들이는 과정이 필요하다.

> 지속가능발전교육 교육과정 전반의 목표는 다음과 같은 내용을 포함할 수 있다.
>
> ■ **태도와 가치**
> - 공동체 돌보기
> - 근거 있고 합리적인 주장 존중하기
> - 타인의 신념과 견해 존중하기
> - 관용과 열린 마음 자세
> ■ **기능**
> - 의사소통 기능
> - 조사 기능
> - 개인적·사회적 기능
> - 수렴적 사고 능력 기능
> - 문제해결 기능
> - 정보 기술 기능

넷째, 모든 교과에서 학습 경험을 통한 융합

이상적으로 볼 때 지속가능발전교육은 모든 교과 영역 및 학년의 교육에서 어떤 방식으로든 지속가능성을 다루면서 학교 교육과정에 전반적으로 스며들어야 한다. 어떤 단일 학문 분야가 지속가능발전교육에 완전한 주도권을 행사할 수 없고 모든 학문이 지속가능발전교육에 기여하여야 한다. 이미 지속가능발전에 내재된 많은 주제들이 정규 교육과정의 한 부분을 차지하고 있지만, 이러한 사실을 인지하지 못한다. 어떤 교과들은 그 특성상 다른 교과보다 융합할 기회가 많을 수도 있겠지만, 모든 교과들이 지속가능발전교육에 중요한 역할을 담당해야 하는 것은 변함이 없다.

예를 들어 지속가능발전교육은 교과목에 다음과 같이 광범위하게 융합될 수 있다.

> ■ 예술은 시각 예술과 공연 예술에서 자연적·인공적 환경에 대한 심미적 인식과 감성을 발달시킬 수 있다. 학생에게 제공되는 예술적 프로그램에서는 자연 및 인공적인 환경요소를 학습 경험 속에 포함시켜야 한다. 예술은 지속가능한 미래에 대한 메시지를 소통하는 수단으로써의 역할을 담당할 수도 있다. 또한 예술은 지속가능성에 대한 생각과 느낌을 표현할 수 있고, 사람들 사이에서 유대감을 형성하며, 지구가 건강해지는 데 있어 강력한 매개체가 된다.

- 국어는 지속가능발전교육에 있어서 중요한 역할을 하고, 지속가능한 미래의 많은 요소들은 창조적 글쓰기의 주제로 제공될 수 있다. 또한 시, 산문, 드라마 등은 문학으로서 가치가 있고 이는 다른 문화를 지닌 사람들 사이의 관계, 다양한 흥미, 감성, 사고 자극을 이끄는 데 중요한 역할을 한다.
- 체육은 지속가능성의 다양한 양상을 다루는 중요한 교과 영역 중 하나이다. 신체적, 정신적 건강 모두 좋은 자연환경·인공 환경에 의존한다. 가정과 작업장의 유해 화학물질, 대기·수질오염, 실내·외 여가활동 그리고 소음과 건강 사이의 관계 같은 주제들은 건강 교육 과정을 계획할 때 중요하게 고려된다. 또한 최근 레저, 배낭여행, 캠핑, 낚시, 야외활동과 같은 레크리에이션 기능의 발달은 체육 교육의 중요한 부분이 되었다. 체육 교육 프로그램은 공중도덕, 자연훼손에 대한 찬반, 소비와 비소비적 야외활동, 육체적·정신적 건강과 환경의 질 관계 같은 주제와 관련하여 의미를 가진다.
- 기술에서 지속가능발전교육은 기술과 자원 사이의 상호작용 결과를 탐구하는 것과 관계가 있으며, 이는 새로운 기술을 적용하는 것을 둘러싼 쟁점과 문제해결의 과정에서 나타나는 발명을 포함한다. 가정은 에너지 사용과 보전, 과대 포장, 고형 폐기물, 재활용, 화합물 첨가 음식물, 건강과 위생, 가정의 유해 화학물질 등 여러 주제들을 조사, 실천할 수 있는 기회를 제공한다.
- 수학은 지속가능발전과 관련된 쟁점의 해결에 필요한 자료수집과 분석, 결과의 전달에 기여한다. 수학적 개념은 자연적, 사회적, 경제적, 정치 쟁점의 재해석을 위한 도구로써 자료수집과 분석, 결과의 전달방법 등에 사용되며, 수학적 사고는 지속가능발전의 합리적 판단에 도움이 된다.
- 과학은 지속가능성과 관계된 많은 연구를 할 수 있는 기회를 제공하고, 지속가능발전교육은 내용의 중요한 부분으로 과학을 포함한다. 예를 들면 과학·기술·사회의 상호 관계와 문제해결 기능을 개발하는 것은 매우 중요하다. 그러나 지속가능발전교육과 과학 교과를 동일시하는 것은 곤란하며 과학기술 만능주의로 흘러가는 것을 항상 경계해야 한다.
- 사회는 지방·주·국가·지구 단위의 정책 결정이 사회의 관습과 인간적 가치 상황에 의해 이루어진 이후로, 다양한 사회적 연구(지리학, 역사학, 정치학, 인류학, 사회학, 심리학)와 사회과학은 대안적 계획과 행동이 지속가능한 미래에 어떤 영향을 미칠 것인가에 대한 연구에 크게 기여하고 있다.

다섯째, 학사 일정의 행사를 통한 교육

학사 일정의 행사를 통한 지속가능발전교육은 기존의 교육과정 상에서 운영하고 있는 행사 일정을 고려한 가장 효율적인 방법이다. 유엔과 같은 국제기구는 세계 여러 국가들의 동의 하에 몇몇 쟁점을 기념하기 위해 특정 날짜나 기간을 기념일 또는 경축 주간으로 지정하고 있다. [표 5-1]과 같이 이러한 기념일이나 경축 주간을 지속가능발전교육에 활용한다면 기존의 교과목 간의 갈등을 최소화하면서 학생들에게 의미 있는 교육의 기회를 제공할 수 있다. 또한 학교나 지역사회의 여건을 고려하여 지속가능발전교육과 관련된 특별행사를 기획하는 것도 좋은 방법이다. 이러한 교내 특별행사(예를 들어 환경박람회, 음악/예술 축제)는 이에 참여하는 학생들과 지역사회 구성원들에게 기억될 만한 추억을 제공할 수 있다. 특별행사는 학생들이 교실에서는 자주 활용하지 않던 그들의 기술과 재능을 선보일 수 있는 기회이며, 이를 통해 학업에 흥미가 없는 학생들이라도 노래, 요리, 스케치, 발표 등으로 그들의 능력을 발휘할 수 있도록 함으로써 학력 차이에 따른 형평성의 문제를 해소할 수 있다. 특별행사는 학생들이 서로 협력해 지역사회 내 지속가능발전의 다양한 측면 혹은 지속불가능발전에 대한 정보를 수집하는 기회를 제공함과 동시에 지속가능발전 주제들과 관련된 다양한 지역사회 단체들과 연계할 수 있는 기회를 제공할 수 있다.

[표 5.1] 지속가능발전교육과 연계할 수 있는 기념일

월	일		일	
1월	27일	[UN] 국제 홀로코스트 희생자 추모의 날		
2월	4일	[WHO] 세계 암의 날	21일	[UNESCO] 세계 모어(母語)의 날
	20일	[UN] 세계 사회정의의 날		
3월	8일	[UN] 세계 여성의 날	23일	[WMO] 세계 기상의 날
	21일	[UN] 세계 인종차별 철폐의 날	24일	[WHO] 세계 결핵의 날
	21일	[UNESCO] 세계 시(詩)의 날	25일	[UN] 세계 노예무역과 대서양 노예무역 희생자 추모일
	22일	[UN] 세계 물의 날		
4월	2일	[UN] 세계 자폐증 계몽의 날	23일	[UNESCO] 세계 책과 저작권의 날
	4일	[UN] 국제 지뢰 경고(퇴치)의 날	25일	[WHO] 세계 말라리아의 날
	7일	[WHO] 세계 보건의 날	26일	[WIPP] 세계 지적재산권의 날
	22일	[UN] 국제 지구대지의 날	28일	[ILO] 세계 직장 내 안정 및 건강의 날
5월	3일	[UNESCO] 세계 언론 자유의 날	17일	[ITU] 세계 전기 통신의 날
	3일	[UNEP] 태양의 날	21일	[UNESCO] 발전과 대화를 위한 세계 문화다양성의 날
	8~9일	[UN] 제2차 세계대전 희생자를 위한 기억과 화해의 시간	22일	[UN] 생물 다양성의 날
	9~10일	[UN] 세계 철새의 날	29일	[UN] 유엔 평화유지군의 날
	15일	[UN] 세계 가정의 날	31일	[WHO] 세계 금연의 날
6월	4일	[UN] 세계 침략희생 아동의 날	17일	[UN] 사막화와 가뭄 방지의 날
	5일	[UNEP] 세계 환경의 날	20일	[UN] 세계 난민의 날
	8일	[UN] 세계 해양의 날	23일	[UN] 유엔 공공 봉사의 날
	12일	[ILO] 세계 아동노동 반대의 날	26일	[UN] 세계 약물 남용·불법거래와 투쟁의 날
	14일	[WHO] 세계 헌혈자의 날	26일	[UN] 고문 희생자를 위한 날
7월	11일	[UNFPA] 세계 인구의 날	첫째 토요일	[UN] 세계 협동 조합의 날
8월	9일	[UN] 세계 원주민의 날	19일	[UN] 세계 인도주의의 날
	12일	[UN] 세계 청소년의 날	23일	[UNESCO] 세계 노예무역과 그 철폐 기념의 날

[표 5.1] (계속)

9월	8일 [UNESCO] 세계 문해의 날	27일 [UNWTO] 세계 관광의 날
	10일 [WHO] 세계 자살예방의 날	27일 [WTO] 세계 심장의 날
	15일 [UN] 세계 민주주의의 날	28일 [WTO] 세계 광견병의 날
	16일 [UN] 오존층 보호의 날	**마지막 주** [IMO] 세계 바다의 날
	21일 [UN] 세계 평화의 날	
10월	1일 [UN] 세계 노인의 날	17일 [UN] 세계 빈곤 퇴치의 날
	2일 [UN] 세계 비폭력의 날	24일 [UN] 유엔의 날
	5일 [UNESCO] 세계 스승의 날	24일 [UN] 세계 발전 정보의 날
	9일 [UPU] 세계 우편의 날	27일 [UNESCO] 세계 시청각 유산의 날
	10일 [WFMH] 세계 정신건강의 날	**첫째 월요일** [UN] 세계 인간 정주의 날
	15일 [UN] 세계 농촌지역 여성의 날	**둘째 수요일** [UN] 세계 자연재해 감소의 날
	16일 [FAO] 세계 식량의 날	
11월	6일 [UN] 세계 전쟁 및 무력분쟁중의 환경파괴 방지의 날	20일 [UN] 아프리카 산업화의 날
	10일 [UNESCO] 평화와 발전을 위한 세계 과학의 날	21일 [UN] 세계 텔레비전의 날
	14일 [WHO] 세계 당뇨병의 날	25일 [UN] 세계 여성폭력 추방의 날
	16일 [UNESCO] 세계 관용의 날	29일 [UN] 세계 팔레스타인 민족단결의 날
	19일 [WHO] 세계 만성폐쇄성질환의 날	**셋째 목요일** [UNESCO] 세계 철학의 날
	20일 [UNICEF] 세계 어린이의 날	**셋째 일요일** [UN] 세계 거리 교통사고 희생자의 날
12월	1일 [WHO] 세계 에이즈의 날	10일 [UN] 인권의 날
	2일 [UN] 세계 노예제 철폐의 날	11일 [UN] 세계 산의 날
	3일 [UN] 세계 장애인의 날	18일 [UN] 이민자의 날
	5일 [UN] 세계 경제·사회발전을 위한 자원 봉사자의 날	19일 [UN] 남-남 협력의 날
	7일 [ICAO] 세계 민간 항공의 날	20일 [UN] 세계 결속의 날
	9일 [UN] 세계 반부패의 날	

시스템적 사고법

시스템적 사고법(systems thinking)은 전체 시스템 안에서 각 요소들 간의 상호 연관성을 파악하는 과정이다. '전 시스템적 접근법(whole-systems approach)'이라고도 일컬어지는 시스템적 사고법은 '문제'를 분리된 부분, 결과나 사건으로 생각하지 않고 전체 시스템의 일부로서 바라보며 이에 대한 해결방안을 모색하는 접근법으로 정의된다.

2. 지속가능발전교육 교수·학습 방법과 사례

지속가능발전교육의 교수·학습 방법이란 교육이 이루어지는 과정상에서 본다면 "지속가능발전교육의 목적을 달성하기 위하여 준비된 교육 내용을 구체적으로 실천하는 방식"이라고 할 수 있다. 즉, 교사가 학생들의 현재 상태를 알고, 교육 내용에 대한 이론적 지식과 실행력을 가지고 교육과정의 수업 목표를 학습자가 달성할 수 있도록 돕는 과정과 방법에 대한 것이다.

지속가능발전교육과 관련된 교수·학습 방법은 학생들로 하여금 질문하고, 분석하고, 비판적으로 사고하면서 의사결정을 하는 것을 장려한다. 또한 대체로 장소 또는 문제와 쟁점에 기반하고 비판적 사고와 사회적 비판 그리고 지역적 맥락을 분석하도록 권장하며 토론, 분석, 탐구, 가치의 적용과 연관성을 갖는다.

이는 21세기에 접어들면서 교육이 교사중심의 교수·학습 방법에서 학생중심의 교수·학습 방법으로 급격하게 변화하고 있고, 개인간의 경쟁보다는 다른 사람과의 상호작용을 더욱 강조하는 협동학습을 추구한다는 점에서 그 맥을 같이한다. 또한 자기주도학습과 개별화 학습 등을 중심으로 개인 간의 능력 차이를 고려한 교수 · 학습 방법이 주목받고 있는 점과도 맥락을 같이 한다. 이러한 점에서 지속가능발전교육의 교수 · 학습 방법은 내용적인 측면에서 뿐만 아니라 방법적인 측면에서도 기존 교육이 갖고 있는 문제점을 해결하고자 노력하는 대안교육적 성격을 갖는다고 볼 수 있다.

지속가능발전교육의 교수 · 학습 방법은 드라마, 연극, 음악, 디자인을 포함한 예술 활동을 활용하면서, 창의성을 고취하고, 대안적인 미래를 그릴 수 있도록 장려한다. 이러한 방식은 긍정적 변화를 목표로 하며, 학생들이 사회 정의와 공동체의 한 구성원으로서의 자기효율성을 향상시킬 수 있도록 돕는다. 또한 지속가능발전교육은 참여적 학습과 비판적 사고, 복잡하고 현실적인 문제들에 대해 소통할 것을 요구한다.

전통적인 평가 방식은 대개 여러 가능한 답변 중에서 하나의 정답만을 골라야 하는데, 이는 지속가능발전교육의 평가에 있어 적절하지 않으며 동기, 과정, 결과의 상황적 맥락을 고려한 평가가 이루어져야 한다.

이를 위해 교사들은 다양한 교수 · 학습 방법을 활용하여 학생들이 여러 학습과정에서 활용 · 발전시키도록 도와야 한다. 이러한 과정을 통해 학생들은 지속가능발전교육 역량을 가진 학습자로서 거듭나는 동시에, 사고하는 데 있어 그들의 기술과 역량을 향상시키는 기회를 얻게 된다. 지속가능발전교육은 시간과 공간, 학습자의 수 등 양적 교육의 확장만으로는 실현될 수 없으며, 이는 질적 교육의 발전과 함께 이루어져야 한다. 질적 교육은 수업을 개발하고 전달하는 과정에서 개인 학습자의 요구를 고려한다는 의미를 내포하고 있다. 교사들은 다양한 교수·학습 방법을 활용함으로써 교실 내 학생들의 다양한 요구를 다루게 된다. 어떤 학생들은 듣는 것을 선호하고, 다른 일부는 읽는 것을 또 다른 몇몇은 보다 적극적으로 참여하는 것을 선호한다. 모든 학생들이 동일한 방법으로 학습하는 것을 원하는 것은 아니다. 안타깝게도 전통적 교수·학습 방법에서는 주로 잘 듣고, 잘 읽으며, 암기력이 좋고, 바른 자세로 앉아있는 학생들을 바람직한 학생으로 생각하였는데, 실제로는 모든 학생들이 이러한 능력을 고루 갖추고 있는 것은 아니다. 지속가능발전교육과 관련된 교수·학습 방법은 학생들로 하여금 질문하고, 분석하고, 비판적으로 사고하면서 의사결정을 할 수 있도록 독려한다. 이와 같은 교수·학습 방법은 교사 중심에서 학생 중심의 수업으로, 기계적인 암기에서 참여적 학습으로의 전환을 의미한다. 이를 위한 다양한 교수·학습 방법을 제공해주는 것은 지속가능발전교육에 있어 중요한 적용 전략이 된다.

지속가능발전교육에 있어 중요한 교수·학습 방법으로 스토리텔링 학습, 야외 학습, 쟁점분석 학습, 문제해결 학습, 프로젝트 학습 등이 있으며 이에 대한 설명은 다음과 같다.

1) 스토리텔링 학습

(1) 정의

스토리텔링이란 스토리(story)와 텔링(telling)의 합성어로, 스토리를 만들거나 스토리를 남들에게 표현하고, 전달하는 행위이다. 이는 사건과 사물에 대한 물리적 속성이나 사실에 대한 전달이 아니라 사물이나 인물이 가져다주는 개인적 의미로의 스토리를 만들어 전하는 것이다. 우리는 이러한 과정에서 사건과 사물 그리고 인물과의 관련성과 연계성을 이해함으로써 전체적인 그림을 그릴 수 있게 된다.

지속가능발전교육에서 스토리텔링은 지구가 어떻게 창조되었는지, 우리의 미래에 대한 현재의 관심은 어떠한지, 지구와 조화롭게 사는 것의 중요성을 간과했을 때 어떤 문제가 일어날 수 있는지 등을 다룰 수 있다. 태초 이래로 스토리텔링의 중심은 지구와 그곳에 살고 있는 인간과의 관계에 대한 민간설화였고, 지금 지구와 관련해 발생되는 환경쟁점에 대한 관심이 미래의 우리 삶을 어떻게 변화시킬 수 있는 지에 대한 예상이 스토리텔링을 활성화시켰다고 볼 수 있다.

스토리텔링은 사건, 개념을 인식 또는 이해하며, 상황에 대한 스토리를 통해 일련의 사건을 구조화하여 설명하고 소통하는 기능이 있다. 그렇기 때문에 학습자의 인지적 측면뿐만 아니라 정의적 측면에 영향을 주는 활동으로 적용이 가능하다. 이러한 기능을 활용하면 지속가능한 지구의 모습에 대해 우리에게 영감을 줄 뿐만 아니라 우리가 아름답고 푸른 지구를 소중하게 여길 수 있도록 하고, 지구를 황폐화시키는 다양한 방식들을 해결할 수 있는 실질적인 통찰력을 줄 수 있다.

지속가능발전교육의 스토리텔링 소재는 토착사회와 민속예술의 구전에서부터 시사, 역사, TV 프로그램, 문학, 드라마, 개인적 경험 등 그 소재가 무궁무진하게 쓰일 수 있다. 스토리텔링은 세대에 걸쳐 오락, 교육, 문화 보존의 수단으로 행해져 왔으며, 젊은 세대에게 도덕적 가치를 심어주기 위해 활용되기도 했다. 이 중 전통적인 이야기는 주로 연장자의 지혜를 담고 있거나 창조 이야기에 기인한다는 점에서, 효과적인 지속가능발전교육 교수·학습 방법으로 사용되어 왔다. 이러한 연장자의 지혜와 창조 이야기는 환경과 문화유산에 대한 존중을 전달하는 데 있어 도움이 되기 때문이다.

지속가능발전교육에 있어 이야기의 중요성

이야기는 우리의 감정을 지배하고 이야기와 우리를 연결하는 힘을 가지고 있다. 이야기는 사고, 정보와 아이디어의 1차적인 조직자이며, 문화의 영혼이자 사람들의 의식이다. 이러한 이야기는 다음과 같은 가치를 갖기 때문에 지속가능발전교육에서 중요하다.

이야기는 신념, 삶의 규칙뿐만 아니라 정보를 담고 있으며 이를 요약한 것이다. 또한 이야기는 다른 시대와 다른 장소를 떠올리게 하고, 현시점의 제한된 경험에서 벗어나게 해줌으로써 실제 상황에 대한 새로운 시각을 제공해준다.

이야기는 특정한 갈등과 갈등 해결 양상을 포함하면서 시작-중간-끝이라는 일정한 구조를 가지며, 이러한 전개는 우리가 이야기와 비슷한 문제 상황에 처해 있을 때 해결책을 찾는 데 도움이 될 수 있다.

이야기는 느끼는 방식을 명확히 하는 데 도움을 주고, 변화에 대한 욕구를 가속시킬 수 있는 정서적 반응을 불러일으킨다.

이야기는 대부분의 의사소통을 가능케 한다. 이야기 듣기는 유대감을 형성할 뿐만 아니라, 이야기가 끝나면 자연스레 상호 간의 반응을 공유하고 자신의 상황이나 배경 지식을 관련지어 문제해결에 필요한 이야기를 만들어낸다. 마찬가지로 좋은 이야기는 그것을 다른 사람에게 다시 말해 주고 싶은 욕구를 불러일으키기도 한다.

이야기는 잊지 못하거나 긴장이 많은 경험을 간접 경험하게 함으로써 숙달된 느낌을 다시 얻고, 새로운 통찰력을 개발하게 한다.

이야기는 종종 토착민의 관점을 반영해 지속가능발전에 관한 교훈을 준다.

스토리텔링은 교과서에서 배운 발상, 이론, 개념에 활기를 불어넣으며, 딱딱하고 재미없는 정보에 인간적인 요소를 더해준다. 이는 교사들로 하여금 학생들에게 지속가능발전의 정보, 원칙과 가치들을 보다 더 잘 전달할 수 있게 해준다. 스토리텔링은 특히 청각적 학습 형태를 선호하는 학생들에게 효과적이다. 서로 동떨어진 개념과 정의를 기억하는 것은 어렵지만, 이러한 개념과 연관된 이야기의 흐름을 기억하는 것은 학생들 입장에서 훨씬 수월하다. 이야기는 모든 연령대와 역량이 각기 다른 사람들 모두에게 적용될 수 있다.

스토리텔링은 전통적, 토착적 지식과 연결 짓고, 한 세대에서 다음 세대로 지혜가 전달될 수 있도록 한다. 학습자들이 문화유산을 비롯해 지속가능발전의 세 가지 차원(환경・경제・사회)에 관심을 갖고 이들의 연계성에 관심을 기울일 수 있도록 한다. 또한 학습자의 일상적인 학습 환경과 경험 영역에 스토리텔링이 자연스럽게 투입될 수 있게 하고, 그 상황 맥락에 맞는 소재를 접목할 때 학습자들은 스스로 관계성을 인식하고, 자기주도적 학습의 주체를 형성하게 된다. 이는 특정 교과의 수업에만 적용되는 것이 아니라 모든 교과의 교수・학습 방법에 적용될 수 있다.

(2) 과정 절차

스토리텔링을 수업의 한 요소로 구성해 학구적인 내용을 설명하거나 지속가능성의 요소를 추가시킬 수 있다. 예를 들어 외래종이 유입되었을 경우 발생할 수 있는 예상치 못한 결과에 대해 이야기함으로써, 포식자와 피식자 관계에서 지속가능성에 대한 생각의 전환이 발생할 수 있다. 이때 사실을 하나씩 짚고 넘어가기보다는 이러한 사실들을 '초기 상황, 갈등, 문제, 절정, 위기, 해결, 결말'로 이루어지는 이야기 구조에 대입시켜 풀어낼 수 있다. 이러한 실습을 통해 이야기의 변화 속도는 다각화될 수 있으며, 짧은 휴식을 통해 긴장감을 조성함으로써 학생들의 주의를 환기시킬 수 있다.

[표 5.2] 효과적으로 이야기하는 훈련의 6가지 원리

원칙	내용
선택	학생들이 듣고 싶어 하고 즐거워하는 이야기를 선택해야 한다. 모든 사람들이 그러하듯이 학생들은 유머, 놀라움, 긴장감, 흥미 있는 등장인물과 뚜렷한 스토리가 있는 이야기를 좋아한다. 그러나 이야기는 수업의 주요 부분이기 때문에 시간 때우기가 되어서는 안 되며, 학생들이 쉽게 말할 수 있고 또 이해할 수 있는 것이어야 한다.
시간 할당	이야기를 배우려면 다른 산만한 것에서 벗어나 시간을 할애해야 한다. 이야기를 여러 번 읽고 줄거리의 주요 사건, 인물과 성격, 다양한 목소리 연습을 위한 시간이 있어야 한다.
실제로 이야기하기	이야기를 조용히 몇 번 읽은 후에 그것을 크게 읽어본다. 강조, 반복, 시작, 종결에 필요한 부분을 강조해야 한다. 이야기는 단어 하나하나를 학습하기 위한 것이 아니라는 점을 기억해야 한다. 축어적으로 말하는 부분과 자신의 언어로 편안하게 말하는 부분을 고려해야 한다. 이야기를 큰소리로 말해봄으로써 듣기에 어떤 소리가 좋은지 혹은 그렇지 않은지를 알 수 있다.
이야기 구조	이야기 구조에 관한 메모를 한다. 주요 단어, 구절 혹은 문장만을 기록한다.
'책 없이' 이야기하기	이야기의 시작과 끝을 기억하려고 노력해야 한다. 반복되는 대화를 암기하는 것이 중요하다. 이야기가 편안하다고 느낄 때 책을 보지 않고 큰 소리로 말해본다. 문제를 일으키는 부분을 발견할 수 있을 것이다. 등장인물이 어떻게 말하는지 들어 보고 강조해야 할 부분에 주의를 기울여 본다. 이 시점에서 이야기를 녹음하는 것이 도움이 될 것이다. 이것은 목소리가 너무 부드럽거나 너무 크거나 웅얼거리는 부분을 확인하는 데 좋은 방법이다. 만일 듣기를 통해 이야기 하는 것을 배우려면 기회가 될 때마다 테이프를 반복해서 듣는 것이 좋다.
청중에게 이야기하기	이야기를 알고 있다고 확신할 때 이야기를 들려 줄 사람을 찾아 이야기를 한 후 피드백을 요청한다. 어느 부분을 잘 했는지, 어느 부분이 개선되어야 하는지, 놓친 부분이 있는지, 어려운 단어나 구절이 있는지 물어본다. 그런 다음에 그것을 다시 몇 번 연습한다. 연습을 많이 하면 할수록 이야기는 더 좋아질 것이다.

이러한 스토리텔링의 소재는 다양한 장소에서 발견되며, 다양한 형태를 취한다. 예를 들면 책과 소설, 시, 노래, 춤, 인형극, 영화, 텔레비전과 영화를 통해 발견될 수 있다. 스토리텔링의 소재를 발견하는 목

적은 좋은 스토리의 유래를 알아보고, 지역과 관련이 있거나 적용할 수 있는 이야기를 수집해보는 것에 있다.

스토리텔링은 하나의 예술 활동이다. 때때로 우리는 공개적으로 이야기하는 것을 부끄러워 하지만, 이야기하는 기술은 연습을 통해서 발달시킬 수 있다. 스토리텔링으로 수업을 구성하고자 할 때, [표 5.2]와 같은 효과적으로 이야기하는 훈련의 6가지 원리를 따를 수 있다.

스토리텔링에 쓰이는 이야기는 사고, 정보와 아이디어의 1차적인 조직자이며, 쉽게 알고, 기억하며, 이해할 수 있는 방법이다. 이러한 이야기를 어떤 위치에 넣느냐에 따라 스토리텔링의 수업 설계 과정을 다음과 같이 세울 수 있다.

첫째, 수업의 출발 단계에서 스토리텔링 활용하기

스토리텔링 활동				

수업

예를 들어 기후변화로 고통을 받고 있는 아프리카의 어린이를 돕기 위한 방안을 마련하는 수업에서 동기를 유발하거나 도입을 할 때, 수업 서두에서 8~10분 정도 '아프리카 어린이'의 이야기를 스토리텔링으로 제공할 수 있다. 실제 영상과 사진을 이용하여, 리얼한 체험담 형식으로 그들의 입장을 전달할 수 있다. 스토리텔링의 형식은 자유롭다. 기자가 되어 인터뷰하는 형식도 좋고, 자신의 입장에서 이야기를 하는 형식이 되어도 좋다. 이와 같은 종류의 스토리텔링을 도입 활동으로 제공하면, 학생들이 직접적인 방안을 만들 때, 아프리카 어린이의 입장에서 생각을 펼칠 수 있다. 수업 시작 단계에 스토리텔링

중심의 활동을 배치함으로써 얻을 수 있는 효과는 학생들이 해당 차시 수업에 대한 흥미를 가지고 주의를 집중할 수 있다. 또 출발 단계의 스토리텔링 내용이 수업 목표와 유기적 연관을 가지도록 하면 수업 목표에 대한 효과적인 환기를 꾀할 수 있으며, 이는 수업에 대한 적극적인 참여를 유도해내기도 한다.

둘째, 수업의 중간 단계에서 스토리텔링 활동하기

		스토리텔링 활동		

수업

본 수업과 관련된 인물이나 개념을 구체화하려고 할 때, 수업의 중간 부분에 차시의 목표와 강한 관련을 가진 스토리텔링 활동을 배치할 수 있다. 수업의 과정에서 도출된 내용을 자료로 삼아 나타내고자 하는 인물의 성격을 구체화하거나, 사건이나 개념을 실제 사례에 적용해볼 수 있다. 이러한 과정을 통해 앞 단계에서 제시된 정보들이 유기적 연관을 가질 수 있으며, 스토리텔링의 변형을 다양하게 구사하여 수업 중간에 적절하게 삽입함으로써 수업의 흥미도를 유지할 수 있는 효과적인 학습방법으로 활용할 수 있다.

셋째, 수업의 정리 단계에서 스토리텔링 활동하기

				스토리텔링 활동

수업

만약 수업에서 '전통지식의 우수성과 활용 방안'이라는 주제로 수업 활동을 한다면, 차시 수업 정리 단계에서 해당 주제에 관한 임팩트가 있는 생활 속의 스토리텔링을 제공할 수 있다. 학생들이 학습한 전통 지식에 대해 도식적 암기가 아닌, 내면화할 수 있는 기회를 제공할 수 있다. 잘 만들어진 애니메이션 스토리텔링도 좋고, TV 동화 형식의 스토리텔링이 되어도 좋다.

이러한 경우 학생들이 수업 내용을 정리하고, 실제 상황에 적용할 수 있는 사례를 그려볼 수 있다면, 이 또한 스토리텔링의 효과라고 할 수 있다. 이 경우 스토리텔링에 몰입할수록 학습 내용을 내면화하는 과정에 학습자의 자기주도성이 더 강하게 작용할 수 있다.

넷째, 해당 차시 수업의 전체 시간을 스토리텔링 활동으로 사용하기

스토리텔링 활동				

수업

예를 들어 기후변화 현상을 이해하는 것이 목표인 수업이 있다면, 지구의 온도가 올라가는 상황을 기후변화 놀이 활동이나 드라마 학습으로 구성할 수 있다. 이때 기후변화 놀이는 지구의 온도 상승에 따른 변화가 하나의 스토리 구조를 이루도록 할 수 있고, 학생들이 이 놀이에 참여하는 것은 곧 스토리텔링의 내용 주체가 되는 것이다. 따라서 이야기에 학습자 자신이 하나의 진행 요소로써 참가하는 것이 된다. 물론 수업 운영에 필요한 최소한의 도입 시간과 정리 시간의 배치는 필요하다.

이렇게 한 차시 수업 전체를 시뮬레이션 형태의 스토리텔링 수업 활동으로 진행한다면 학생들의 참여적 태도는 더 강해지고, 그 학습에 일관성 있게 몰입할 수 있다. 또한 스토리텔링의 내용이 곧 학습 내용이 되므로 이해의 효율이 높아진다.

다섯째, 수업 흐름을 두 개의 초점으로 나누어 스토리텔링 활동에 적용하기

	스토리텔링 활동		스토리텔링 활동	

수업

한 수업 안에 두 개 이상의 초점을 반영한 스토리텔링 활동을 설계할 수 있다. 예를 들어 기후변화에 대해 수업을 하고자 할 때, 하나는 기후변화의 원인에 대한 스토리텔링을 구성하고, 다른 하나는 이로 인해 발생되는 기후변화 현상에 대한 스토리텔링을 구성할 수 있다.

이와 같이 수업 흐름을 두 개의 초점으로 나누어 각각 스토리텔링 활동을 적용하면, 두 활동의 공통점과 차이점 그리고 서로 간의 인과관계를 동시에 효과적으로 익힐 수 있다. 수업에서 얻고자 하는 지식이나 기능이 이원적이면서도 상호 연관성이 높을 경우에는 이와 같은 배치를 할 수 있다. 또한 두 가지 스토리텔링 활동 사이의 상호성을 살려, 이 둘을 한 차시 내에 함께 병치시킴으로써 분석하는 경험과 종합하는 경험을 함께 배치할 수도 있다.

(3) 유의점/고려사항

스토리텔링은 학습의 동기유발을 유도하고 그 속에서 현재 우리 문제를 생각할 수 있게 하는 유용한 교수·학습 방법이다. 이야기를 개발하고 교육 목표에 부합하게 표현하는 기술은 중요하며, 이를 위해서는 다음과 같은 점을 고려해야 한다.

첫째, 학생들의 공감을 얻기 위해서는 꾸미거나 만들어낸 스토리보다 진실성을 갖춘 실제 스토리를 활용하는 것이 더욱 효과적이다. 이것은 우리가 지금까지 보아온 방송 광고에서 리얼 스토리가 각광을 받고 있는 것과 같은 이유이다.

둘째, 스토리는 그 자체가 교육의 목적이 아니라 목적을 달성하기 위한 수단이 되어야 함으로 스토리를 통해 무언가를 가르치려 하거나 강요하지 말아야 한다. 부모가 아이에게 어떤 훈계를 하고 싶을 때에도 이를 일방적으로 가르치기보다는 교훈을 담고 있는 이야기 하나를 들려주고 아이들이 스스로 생각할 수 있도록 해주는 것이 훨씬 효과적이다. 다시 말해서 학생 스스로 스토리의 의미를 이해하고 자신의 가치와 비교할 수 있도록 해야 한다.

셋째, 스토리텔링은 일회성보다는 반복적으로 활용할 때 그 효과가 크다. 그러므로 교수·학습과정에서 스토리텔링이 효과를 발휘하기 위해서는 끊임없는 순환 시스템을 구축해 이야기가 계속 되도록 만들어야 한다.

넷째, 스토리텔링을 구성할 때 재미있는 이야기의 구성요소를 고려해야 한다. 재미있는 이야기는 도입, 전개, 신속한 결론으로 구성되어 있고, 역동성, 생생한 묘사, 주요 테마를 강조해서 반복, 사람들의 감정과 정서에 호소, 사람들이 동일시할 수 있는 선한 사람과 싫어할 수 있는 악한 사람의 등장이라는 공통점을 갖고 있다.

다섯째, 스토리텔링은 '읽기'뿐만 아니라 '듣기'로부터 시작할 수 있다. '듣기'가 주는 감동은 '읽기'가 주는 감동과 다르다. 편안한 자세로 눈을 감고 들으면 상상력을 발휘할 수 있어 더욱 생생하게 다가올 것이다. 일반적으로 이야기를 듣는 것은 책을 읽는 것보다 더 현실감을 느끼게 한다.

아프리카 이야기 <불, 물, 진실과 거짓>

옛날 옛적에 불, 물, 진실 그리고 거짓이 큰 집에 함께 살고 있었습니다. 그들 모두는 서로에게 예의바르게 행동했지만, 서로 간에는 거리를 유지하고 있었습니다. 진실과 거짓은 같은 방 안에서 각자 반대편에 마주 앉아 있었습니다. 불은 계속해서 물의 길에서 뛰쳐나왔습니다.

어느 날, 이들은 다함께 사냥을 나갔습니다. 그들은 소 떼를 발견하고는 자신들의 마을로 소들을 몰아가기 시작했습니다.

"우리 이 소들을 똑같이 나누어 갖자."

그들이 초원을 지나고 있을 때 진실이 말했습니다.

"우리가 함께 잡은 것을 나누려면 이것이 가장 공평한 방법이야."

거짓 이외에는 아무도 진실의 의견에 반대하지 않았습니다. 거짓은 동등한 몫 이상을 원했지만 한동안 아무 말도 하지 않았습니다. 이 4명의 사냥꾼들이 마을로 돌아왔을 때, 거짓은 은밀히 물에게 다가가 이렇게 속삭였습니다.

"너는 불보다 힘이 세잖아. 불을 없애면 우리에게 돌아오는 몫도 커질 거야!"

물은 불 위로 흘러갔고, 불이 사라질 때까지 부글거리고 연기를 내뿜었습니다. 물은 더 많은 소를 차지할 수 있다는 생각에 기분 좋게 굽이쳐 흘러갔습니다.

한편, 거짓은 진실에게도 속삭였습니다.

"이것 봐! 네 눈으로 직접 봐! 물이 불을 죽였어! 우리의 마음씨 따뜻한 친구를 잔인하게 죽인 물은 놔두고 가자. 소들한테 풀을 먹이려면 우리는 높은 산으로 올라가야 해."

진실과 거짓은 산으로 올랐고, 물도 이들을 따라가려고 했습니다. 하지만 산비탈의 경사가 너무 급해서 물은 더 이상 위로 올라갈 수 없었습니다. 물은 하는 수 없이 철벅거리고 바위 주변을 빙빙 돌다가 산비탈을 따라 흘러 내려갔습니다.

진실과 거짓은 함께 산 정상에 도착했습니다. 그때 거짓은 진실에게 돌아서서 큰 소리로 이렇게 외쳤습니다.

"나는 너보다 힘이 세! 너는 나의 종이 될 거야. 나는 너의 주인이야. 이제 모든 소는 내 것이야!"

진실도 지지 않고 일어나서 말했습니다.

"나는 너의 종이 되지 않을 거야!"

그들은 겨루고 또 겨루었습니다. 아무리 해도 결론이 나지 않자, 그들은 마침내 바람을 찾아가 누가 주인인지 결정해달라고 요청했습니다.

바람은 알 수 없었습니다. 바람은 전 세계를 휘돌아다니며 사람들에게 진실과 거짓 중 누가 더 강력한지 물어보았습니다. 몇몇 사람들은 "거짓은 몇 마디 말로 진실을 완전히 무너뜨릴 수 있어."라고 말했고, 또 다른 사람들은 "어둠 속의 작은 촛불처럼 진실은 모든 상황을 바꿀 수 있어."라고 주장했습니다.

바람은 마침내 산으로 돌아와 이렇게 말했습니다.

"내가 보기에는 거짓은 강력한 힘을 갖고 있어. 하지만 그것도 진실이 제 목소를 내기 위해 애쓰지 않을 때뿐이야."

이때부터 진실과 거짓은 쭉 그렇게 남아있게 되었습니다.

(Forest, 1996, 91-92)

위와 같은 이야기는 진실과 거짓에 대한 원칙들을 비롯해, 지속가능한 사회가 요구하는 시민의 자질과 인간의 가치 및 윤리와 관련되어 있다. 이야기를 지속가능발전의 개념으로 연결시키기 위해 다음 질문들의 답을 생각해 볼 수 있다.

Q1. 이 이야기에서 공동선을 위해 일하는 것이 어떻게 묘사되어 있습니까?

Q2. 공동선을 위해 일하는 것이 어떻게 실패합니까?

Q3. 어떤 등장인물이 다른 등장인물을 속였습니까?

Q4. 거짓말을 한 동기는 무엇이었습니까?

Q5. 진실과 거짓의 문제에 대해 이 이야기가 주는 교훈은 무엇입니까?

(4) 사례[1]

장애인도 비장애인과 동등한 삶을 누리기 위해서는? (1/2)

수업주제	장애에 대한 나의 생각은 어떠한가요?	대상	초등학교	차시	1/2

교과 및 단원명	초 1-2 국어2-2㉮	(3) 마음을 담아서

관련직업	시각장애인을 위한 수업자료 개발 3D 프린터 전문가, 장애인 의류 디자이너, 장애인 생활용품개발자

학습목표	• 장애에 대한 자신의 생각을 이야기의 형태로 말할 수 있다. • 인물의 마음을 생각하며 글을 읽을 수 있다.

중점 ESD역량	공감, 의사소통	중점 ESD요소	인권, 사회정의

수업 주안점	• 솔직하게 자신의 생각을 이야기의 형태로 공유할 수 있도록 한다. • 일부 학생의 생각에 대하여 교사 혹은 다른 학생이 도덕적 평가를 내리지 않도록 주의하고, 그것을 인식하고 비판적으로 성찰하여 개선하려고 노력하는 것이 중 요함을 강조한다.

준비물	PPT자료, 학습지 1, 『내 다리는 휠체어』 책,

흐름	수업모형 단계	시간 (분)	교수-학생 활동	지도관점 (Tip)
도입	동기 유발	1 2	1. 인사 및 전시 학습 정리 2. 학습목표 제시 3. 경험 상기 〈학생 동기유발 및 자기 내재화〉 여러분 생각에 그렇다고 생각하면 O, 아니라고 생각 하면 X를 하세요. 1. 장애인을 만났을 때에는 무조건 도움을 줘야 한다. 2. 장애인은 태어날 때부터 장애인인 경우가 더 많다. 3. 장애인은 집을 나서면 위험하니까 되도록 집 밖에 나가면 안 된다.	

---

1) '사회문제 해결형 지속가능발전교육 수업 모델 개발 연구(손연아, 2014)'에 포함되
어 있는 사례를 일부 수정하여 제시하였음.

흐름	수업 모형 단계	시간(분)	교수-학생 활동	지도관점 (Tip)
	step 1 상황 인식	5	1. 장애에 대한 브레인스토밍하기 –브레인스토밍지에 장애에 대한 브레인스토밍하기 –두 가지 색깔의 접착식 메모지를 제공함 –각 색깔의 접착식 메모지에 내가 생각하는 장애의 뜻, 장애에 대해 알고 있는 것을 쓰기 –모둠별로 접착식 메모지를 모아 함께 보면서 비슷한 생각끼리 묶어보기(대체활동: 칠판에 접착식 메모지를 붙이고 교사와 학생이 함께 분류해보기)	–모둠별로 메모지에 씌여진 생각을 분류하는 것을 어려워 할 경우에는 칠판에 메모지를 붙이게 하고 이를 교사가 학생들과 함께 분류하는 방식으로 진행
		3	2. 우리 모둠에는 어떤 생각들이 나왔는지 사례를 들어 이야기식으로 발표해보기 –누가 장애라고 여겨지는 것을 정할까요?	
전개	step 2 자료 발견	10	1. 『내 다리는 휠체어』를 함께 읽기 –교사의 질문에 답하기 〈질문의 예〉 –책의 제목은 무엇인가요? 어떤 내용일 것 같나요? –마르기트는 우유를 집어준 점원에게 왜 화를 냈을까요? –마르기트에게 타고 있는 것이 무엇이냐고 묻자 여자아이의 어머니는 왜 말렸을까요? –마르기트는 그것을 보고 왜 슬퍼졌을까요? –지기가 한 말에 마르기트는 처음에 왜 화를 냈을까요? –책을 읽고 인상 깊거나 재미있었던 장면 및 대사를 말하기	–책을 함께 읽는 방법으로는 책을 스캔하여 전체 화면으로 보여주기, 개별적으로 책을 준비해오도록 하기, 둥글게 앉고 교사가 책을 보여주며 읽어주기 등의 방법이 있을 것이다. 자신의 상황에 적절한 방법을 선택하도록 한다.
		3	2. 내가 처음에 썼던 장애에 대한 생각과 어떤 점이 달랐는지 이야기해보기	
	step 3 문제 찾기	10	1. 다양한 방법으로 표현하기 –나의 느낌을 그림으로 그리기 –나의 느낌을 글로 쓰기 –인상 깊었던 장면을 그림으로 그리기 –인상 깊었던 대사를 베껴 쓰기 –책을 읽고 새롭게 알게 된 점을 글로 쓰기 –책 속 등장인물 중 한 명에게 편지쓰기 등	–학생들의 적성과 수준이 다양하므로 독서 후 활동을 다양하게 할 수 있도록 안내한다.
		3	2. 발표하기 – 모둠별로 돌아가며 나누어보기 – 친구의 작품에 칭찬 한 마디 적어주기	
정리		1	1. 차시 예고 – 학습지를 게시판에 게시 – 개인당 스티커를 3개씩 주고 쉬는 시간동안 제일 마음에 드는 작품 3개에 스티커를 붙이도록 안내	
		2	2. 평가지 작성	

장애인도 비장애인과 동등한 삶을 누리기 위해서는? (2/2)

수업주제	장애/비장애인이 함께 살아가는 사회 만들기	대상	초등학교	차시	2/2
교과 및 단원명	초 1-2 창의적체험활동	자율활동			
관련직업		시각장애인을 위한 수업자료 개발 3D 프린터 전문가, 장애인 의류 디자이너, 장애인 생활용품개발자			
학습목표	• 장애인을 위한 편의시설이 필요한 이유를 알 수 있다. • 장애인을 위한 편의시설이 개선되어야 할 점을 이야기로 표현할 수 있다.				
중점 ESD역량	문제해결력, 갈등해결력	중점 ESD요소	시민참여, 안전, 교통		
수업 주안점	• 장애 유무를 떠나 사회 구성원 최다수가 모든 물건과 서비스를 사용할 수 있는 사회를 만들어가야 함을 인식시키는 과정을 이야기로 표현하도록 한다.				
준비물	PPT자료, 색연필 등				

흐름	단계	시간 (분)	교수-학생 활동	지도관점 (Tip)
도입	동기 유발	1	인사 및 전시 학습 정리 『내 다리는 휠체어』책 살펴보기	
		2	〈학생 동기유발 및 자기 내재화〉 마르기트가 휠체어를 타고 다니면서 불편함을 느꼈던 곳은 어디였나요? 어떤 점이 불편했을까요?	
전개	step 3 아이디어 발견	3	1. 장애인을 위한 편의시설이 필요한 이유에 대해 사회, 경제, 환경의 측면에서 생각해보기 -100명 중 5명의 장애인을 위해 편의시설을 만드는 것은 돈을 낭비하는 것일까? (사회) 모두가 생활하기 편안한 사회가 된다. (경제) 장애인의 경제적 비용이 줄어든다. 등	-장애 유무를 떠나 사회 구성원 최다수가 모든 물건과 서비스를 사용할 수 있는 사회를 만들어야 함을 강조
		7	2. 장애인을 위한 편의시설에 대해 학습하기 -내가 아는 장애인을 위한 편의시설에는 어떤 것들이 있는지 말해보기 -시각장애인을 위한 보도블럭, 신호등 음성안내기 소개, 휠체어리프트, 저상버스에 대한 설명 듣기	

흐름	수업 모형 단계	시간(분)	교수-학생 활동	지도관점 (Tip)
전개	step 4 해결 방법 결정	10	1. 장애인을 위한 편의시설에서 개선해야 할 점에 대해 알아보기 −추석 연휴 때 장애인도 고속버스를 타게 해달라는 시위: 왜 이런 일이 발생했을까? −시각장애를 가진 사람은 신호등 음성안내기를 어떻게 찾을 수 있을까? −에스컬레이터와 계단을 지나가는 사람과 휠체어에 앉은 사람의 모습은 어떻게 보이는가? −지하철 역사의 모습에서 우리가 본받을 점은 무엇일까? 	−자세한 내용은 PPT 참조
		3	2. 장애인의 입장에서 각 시설이 가지는 불편함에 대해 생각해보기	
	step 5 행위 계획	10	1. 장애인을 위한 편의시설에서 한 가지를 골라, 어떻게 개선하면 좋을지 글이나 그림을 작성하고, 이를 다른 학생들에게 이야기로 표현해 보자. −이 시설들을 이용할 사람들이 더욱 편리하고 안전하게 느낄 수 있도록 고친다면, 무엇을 어떻게 고쳐야 할까? −여러 시설들 중 한 가지를 골라, 어떻게 고치면 좋을지 글이나 그림으로 표현하기	−모둠별로 서로의 작품과 이야기를 보면서, 잘한 점과 보완하면 좋을 점을 이야기해주기
		4	2. 발표하기(이야기하기)	
정리		1	1. 동료 평가 및 차시 예고 −쉬는 시간마다 친구들의 작품을 보면서 마음에 드는 그림 3개에 스티커를 붙이기	−1인당 3장의 스티커를 주도록 한다.

2) 야외 학습

(1) 정의

야외 학습은 농장, 환경시설, 사무실, 지역의 과학 센터와 숲, 해안 또는 국립공원 같은 자연환경을 방문하는 것뿐만 아니라 학교 운동장을 활용하거나 지역 사회의 시설 같은 곳을 잠시 방문하는 것도 포함된다. 학생들에게 교실을 벗어나 야외에서 수업과 관련된 학습활동을 제공하는 것은 직접 경험을 통해 다양한 시각을 형성한다는 측면에서 중요하다. 또한 야외 학습은 학생들에게 탐구 기능, 가치 분석과 명료화 그리고 일상의 문제해결을 연습할 기회를 제공해줌으로써 자기주도적학습 능력과 문제해결력을 향상시킨다. 그러나 교실 밖으로 학생들을 인솔하는 데에는 학습활동에 대한 주의 깊은 계획과 혹시 모를 안전 위험에 대한 주의를 필요로 한다.

학생들은 야외 환경에서 탐구활동을 수행할 때 지속적이고 능동적으로 학습에 임할 수 있다. 또한 야외 학습은 교실과 야외에서 교사와 학생의 상호작용 활동을 통해 서로를 더 잘 알게 되는 기회를 제공하기도 한다. 학생들은 학교 운동장, 도심지, 공동체, 농촌과 자연 지역 등 다양한 장소에서 많은 것을 학습할 수 있고, 전통적으로 야외 활동이 행해지는 사회, 지리, 과학 같은 과목만이 아닌 언어, 예술, 수학, 사회 등의 교육과정에서도 통합할 수 있는 방법들이 많다. 다음은 이러한 예로 국어에서 읽기, 쓰기, 말하기, 듣기 기능이 야외 학습을 통해 향상될 수 있는 활동의 예이다.

[표 5.3] 야외에서의 듣기와 말하기 학습

학교 운동장과 주변	• 소리를 듣고 확인하기 • 의사결정과 갈등해결의 과정을 관찰하고 토론하기 • 면담하기
공동체	• 경찰서, 병원, 은행, 시장, 공원을 방문하여 사람들마다 사용하는 다른 음성 확인하기 • 청소년 센터를 방문하여 사람들이 활동을 할 때 발생되는 소리의 유형 기록하기
도심지	• 도시 지역을 방문하고 시장, 철도역, 복잡한 교차로 등 도시의 소리를 주의 깊게 듣기 • 도시에서 거주하거나 일하는 사람을 방문하고 이야기하기 • 도시에 거주하는 사람 목소리와 소음을 이용하여 라디오 프로그램 개발하기
농촌과 자연 지역	• 숲, 해변 혹은 흐르는 하천 소리를 주의 깊게 듣기 • 농장 소리를 듣고 농부에게 그 소리를 확인할 수 있도록 도움 요청하기

[표 5.4] 야외에서의 읽기 학습

학교 운동장과 주변	• 학교 게시판 읽기
공동체	• 지역 도서관 방문하고 이용하기 • 지역 사람과 장소를 다룬 기사를 읽고 이것을 학생 자신의 경험에 관련시키기
도심지	• 도시에 부착된 교통 표지판부터 광고에 이르는 표지 읽기
농촌과 자연 지역	• 개인이나 단체 활동을 위한 문서화된 유인물 따라하기 • 자연사에 관한 이야기, 시, 일화 읽기

[표 5.5] 야외에서의 쓰기 학습

학교 운동장과 주변	• 방문객 안내를 위해 학교 지도 작성하기 • 전형적인 학생의 하루 일과 기술하기
공동체	• 역할놀이, 마임, 춤 혹은 비디오를 통해 지역 자료 기록하기 • 가족, 공동체, 일과 관련된 경험에 관해 작문하기
도심지	• 현재의 관심사에 관해 신문 편집자에게 편지 쓰기
농촌과 자연 지역	• 아름다운 자연 지역에 있을 때 여러분의 감정에 관해 시 쓰기

(2) 과정 절차

야외 학습은 교사 중심적이고 설명적일 수도 있지만, 좀 더 탐구에 근거한 학생중심적인 설계가 가능하다. 이것은 수업의 특성과 목표에 달려있다. 야외 학습을 통하여 달성할 수 있는 목표는 태도 형성과 심미적 인식의 발달, 이해와 지식의 발달, 기능의 발달 등이 있다.

야외 학습 경험은 학생 스스로 수업에 대한 책임감을 향상시키는 것을 도울 수 있다. 또한 야외 학습을 계획할 때 선정한 활동을 야외 학습의 목적과 목표에 연결시키는 것이 중요하다. 목표를 선택하는 것은 학습 활동의 과정 속에서 어느 정도 야외 학습의 적절한 실시 시기에 달려있다. 이러한 점에서 야외 학습은 다음과 같은 경우에 활용될 수 있다.

- 학습과정 초기에 기초 정보 수집과 학생의 동기 유발에 활용
- 단원의 끝부분에서 많은 주제를 함께 이끌어내는 데 활용
- 단원을 통합할 때 학생들의 개념, 일반화 그리고 원리에 대한 이해를 증진시키는 데 활용

이와 같은 야외 학습은 일반적으로 [표 5.6]과 같이 야외 교수와 야외 조사 두 가지 방법으로 구분된다.

[표 5.6] 야외 교수와 야외 조사 비교

야외 교수	야외 조사
교실 활동: 학습 주제에 관한 교사의 설명, 교과서 공부, 공책 필기, 슬라이드 보기, 비디오 시청 등 ↓	직접 관찰, 학생들의 관심을 통해 문제 확인 ↓
야외 관찰(종종 교사 중심): 야외에서 정보 기록하기, 약간의 야외 해설 ↓	독서, 토론, 사고를 통해 가설 설정 ↓
교실 활동: 교실에서의 추가 설명과 해설, 야외 보고서 작성	가설 검증을 위해 자료를 수집하는 야외 활동 ↓
야외 학습의 전통적인 접근방법으로 학생들을 야외로 데려가서 학생들이 공책에 기록하도록 하는 약식 강의 형태이다. 학생들은 참여하고 반응할 기회가 거의 없다. 진행이 원활할 때, 이 접근방법은 학생들이 어떤 장면이나 활동에 대해 주의 깊게 관찰, 기술하고 이전에 획득한 정보를 바탕으로 가능한 설명을 제안하는 것을 포함할 수 있다. 학생들이 스스로 관찰한 경험이 없거나 문제를 해결하는 데 자신감이 없을 때 유용하고, 경험학습의 통합된 부분으로써 학생들 자신의 사례를 발견하는 데 구조화된 하나의 방법을 제공해준다.	자료 분석 및 정보 처리 ↓ 가설 검증: 수용 혹은 기각 ↓ 야외에서 수집된 정보를 사용하여 초기에 확인된 문제를 해결하기 위한 방법으로 토의 및 문서 작성 귀납적인 접근방법으로써 문제해결에 초점을 두지만 관찰, 기술 그리고 설명도 포함한다. 학생들은 종종 역사탐구, 지리탐구, 과학적 설명에 사용되는 것과 유사한 방법을 사용하기도 한다.

　위와 같은 두 가지 교수·학습 방법 중 야외 교수는 교사 중심의 수업으로 볼 수 있으며, 야외 조사는 학습자 중심의 수업이라고 볼 수 있다. 이러한 야외 조사 활동 과정을 좀 더 구체화하여 제시하면 다음과 같다.

```
┌─────────────────────────────────────────────────────────┐
│          학생들이 생각하는 것을 가설로 진술하기                 │
└─────────────────────────────────────────────────────────┘
                            ↓
┌─────────────────────────────────────────────────────────┐
│      질문에 답하기 위한 자료 수집을 위해 야외 활동하기           │
└─────────────────────────────────────────────────────────┘
                            ↓
┌─────────────────────────────────────────────────────────┐
│  학생들의 결론이 야외 활동 이전의 잠정적인 답(가설)과 일치하는가?  │
│            왜 그런가? / 왜 그렇지 않은가?                    │
└─────────────────────────────────────────────────────────┘
                            ↓
┌─────────────────────────────────────────────────────────┐
│                가설 검증: 수용 혹은 기각                     │
└─────────────────────────────────────────────────────────┘
                            ↓
┌─────────────────────────────────────────────────────────┐
│             야외에서 수집된 정보를 사용하여                    │
│      질문에 답할 가능한 방법을 토의하고 문서 작성하기           │
└─────────────────────────────────────────────────────────┘
```

위와 같은 활동은 학습자 중심의 야외 조사 활동에 초점을 두고
있다. 야외 학습의 경험이 없는 학생이나 어린 학생들에게는 교사의
지도와 야외 교수의 구조가 결합된 형태가 적합하다.

이러한 야외 학습을 효율적으로 실시하기 위해서는 [표 5.7]과 같은
3단계의 절차에 따라 교사와 학생의 역할을 구분하여 수업 계획을
세울 수 있다.

[표 5.7] 야외 학습의 절차

	교사	학생
야외 학습 전 단계	• 야외 학습 과정 결정 • 필수 선행 지식과 기능 점검 • 모든 공식적인 요구사항 따르기 • 학생과 학부모에게 목적, 비용, 실시 　계획 안내 • 장소와 교통수단 예약 • 장소 방문과 실행 계획 • 초청 강사에게 개요 설명 • 위험 요소 분석 작성 • 학생 명단과 비상 연락망 작성	• 야외 학습의 목적 확인(학생들의 결정 　에 기여) • 필수 선행 지식과 기능 습득 • 자료 수집 기능 연습 • 집단과 개인 책임감 알기 • 학습 순서와 필수품과 장비 인식 • 안전 수칙 이해
야외 학습 단계	• 총괄 지휘 • 필요 요청할 때 도움 제공 • '왜, 어떻게' 등의 질문을 통하여 학생 　들이 분석적이 되도록 격려	• 직접 조사(확인하기, 묘사하기, 구성하 　기, 측정하기 등) • 자료 수집과 기록 • 스케치, 지도 그리기, 가로 구획 긋기 　같은 특별한 야외 기능 사용 • 초기 분석과 해석 • 자신과 타인의 견해 파악
야외 학습 후 단계	• 필요한 추가 정보 제공 • 학생들이 발견한 것을 확고하게 하기 　위해 추가 자료 제시 • 조직과 학습결과 등 전체 활동 평가	• 수집된 정보 조직 • 다른 사람과 결과물 점검 • 가설 검증 • 일반화 • 다른 사람과 문제 토의 • 미해결 문제 조사 • 보고서 작성 및 발표

　야외 학습을 준비함에 있어 학생들을 학교 운동장 외부로 인솔하는 것은 교육적인 계획뿐만 아니라 다음과 같은 광범위한 행정적·안전적·법적 책임이 포함된다는 것을 알아야 한다.

- 야외 학습을 수행하기 위해 적합한 학교와 제도적 정책 숙지
- 장소 사전 답사
- 조사를 위한 분명한 목표 개발
- 이전의 학습 경험과 어떻게 연결시킬 것인지 결정
- 사전에 야외 학습을 계획하고 학생들에게 야외 학습을 능동적인 학습으로 바라볼 수 있게 하는 준비
- 야외 학습 활동과 자원 준비
- 이동과 과제 수행 시간 결정
- 학생과 성인의 적절한 비율(학부모와 다른 공동체 자원봉사자들에게 도움 요청과 개요 설명)
- 다른 교사와 학부모, 공동체 자원봉사자를 위한 배경 정보 준비
- 학생들에게 장소에 대해 방심하기 쉬운 것에 대한 인식
- 모든 예상되는 위험에 대한 확인과 관리
- 확인사항
  - 학부모 동의서
  - 장소 방문 허가증
  - 돈
  - 교통수단
  - 의복과 장비
  - 음식물
  - 편의시설
  - 출발시간과 도착시간
  - 보험계약

(3) 유의점/고려사항

야외 학습은 많은 장점에도 불구하고 다음과 같은 제한점을 가지고 있다.

- 대규모 학생들을 감독하고 학생들이 필요로 하는 도움을 제공하는 데 어려움이 있는 구조적 요인
- 야외 학습으로 인해 빠지게 되는 '정규' 수업의 결손과 학교에서의

시간표 변경

- 야외 조사를 계획하기 위해 필요한 시간
- 야외 조사를 하는 데 요구되는 교통비와 숙박비
- 지역에 대한 상세한 지식 부족
- 학생들의 안전
- 학생들에게 필요한 기능 부족

하지만 이러한 제한점이 있음에도 불구하고 가장 의미 있고 지속적인 학습은 학생들이 다양한 야외 환경에서 능동적으로 탐구할 때 이루어진다는 것을 잊지 말아야 한다. 또한 야외 학습은 교실과 야외에서 교사와 학생 간 상호작용 활동을 통해 서로를 더 잘 알게 되는 기회를 제공할 수 있다.

야외 학습의 진행에 있어 최근 안전에 대한 관심이 사회적으로 높아지고 있기 때문에 학생들과 함께 야외 활동 시 학생의 건강과 안전에 대한 위험을 최소화하려는 계획은 야외 학습에서 필수적이다. 위험 관리는 학습에서 발생 가능한 위험을 확인하며, 평가하고 감소시키는 것을 의미한다. 또한 잠재적인 위험을 인식하는 것은 우리가 무엇을 해야 하고, 왜 해야 하는지 그리고 활동을 안전하게 할 수 있는 기능을 가지고 있는지에 대해 깊게 생각할 수 있게 한다. 야외 활동 이전과 야외 활동 중에 위험요소를 감소시킬 수 있는 핵심적 요소는 다음과 같다.

첫째, 지도자로써 역량을 갖추고 있어야 한다. 어떤 활동의 위험을 줄이기 위해 지도자는 이를 통제하고 관리하는 역량이 필요하다.

둘째, 학생을 잘 알고 있어야 한다. 학생을 보다 잘 알수록 학생의 능력, 개인적 필요, 개성, 스트레스에 대한 반응 등을 더욱 잘 알게 된다. 학생에 대해 많은 것을 알고 있을수록 학생들이 활동 지역을 벗어나거나 위험수준이 큰 상황에 처할 가능성이 낮아진다.

셋째, 잠재적인 위험에 대해서 알려야 한다. 활동을 하기 전이나 활동 중에 처할 수 있는 잠재적인 위험을 줄이는 효과적인 방법은 그러한 위험을 미리 알리는 것이다. 교사가 갖고 있는 개인적 지식에 의존하거나 임시적인 계획으로 행동하는 것은 위험하다. 교사는 학생들에게 가게 될 장소의 이름이나 위치를 지도에 표시해주고, 일행에서 떨어졌을 경우 해야 할 일 등을 미리 알려줘야 한다. 또한 학생들에게 비상 장비를 누가 가지고 있고, 가장 먼저 누구에게 도움을 요청해야 하는지 알려준다면, 위험 상황에서 침착하게 대처할 수 있는 능력이 향상된다.

넷째, 수업단계를 학생들에게 제시해야 한다. 수업의 단계를 나눔으로써 특별한 기능을 가르치는 것으로, 또는 점점 더 복잡한 과제를 수행함으로써 실제적인 목표에 도달하는 활동을 하도록 유도할 수 있다. 이러한 단계를 거칠 경우 학생들은 당황하지 않고, 주어진 목표에 도달할 수 있는 가능성이 더 높아지게 된다.

다섯째, 안전의식을 함양해야 한다. 안전의식은 새롭고 변화하는 상황에 대한 지식과 기능을 지속적으로 평가·적용하고, 사건이 발생하기 전에 예방하기 위한 판단을 훈련하는 과정이다. 일반적으로 학생들의 안전의식은 교사의 안전의식과 비례해 증가하게 된다. 그렇기 때문에 학생의 안전의식을 함양하는 것과 동시에 교사의 안전의식 함양이 중요하다.

(4) 사례2)

우리 지역에서는 안전하게 자전거를 탈 수 있을까? (1/2)

수업주제	우리 지역에서는 안전하게 자전거를 탈 수 있을까?	**대상**	초 3~4학년	**차시**	1/2
교과 및 단원명	**초 사회 3~4학년**	(11) 지역 사회의 발전			
	관련직업	시민단체 활동가, 도시설계사			
학습목표	• 지속가능발전의 관점에서 자전거 이용의 가치를 설명할 수 있다. • 자전거 이용이 활성화된 지역의 모습을 분석하여 특징을 파악할 수 있다. • 지역에서 자전거 도로의 설치가 필요한 곳을 탐색하고 문제 해결 계획을 세울 수 있다.				
중점 ESD역량	문제해결력, 의사소통	**중점 ESD요소**	안전, 시민참여, 지속가능한 촌락과 도시, 교통		
수업 주안점	• 우리 지역의 지속가능성 증대와 관련된 지역 문제를 도출해 낸다. • 우리 지역과 직접적으로 관련된 자료를 활용하여 문제해결력을 기른다. • 학급전체 토의를 통하여 자전거 도로의 설치 후보지를 선정함으로써 의사소통 능력을 기른다.				
준비물	PPT자료, 활동지				

흐름	수업모형 단계	시간 (분)	교수-학생 활동	지도관점 (Tip)
도입	동기유발	5	1. 자전거 이용과 관련된 경험 공유 2. 학습문제 제시 〈학생 동기유발 및 자기 내재화〉 우리 지역에서 찍은 '자전거 관련 사진 콘테스트'를 열어 함께 사진을 감상하면서 우리 지역의 공공자전거 시스템 관련 경험, 주변의 자전거 도로 이용 경험 등 지역 내 자전거 이용과 관련된 다양한 경험을 나눈다.	– 학생들의 경험을 토대로 지속가능 발전에서 자전거 이용의 가치 설명
전개	step 1 문제 파악	5	1. 우리 지역의 자전거 도로를 이용하면서 좋았던 점이나 불편했던 점 발표 2. 우리 지역은 자전거를 타고 이동하기에 안전한 환경이 조성되어 있다고 생각하는지에 대해 토의	– 우리 지역에서 자전거 이용과 관련된 문제를 찾아보도록 유도

---

2) '사회문제 해결형 지속가능발전교육 수업 모델 개발 연구(손연아, 2014)'에 포함되어 있는 사례를 일부 수정하여 제시하였음.

흐름	수업 모형		교수-학생 활동	지도관점 (Tip)
	단계	시간 (분)		
전개	step 2 문제 탐색	5	1. 자전거 이용이 활성화된 지역의 특징 파악 　-자전거를 활발하게 이용하고 있는 여러 지역의 모습을 살펴보고 공통점 도출 　(자전거 도로 구축, 자전거 보관시설 구축 등) 　-자전거 관련 기반 시설은 자전거의 안전한 이용을 가능하게 함으로써 결과적으로 이용자 수 증가에 기여함을 안내	- 국내·외의　지역 사례를　제시하여 자전거　이용률이 높은 지역의 특징 분석
		5	2. 우리 지역의 자전거 도로 현황 파악 및 관련 정보 이해 　-우리 지역의 자전거 도로 지도 확인 　-우리 지역의 자전거 관련 홈페이지 방문 및 관련 정보 이해 　·서울특별시 공공자전거 홈페이지 '서울바이크' 　·대전광역시 공공자전거 홈페이지 '타슈' 　·경상남도 창원시 공영자전거 홈페이지 '누비자'	- 우리 지역 관련 자료를 미리 준비하여 제시
			3. 우리 지역에서 자전거 도로의 설치가 필요한 곳 제안 및 토의 　-우리 지역의 도시설계사가 되어 추가로 자전거 도로의 설치가 필요한 곳을 선정하고 근거 제시	- 도시설계사　진로 정보 제공 및 진로 탐색 과제 제시
		10	[대체 활동] 지역별 여건에 따라 기존 자전거 도로의 문제점을 탐색하고 이를 보완, 개선하는 활동으로 대체 가능	- 전문가에게　제안 의 타당성 및 실현 가능성 검토
			-학급전체 토의를 통하여 후보지 선정 　예) 우리학교 통학로, 동네 하천변 등 　-자전거 관련 시민단체 활동가와 협력하여 최종 후보지 결정(본 차시 사후 활동)	
		5	4. 실제 우리 지역에 자전거 도로를 설치하기 위한 문제 해결 계획 수립 　-다양한 문제 해결 방법 구안 　-타 교과와 연계하여 실행 계획 구체화	- 계획 수립 과정에서 지역사회 문제 해결에의　참여의 지 함양
정리		5	1. 학습 내용 정리 및 소감 발표 2. 차시 예고 　-다음 시간에는 본시에 계획한 문제 해결 활동을 실천으로 옮길 것임을 안내	

우리 지역에서는 안전하게 자전거를 탈 수 있을까? (2/2)

수업주제	우리 지역에서는 안전하게 자전거를 탈 수 있을까?	대상	초 3~4학년	차시	2/2
교과 및 단원명	초 사회 3~4학년	(11) 지역 사회의 발전			
관련직업		시민단체 활동가, 도시설계사			
학습목표	• 우리 지역 문제의 해결 과정에 적극적으로 참여할 수 있다. • 다양한 자료를 근거로 자전거 도로의 설치를 제안하는 글을 작성할 수 있다. • 자전거 도로의 설치 효과를 통합적으로 이해할 수 있다.				
중점 ESD역량	문제해결력, 자아효능감	중점 ESD요소	안전, 시민참여, 에너지, 환경 문제, 지속가능한 촌락과 도시		
수업 주안점	• 본 수업 전에 다른 교과 시간에서 다양한 활동을 하고, 본 수업에서는 이를 정리 할 수 있도록 한다. • 지속가능한 사회를 위한 시민참여의 가치를 이해하고 실제 참여를 통해 자아효 능감을 기른다. • 지속가능발전의 관점에서 자전거 도로의 설치가 미래 사회에 끼칠 영향에 대해 통합적으로 고려해 본다.				
준비물	PPT자료, 활동지				

흐름	수업모형 단계	시간 (분)	교수-학생 활동	지도관점 (Tip)
도입		3	이야기 자료 제시를 통한 학습 흥미 유발 학습문제 제시 **〈학생 동기유발 및 자기 내재화〉** 학생들의 사회참여 이야기를 다룬 그림책 「놀이터를 만들어 주세요」를 함께 보며 지역 문제 해결에 대한 자아효능감을 심어주고, 자전거 도로의 설치를 제안 하는 글을 작성하는 데 적극적으로 참여하도록 유도 한다.	– 책의 내용이 실 화임을 안내하여 지역 문제 해결 에 대한 참여의 지 증대

전개	step
	3
	문제
	해결
		10	1. 다른 교과 시간에 진행한 다양한 문제 해결 활동 결
			과 정리
			  – 자전거 도로의 필요성에 관한 홍보자료(미술과
			    연계하여 제작) 전시 및 소감 발표
			  – 시민단체 활동가와 함께 해당 지역 답사(창의적 체
			    험활동과 연계하여 실시)를 통해 수집한 자료 확인
			    및 문제 해결의 필요성 공감
				– 본 차시가 진행
				되기 전에 다른
				교과에서 활동
				실시
				– 시민단체 활동가
				진로 정보 제공
				및 진로 탐색 과
				제 제시

흐름	수업 모형 단계	시간 (분)	교수-학생 활동	지도관점 (Tip)
전개	step 3 문제 해결	10	– 자전거 도로의 필요성을 주장하는 글(국어과와 연계하여 작성) 확인 및 설득력 있는 근거 공유 2. 활동 결과물을 바탕으로 공공기관에 자전거 도로의 설치를 제안하는 글 작성 – 활동지의 예시 자료를 보고 제안하는 글에 들어가야 할 내용 및 자료 파악 – 수집한 자료를 활용하여 우리 지역에 자전거 도로의 설치를 제안하는 글 작성 [선택 활동] 제안하는 글 작성을 기본 활동으로 하되, 학습자의 개인차를 고려하여 선택 활동 제시 가능 ▸ 전교생에게 자전거 도로의 필요성을 알리는 홍보 기사 작성 및 학교 신문에 투고 등	– 자신의 경험에 근거한 문제의식이 글 속에 드러나도록 유도 – 실제 정책에 반영되지 않더라도 지역의 문제 해결을 위해 참여해 보는 경험의 가치 강조
	step 4 정리 평가	7	1. 공공기관에 자전거 도로의 설치를 제안하기 위해 작성한 글 발표 및 상호 피드백 제공 2. 이번 차시에 작성한 제안 글 및 문제 해결 과정에 대한 동료 평가 및 교사 평가 실시	
	step 5 적용 발전	8	1. 수정, 보완한 제안 글 및 관련 사진 자료를 지방자치단체 홈페이지에 탑재(사후 과제로 제시) 2. 주제 학습 내용 정리 – 모둠 활동을 통해 자전거 도로의 설치가 환경적, 사회적, 경제적 측면에서 지속가능한 미래에 어떠한 영향을 줄지 활동지에 정리 3. 자전거 도로 만들기 외에 자전거 이용 활성화를 위한 기타 방안 모색 및 실천 다짐 – 건전한 자전거 문화 조성을 위한 보호 장구 착용 실천 다짐 등	– 자전거 도로 설치 효과에 대해 환경, 사회, 경제영역을 통합적으로 사고하도록 유도
정리		2	학습 정리 및 소감 발표 2. 차시 예고	

3) 쟁점분석 학습

(1) 정의

쟁점분석 학습은 듀이의 문제 접근법에서 시작된 것으로 볼 수 있다. 듀이는 학생들이 흥미를 느끼는 경험을 강조하였고, 문제 사태의 해결을 추구하였다. 그 이후 학생들에게 문화의 금기 영역에 속하는 문제들을 반성적으로 검토하는 기회를 제공해주어야 한다는 의미에서 쟁점분석 학습을 강조하였다. 그리고 지속적인 공공 쟁점을 강조해야 한다고 주장하면서 사회적인 가치 갈등을 분석하기 위한 접근을 추구하였다.

쟁점은 학생 주변, 지역, 국가, 전 지구적 차원에서 발생할 수 있는 문제를 자신의 문제로 받아들이며(인식), 쟁점에 관련된 자료를 수집하는 과정을 통하여 쟁점에 대한 기본 지식을 가지게 되고(지식), 이를 통해 지속가능발전 관련 문제와 쟁점에 대한 친환경적인 태도를 가지게 되며(태도), 지속가능발전 문제와 쟁점을 조사하고 평가하는 데 필요한 기능을 습득하고(기능), 이를 해결하기 위한 대안적 해결책을 제시하는 등 친환경적인 행태를 촉진하는(참여) 의미에서 지속가능발전교육의 목표와 잘 부합된다고 할 수 있다. 학생들은 지속가능발전에 관한 쟁점분석 학습을 통하여 쟁점에 대한 올바른 지식과 이를 해결하기 위한 행위 전략을 익힐 수 있을 뿐만 아니라 책임 있는 행동을 할 수 있다.

지속가능발전 쟁점은 지속가능발전교육의 원칙과 부합되는데, 그 내용은 다음과 같다.

- 균형성의 원칙으로서 지속가능발전 쟁점분석 학습은 학생의 지적, 정의적, 심체적 교육목표를 균형 있게 고려하여야 한다. 지속가능발전교육은 지속가능발전에 '관한' 교육, 지속가능발전 '내의' 교육, 지속가능발전을 '위한' 교육이 균형을 유지하며 이루어져야 한다. 즉, 학생들은 지속가능발전의 쟁점에 관하여 아는 것, 느끼는 것, 행동하는 것을 균형 있게 학습하도록 해야 한다는 것이다. 쟁점분석 학습은 지속가능발전 쟁점에 관한 자료를 수집하고 분석하고 평가하는 과정에서 학생들은 생태적인 기초 지식과 사회 문화적 지식뿐만 아니라 쟁점에 대한 지식을 습득하게 되므로 지속가능발전에 '관한' 교육이 이루어지게 된다. 또, 지속가능발전 쟁점은 지역에서 전 지구적 규모까지 스펙트럼 상에 존재하는 문제로 조사 및 평가가 안에서 이루어지므로 지속가능발전 '내의' 교육이며, 지속가능발전 쟁점을 해결하기 위한 대안적인 해결 제시 및 책임 있는 행동을 실천함으로써 지속가능발전을 '위한' 교육이 될 수 있다.
- 통합성의 원칙으로서 지속가능발전 쟁점은 현재 지구가 처한 문제를 일으키는 요인들이 서로 상호관련성을 지니고 있으며, 시·공간적으로 광범위적이라는 속성을 가지고 있다. 쟁점을 총체적인 시각에서 파악하고 지속가능발전 쟁점을 조사하고 분석하는 데 필요한 지식, 방법, 기능이 범교과적이며, 지속가능발전교육 목표, 내용, 방법도 통합적이어야 한다. 즉, 지속가능발전 쟁점은 쟁점 안에 지속가능발전교육의 목표가 통합되어 나타나 있고, 지속가능발전 쟁점의 대안을 탐색하는 과정에서 내용과 방법의 통합을 모색하고 있다.
- 계속성의 원칙으로서 지속가능발전 쟁점 학습은 각 교육 단계에서 다루는 교육 내용과 활동이 종적, 횡적으로 체계화할 수 있고, 내용 영역 간에 균형이 있으면서도 선수 학습 내용과 후속 학습 내용 간에 연계성을 지닐 수 있다.

- 일상성의 원칙으로서 지속가능발전 쟁점은 지역적인 쟁점에서 전 지구적 쟁점까지 일상생활과 관련된 내용으로 우리가 매일 살아가는 장소에서 접촉하는 지속가능발전 관련 문제와 관련이 있다. 특히 쟁점은 학생들이 일상적으로 접하는 신문, TV, 인터넷과 같은 대중매체의 영향 아래 놓여 있거나 실제 생활에서 일어나는 특성이 있다.

쟁점분석 학습은 쟁점에 대한 이해를 증진시키며, 지속가능발전교육의 목적을 달성하기 위한 수업의 수단으로 활용된다. 지속가능발전 쟁점은 가치 교육에 적합한 영역으로 학생들의 발달 수준을 고려하여 실생활과 관련된 지속가능발전 문제해결을 위한 비판적 사고력을 기르게 한다. 그러나 실제로 활용 가능한 쟁점의 범위가 좁아 책임 있는 시민을 육성하기 위한 기능 계발보다 인식의 수준에 머무는 경우가 많다. 인식 수준의 쟁점 수업으로는 지속가능발전을 추구할 수 있는 책임 있는 민주 시민의 양성이라는 지속가능발전교육의 목적을 달성하기가 쉽지 않다. 쟁점 수업이 인식 수준을 넘어 쟁점 해결 과정에서 기능을 사용할 수 있도록 하려면 이러한 기능을 훈련시키는 과정이 필요하다.

(2) 과정 절차

쟁점분석 학습에는 쟁점이 수업의 수단으로 지속가능발전교육의 성격, 목적, 내용, 방법 등이 포함되어야 한다. 쟁점분석 학습에서 쟁점을 선정하는 기준과 그 기준을 어떻게 설정하는가는 중요하다. [표 5.8]은 이러한 쟁점 선정 기준을 기술한 것이다.

[표 5.8] 쟁점 선정 기준

쟁점 선정 기준
• 시기적으로 적절한 것인가?
• 중요한 것인가?
• 사회의 관습, 태도와 갈등을 일으키는 것인가?
• 학생의 경험과 발달수준에 맞는가? 학습자에게 흥미로운 것인가?
• 교사가 사적인 관점에서 벗어나 자유롭게 다룰 수 있는 것인가?
• 학생들의 삶과 지역 사회에 밀접한 관련이 있는가?
• 명백하게 상이한 관점을 보여 주는가?
• 직접적인 경험을 통해 학습할 수 있는가?
• 장소가 학생들이 쉽게 접근할 수 있는 곳인가?
• 안전상 위험하지 않은가?
• 수행과제가 학생들의 능력 범위 내에 있는가?
• 공동체에서 이 문제가 해결되어야 한다는 절실한 필요성이 존재하는가?
• 학생들은 문제가 의미있다고 생각하는가?

위와 같은 쟁점 선정 기준을 보면 몇 가지 공통점을 찾을 수 있는데, 이는 '쟁점의 중요성', '학생의 흥미', '지역성', '학생의 발달 수준 고려'이다.

지속가능발전 쟁점은 다양한 영역과 역할자의 가치가 복잡하게 얽혀 있어 학생들을 혼란스럽게 만든다. 이때 쟁점을 분석하는 기능은 학생들이 건전한 개념 틀에서 쟁점에 대한 많은 정보를 조직화하고, 현재와 미래 쟁점 모두 개념화할 수 있게 해준다. 이러한 기능을 습득하는 쟁점 분석 수업 모형은 다음과 같은 ① 정의, ② 실천, ③ 적용의 과정을 거친다.

1단계, 지속가능발전 쟁점 정의하기

우선 교사는 학생들에게 전반적인 수업 개관을 소개하고 [표 5.9]와 같이 쟁점을 분석하는 데 필요한 요소, 가치의 예와 입장 등을 정의한다.

[표 5.9] 쟁점 분석의 구성 요소

문제	어떤 사람이나 어떤 것이 위험한 상태에 있는 것
쟁점	어떤 문제나 그 해결에 있어 다른 신념과 가치가 공존하는 것
역할자	쟁점에 있어 어떤 역할을 하는 개인이나 조직
입장	쟁점과 관련된 역할자의 자세
신념	진실이든 그렇지 않든 간에 역할자들이 고수하는 쟁점과 관련한 생각들
가치	주어진 상황에서 신념의 상대적인 중요성과 관련하여 중요하게 반영하려는 지침
해결방법	쟁점을 분석하는 데 유용한 많은 전략들

이 단계에서는 지속가능발전 쟁점에 대한 전반적인 것을 안내해 주게 된다.

사람들은 신념과 가치에 따라 특정한 지속가능발전 쟁점의 해결 방안에 대하여 찬성하거나 반대하는 입장을 취한다. 그러므로 신념과 가치에 대하여 아는 것이 중요하다. 신념은 한 사람이 진실이라고 여기는 생각이며, 가치는 한 사람 또는 한 집단이 어떤 문제에 대하여 취하는 입장을 말한다. 신념과 가치를 이해하고 확인하기 위한 토론은 쟁점에 대한 신념을 공유할 기회가 되고 토론을 통하여 신념이나 가치가 변할 수 있거나 또는 더 강해질 수 있다.

[표 5.10]은 지속가능발전 쟁점에 대한 개인이 가지고 있는 여러 가지 가치의 예를 제시한 것이다.

2단계, 지속가능발전 쟁점 실천하기

2단계에서는 실제로 여러 가지 자료를 찾아서 쟁점을 확인하고, 의견을 나누며 쟁점에 대하여 주요 역할자와 그들의 입장에 대하여 명

[표 5.10] 가치의 예

미적 가치	감각을 통한 아름다움에 관한 느낌
문화적 가치	사회적 단위로서 태도와 실천의 지속성에 관한 것
생태적 가치	자연계 보전을 유지하는 것
경제적 가치	돈을 위한 상품과 서비스의 교환
교육적 가치	학습과 수업으로부터 얻어지는 혜택
자기중심적 가치	자기만족과 개인적 충족에 초점을 두는 것
법적 가치	법과 집행
여가선호 가치	여가시간의 이용
사회적 가치	공유되는 인간의 감정이입, 느낌, 지위, 상호작용

명하고 그러한 역할자의 신념 상태를 요약하고 그러한 신념을 가지게 된 가치를 인지하도록 하며, 이를 바탕으로 학생들은 소집단별로 쟁점 분석 보고서를 작성해볼 수 있다.

3단계. 지속가능발전 쟁점 적용하기

이 단계에서는 2단계처럼 쟁점 분석의 구성 요소를 알아보고 분석하기 위하여 쟁점과 관련된 2차 자료를 수집한다. 학생들은 주어진 자료 외에도 자신들이 자료를 직접 찾아서 쟁점의 분석을 시도하여 분석 기능을 습득할 수 있다.

이러한 쟁점분석 학습으로 알려진 모델 중 몇 가지를 설명하면 다음과 같다.

첫째, 남상준(1995)은 환경쟁점 분석의 단계를 세분화하여 5단계 모형을 제시하였다.

① 환경쟁점 선정, ② 환경쟁점의 명료화, ③ 다양한 관점에 대한

연구와 분석, ④ 대안적 관점 및 그 의미의 평가, ⑤ 가능한 문제해결책 탐구 및 실천이다. 이 모형은 인지적 영역과 환경쟁점에 대한 의사결정 과정에서 중요시 되는 정의적 영역의 목표를 달성하기 위한 것으로 고등학생을 대상으로 제시된 것이다. 각 단계의 상세 내용을 지속가능발전교육과 관련지어 재구성하면 [표 5.11]과 같다.

[표 5.11] 지속가능발전 쟁점 탐구 모형

지속가능 발전 쟁점 선정	• 교사가 직접 학생들에게 제시하거나 학생 스스로 선택한다. • 쟁점은 지역 사회와 관련된 것과 다양한 관점을 내포하고 있는 것을 선정한다. 이때 너무 간단하거나 옳고 그름이 분명한 것은 좋지 않다.

지속가능
발전 쟁점의
명료화
	• 지속가능발전 쟁점의 성격을 명료화한다.
	  – 쟁점이 어떻게 발생하였는가?
	  – 쟁점에 관련된 역할자는 누구인가?

다양한
관점에 대한
연구와 분석
	• 다양한 원천으로부터 진술, 특히 대중매체의 진술을 검토한다.
	  – 어떤 사실 견해가 표현, 강조 또는 누락되었는가?
	  – 제시된 견해들이 어떤 이유를 가지고 있는가?
	  – 견해들이 사실과 일치하는가?
	  – 어떤 가치를 반영하는가?

대안적 관점 및 의미의 평가	• 지속가능발전 쟁점에 대한 관점을 환경, 경제, 사회에 미치는 결과에 의해 평가한다. • 환경, 경제, 사회 유지와 개선에 기여하는 특정한 관점에 대하여 판단한다.
가능한 문제해결책 탐구 및 실천	• 학생들이 제시한 관점이 모든 쟁점 관계자에게 만족을 주지 못한다는 것을 인식한다. • 제시한 해결책에 의해 실제로 어떤 일이 일어나는지 탐색한다. • 쟁점에 대한 해결책이 반영하고 있는 가치를 숙고해본다.

둘째, 환경쟁점 조사·평가 및 행동 프로그램(IEEIA: Investigating and Evaluating Environmental Issues and Actions)이다. 이 프로그램을 지속가능발전교육과 관련지어 설명하면 다음과 같다.

IEEIA는 지속가능발전을 저해하는 문제와 쟁점을 조사하고 평가하는 기능을 개발하여 대안적인 해결책과 행위 전략을 적용하는 데 이용할 수 있다. 또한 IEEIA는 환경교육에 대한 정의, 즉 "환경교육은 환경에 존재하는 생태·사회적 쟁점들을 다루며 그러한 쟁점들을 위한 책임 있는 시민 행동을 개발시키는 데 초점을 두는 교육 분야이다"와 환경소양의 특성을 구체화한 환경 교육과정 개발을 위한 목적과 목표(GCDEE: Goal for Curriculum Development in Environmental Education)를 기초로 하여 개발되었다. GCDEE를 이용해 만들어진 수업방법론들이 실제로 학습자들의 환경소양개발에 효과적이었다. 접근 방식은 '쟁점 조사' 프로젝트 형식을 취하고 있으며, 학생들은 단계별 학습 후 연속적으로 지역 환경문제와 쟁점을 조사한다.

초기에는 중·고등학생을 대상으로 하였으나 현재는 초등학교 고학년에서도 사용할 수 있다. 초등학교 저학년에서 사용하기 어려운 이유는 학생들이 사고와 탐구 기능을 갖추지 않으면 개인적으로 조사 활동을 수행하기 어렵기 때문이다.

교수·학습의 절차는 6단계로 구성되어 개념과 기능이 위계화되어 있고, 1단계에서 5단계까지는 6단계의 책임 있는 환경 행동을 하기 위한 준비 단계이다. 학생들은 단순히 교사나 사회가 제시하는 환경 행동을 소극적인 자세로 수용하여 습관적으로 환경 행동을 익히는 과정이 아니라, 자신이 속한 사회의 환경쟁점에 대하여 적극적으로 책임 있는 환경 행동을 하는 시민이 되기 위하여 환경쟁점을 조사하고 분석하며, 평가에 근거하여 과학적이고 민주적인 의사결정 과정을

[표 5.12] 지속가능발전 조사·평가 및 행동 프로그램

1 단계	지속가능 발전 문제와 쟁점 도입	- '지속가능발전'을 정의하고 사건 지속가능발전 관련 문제, 쟁점을 구분하여 상호작용 적용하기 - 어떻게 인간의 행동이 지속가능발전에 영향을 끼치는지 기술하기 - 신념과 가치를 정의하고 쟁점에서 인간의 신념이 어떻게 그들의 입장에 영향을 주는지 설명하기 - 쟁점에서 특별한 지속가능한 상황을 왜 생각해야 하는지 설명하기 - 역할자의 신념, 가치를 확인하고 분석하기 - 지속가능발전 쟁점에서 서로 다른 가치가 나타날 때 해결하기 어려움을 설명하기
2 단계	쟁점조사 시작하기	- 지속가능발전 쟁점 인식하기 - 변인 명료화하기 - 변인들 사이의 관계를 구체화하기 - 적절한 전체 집단 설정하기 - 표본 설정하기 - 조사도구(의견지, 설문지) 만들기 - 자료를 수집하고 표로 만들고 해석하기
3 단계	지속가능 발전 조사 시 조사지, 설문지, 의견지 사용하기	- 표본 설정을 위한 모집단 선정하기 - 연구 문제에 근거하여 표본 조사방법 선택하기 - 연구 도구 개발하기
4 단계	조사 자료를 해석하기	- 발견한 결과 해석하기 - 표와 그래프 만들기 - 결론 도출하고 추론하고 제언하기
5 단계	지속가능 발전 쟁점 조사하기	- 지속가능발전 쟁점을 실제로 조사하기 - 관련 있는 정보를 찾고 쟁점을 명료화하기 - 쟁점과 관련된 역할자의 입장, 신념, 가치 밝히기 - 역할자의 주장이 과학적으로 타당한지 판단하기 - 과학적 정보를 바탕으로 자신의 가치와 쟁점에 대한 입장 결정하기
6 단계	지속가능 발전 행동 전략	- 학생들의 개인행동과 집단행동을 고려하도록 안내하기 - 행동 유형: 설득, 소비자 행동, 정치적 행동, 생태관리 행동, 법적 행동, 환경적 행동, 사회적 행동, 경제적 행동 - 구체적인 행동 계획 수립하기 - 행동 계획을 행동 준거에 의해 평가하기 - 행동 계획을 실천하도록 권장하나 강요하지 않음 - 최종 보고서 작성하고 발표하기

거치도록 하였다. 단계별 활동 내용을 지속가능발전교육과 관련지어 재구성하면 [표 5.12]와 같다.

앞에서 살펴본 두 가지의 쟁점분석 수업 모형은 모두 환경교육에 기반하고 있다. 환경교육이 지속가능발전교육에서 중요한 위치를 차지하고 있고, 그 근원적인 의미나 방법, 가치 등을 포함하고 있다는 측면에서 환경교육의 교수·학습 방법을 지속가능발전교육으로 재구성하는 것이 가능하다. 이러한 쟁점분석 수업 모형은 쟁점에 대한 정확한 지식을 바탕으로 가치를 판단해야 한다. 이를 바탕으로 문제해결을 위한 조사와 분석 그리고 가능한 해결책 제시를 통한 책임 있는 행동이 가능하게 된다. 학생들은 쟁점분석 수업 모형을 통해 자신의 지역이 처한 문제에 대한 정확한 인식과 이를 개선하기 위한 행동을 기를 수 있다. 하지만 이러한 수업 모형이 실현되기 위해서는 교사의 전문성 함양과 시행착오를 수반하기 때문에 적용에는 많은 시간과 노력이 필요하다.

(3) 유의점/고려사항

지속가능발전 쟁점분석 및 조사는 그 쟁점에 대해 서로 다른 입장을 가진 사람들이 참여자로 포함된다. 따라서 쟁점 안에서는 사회, 정치적 문제뿐만 아니라 인간과 환경과의 상호작용도 고려해야 한다. 지속가능발전 쟁점을 찾아 그것을 좀 더 명확하게 하고, 조사를 구체적으로 하기 위해서는 분류를 잘 하는 것이 중요하다. 예를 들면 공기, 물, 토양, 소리, 동물 등과 관련된 주제에 따라 분류 가능하다. 또는 학교나 지역사회, 지역 또는 도, 국가 혹은 여러 국가나 대륙안의 문제로 분류가 가능한데, 이 분류는 지리학적 범위를 근거로 분류한 것이다. 이러한 과정을 통해 쟁점이 확실하게 정해졌다면, 쟁점을 수집하고 그 쟁점을 분류하는 데 있어서 자신의 배경지식을 사용하게 된다. 이렇게 분류한 후 지속가능발전 쟁점에 대하여 구체적인 탐구질문을 밝혀내고 분석해야 한다. 쟁점에 대하여 질문을 하다 보면 쟁점 안에 많은 변수들이 있다는 사실을 알게 된다. 변수란 실험 데이터나 통계 자료와 같은 어떤 특정한 사실이나 조건을 말한다. 이러한 변수 또한 쟁점에 대한 질문을 하기 위해서 활용해야 한다.

위와 같은 지속가능발전 쟁점을 정의하고 분류하는 방법은 우리가 처한 쟁점에 대해 탐구주제를 이끌어내고 관점 변수를 찾아내는 과정이다. 이를 바탕으로 지속가능발전 쟁점을 분석하고 조사하여 친환경적이고 지속가능한 미래를 위한 행동을 계획할 수 있다. 많은 지속가능발전과 관련된 문제와 쟁점들은 우리들의 적극적인 참여와 행동을 기다리고 있다. 쟁점분석 수업을 통해 내가 사는 지역의 문제와 쟁점을 조사해보고 이를 해결할 수 있는 방안을 세워보며, 건강한 지역을 만들기 위해 내가 할 수 있는 지속가능한 미래를 위한 행동으로 무엇이 있는지 알 수 있다.

(4) 사례[3]

지속가능하기 위한 우리 동네 축제 (1/2)					

수업주제	지속가능하기 위한 우리 동네 축제		대상	중학교	차시	1/2
교과 및 단원명	중 음악	Ⅱ. Globalization 2. 축제와 함께 즐기는 음악 생활화 : 음악과 함께하는 지역 문화 축제				
관련직업		국제회의전문가, 테마파크디자이너				
학습목표	• 축제를 둘러싼 지역 간의 갈등 상황을 설명할 수 있다. • 지속 가능한 지역 사회를 위한 지역 축제의 필요성을 발표할 수 있다. • 현대 사회에서 지역 축제의 역할을 토의할 수 있다.					
중점 ESD역량	분석적 사고, 시스템적 사고		중점 ESD요소	문화적 다양성, 거버넌스, 지속가능한 도시화		
수업 주안점	• 수업 과정을 통해 현대사회에서 지역 축제가 가지는 의미를 자연스럽게 인식하도록 한다. • 지역 축제의 특성을 종합적 관점으로 사고할 수 있도록 수업을 전개한다. • 여러 지역 축제를 살펴보며 문화적 다양성을 인정하고 존중하는 태도를 기르도록 한다.					
준비물	PPT자료, 축제 관련 동영상 및 사진 자료					

흐름	수업모형		교수-학생 활동	지도관점 (Tip)
	단계	시간 (분)		
도입	동기 유발	2 3	1. 인사 및 전시 학습 정리 2. 학습목표 제시 3. 지역 축제에 참여하거나 접해본 경험은? 〈학생 동기유발 및 자기내재화〉 지역 축제는 놀이와 여가의 특성을 가지고 있어 다채로운 볼거리와 먹거리를 동반하는 경우가 잦다. 교사의 경험담을 들려주며 학생들의 관심을 유도한다.	– 실생활 및 지역 사회로의 관심 을 유도
전개	step 1 상황 의제 시와 탐구	2	1. 지역 축제 사진 자료 감상 – 자라섬재즈페스티벌, 안동하회탈춤페스티벌 – 베니스 가면 축제 – 통영 국제 음악제	– 교사는 동영상 및 사진 자료 편집하여 제공

---

3) '사회문제 해결형 지속가능발전교육 수업 모델 개발 연구(손연아, 2014)'에 포함되어 있는 사례를 일부 수정하여 제시하였음.

흐름	수업 모형 단계	시간 (분)	교수-학생 활동	지도관점 (Tip)
전개	step 2 문제의 설정 step 3 탐구 활동	3 10 15 5	질문)축제 영상과 사진으로부터 받은 첫인상은? 축제의 내용과 활동을 유추하면? 세계 10대 축제는? (00쪽 읽을거리 자료) 참여해보고 싶은 축제는? 2. 축제를 둘러싼 지역 갈등 소개 (사례) 서울 등축제 VS 전주 남강유등축제 −갈등의 발생 원인은 무엇인가? −이해관계와 가치가 충돌하고 대립하였는가? 3. (모둠별토의)지속 가능한 지역 사회와 축제 −사회-환경-경제 측면에서 축제의 효과와 필요성 −지속 가능한 지역사회에서 축제가 가지는 의미와 역할 ※ 지역 축제가 주거환경, 생활 시설, 관광 인프라, 환경, 복지 등에 미치는 영향을 함께 논의할 수 있도록 한다. 4. 모둠별 토의 내용 발표 −발표1) 지속가능한 지역 사회를 위한 지역 축제의 필요성 −발표2) 지속가능한 지역 사회에서 지역 축제의 역할	− 다른 문화를 이해하고 존중하는 태도로 갈등 문제에 자연스럽게 접근 − 가치에 따른 쟁점의 차이를 이해 − 인터넷 정보 활용을 위해 스마트폰 사용 허용(스마트활용교육) − 지속가능한 지역 사회와 연관지어 토의하도록 유도
정리		5	요약 정리 및 차시 예고 (교사) −지속 가능한 지역 사회를 위해 축제는 사회문화적, 환경적, 경제적 효과가 큰 문화산업임을 알 수 있음 −지역축제 중에서도 지역음악축제는 감성적으로 소통하고 화합을 강조하는 음악의 특성이 부각되어 사회 결속에 이로움 −다음 시간에는 우리 지역에 이를 적용하여 지역음악축제 기획안을 작성하고 이에 알맞은 음악도 선정하는 활동을 진행할 예정임을 예고 −과제 : 축제에 어울리는 음악의 악보 (가사가 있는 대중음악 중심으로 선정)	−지속가능한 지역 사회와 연관지어 토의하도록 유도

지속가능하기 위한 우리 동네 축제 (2/2)

수업주제	지속가능하기 위한 우리 동네 축제	대상	중학교	차시	2/2
교과 및 단원명	중 음악		II. Globalization 2. 축제와 함께 즐기는 음악 생활화 : 음악과 함께하는 지역 문화 축제		

관련직업	국제회의전문가, 테마파크디자이너

학습목표	• 지속 가능한 지역음악축제의 특성을 탐색할 수 있다. • 지속가능한 지역 사회를 위한 지역음악축제를 기획할 수 있다. • 지역음악축제에서 쓰이는 음악을 선정할 수 있다.
중점 ESD역량	창의적 사고, 문제해결력, 협동능력, 의사소통, 자아 효능감

중점 ESD역량	창의적 사고, 문제해결력, 협동능력, 의사소통, 자아 효능감	중점 ESD요소	문화적 다양성, 거버넌스, 지속가능한 도시화
수업 주안점	• 지역 축제를 기획하는 과정에서 문제해결력, 협동능력을 기르도록 한다. • 학생들이 시민의식을 가지고 지역 사회 문제에 대한 관심을 가지고 참여하도록 지도한다. • 현대 사회에서 음악의 사회적 기능을 이해하고 음악을 통한 화합을 이루도록 한다.		
준비물	PPT자료, 악보		

흐름	수업모형 단계	시간(분)	교수-학생 활동	지도관점(Tip)
도입		5	1. 인사 및 전시 학습 정리 2. 수업내용 안내 및 학습목표 제시 〈학생 동기유발 및 자기 내재화〉 축제의 의미와 기능을 이해하고 지속가능한 지역 사회와 연계하여 사고하도록 한다. 유대감을 형성하며 화합에 기여하는 음악의 중요성을 자각한다.	- 시민의식을 가지고 지역 사회 문제와 관련된 본 수업에 관심 갖도록 한다.
전개	step 3 탐구 활동	3	1. 지속 가능한 지역음악축제 특성 탐색 (객관식 문항) - 전시학습에서 논의한 축제의 기능과 역할 확인 - 우리지역에 알맞은 축제를 기획하기 위해 지속가능한 지역음악축제의 특성을 되짚어봄 - 축제생태계 : 지역 및 집단의 갈등을 최소화하고 지역의 정체성을 반영한 축제, 지역 사회, 지역주민, 학교가 연계하여 상호작용하는 문화 등	- 지역 사회에 대한 긍지와 애정은 지역 사회에 대한 이해에서 생김

흐름	수업 모형 단계	시간 (분)	교수-학생 활동	지도관점 (Tip)
전개		12	2. 학교와 지역사회가 함께하는 지속가능한 지역음악축제 기획 – 우리 동네가 지속가능하기 위한 축제 아이디어 브레인스토밍(우리 지역 역사, 자연 경관, 문화 유산, 주거 형태, 우리 지역 출신 유명인사, 자랑거리 등) – 주제, 주최, 시기, 기간, 학교 연계 등 〈수업 활동의 재구성〉 모둠 및 학급 분위기에 따라서 기획안을 작성하는 데 시간이 많이 소요될 수 있다. 진행이 더딜 경우, 일부 모둠에 교사가 도움을 줄 수 있으며, 학급 전체에 축제 기획의 범위를 일부 한정할 수 있다.	– 창의적인 아이디어가 나올 수 있도록 유도 – 인터넷 정보 활용을 위해 스마트폰 사용 허용 (스마트활용교육)
		10	3. 지역 축제 음악 선정하기 – 과제를 바탕으로 우리 동네의 개성을 담고 화합을 이루는 데 도움이 되는 축제 음악을 찾아 선정하거나 기존의 음악을 변형(악보) – 음악 선정의 이유, 축제에서 음악의 역할 등을 활동지에 기록	– 월드컵송, 응원가, 주제가, 행사음악 등에서 아이디어 착안 유도
	step 4 탐구 결과 정리 및 발표	5	4. 학교와 지역사회가 함께하는 지속가능한 지역음악축제 발표 – 모둠별 기획안 제출 및 발표 – 교사 평가, 타모둠 평가 – 우수한 기획안은 교내 축제업무담당 선생님께 제출함으로써 시민 참여의 의의 가짐, 소규모 축제 또는 캠페인 실천하는 방안을 모색	
		5	5. 다른 모둠의 축제 음악 함께 부르기	
정리		5	1. 지속가능한 지역 사회를 위한 노력 – 축제를 포함한 지속가능한 사회를 위한 개인과 사회의 노력 이해하기 – 지역축제에 관심을 가지고 적극적으로 참여할 것을 함께 격려 2. 차시 예고	– 학생 스스로 지속가능한 도시의 의미를 알 수 있도록 유도

4) 문제해결 학습

(1) 정의

문제해결 학습의 목적은 반성적 사고 능력의 배양을 통한 학습자의 문제해결 능력의 함양에 있다. 즉 학습자가 주어진 문제를 사고 활동을 통해 분석, 파악, 종합하여 최상의 해결안을 찾아가도록 하는 교수·학습 방법이다.

지속가능발전교육에서 문제해결 학습은 인류가 직면해 있는 많은 문제들을 이해하고, 해결책을 제안하는 데 이용될 수 있다. 현재 인류는 많은 문제들에 직면해 있는데, 지구온난화로 인한 기후변화가 일어나고 있고, 무분별한 화학약품의 사용으로 생물종이 감소하고 있으며 지금 이 순간에도 지구상의 일정 부분이 사막으로 변화하고 있다. 미래 사회의 문제는 개인이 혼자 해결할 수 있는 수준이 아니다. 이점은 현재를 살아가고 있는 우리들이 처한 문제에도 똑같이 적용되는 점이며, 지구온난화나 생물종 감소 같은 커다란 지구적 문제에 대한 해결뿐만 아니라 지역적인 문제에서도 공동체가 변화의 의지를 갖고 해결해나갈 때 문제해결이 가능하다.

이러한 상황에서 미래의 청소년들에게 문제해결력은 중요한 소양으로 여겨지고 있다. 이에 문제해결 학습은 학생들이 문제를 분석하는 기능을 개발하는 것뿐만 아니라 학생들이 미래에 관심을 갖고, 탐구력을 향상시키며 집단작업과 의사소통 기능을 개발할 수 있도록 돕는다. 이러한 문제해결 학습은 문제의 원인과 결과를 확인하고 근본적인 문제점을 파악하며, 가능한 해결책을 브레인스토밍한다. 또한 해결책을 평가하기 위한 기준을 개발하고, 해결책을 선정하기 위해 모든 해결책을 평가하며, 활동 계획을 개발하는 과정을 통해 학생들에게 지속가능발전의 관점에서 문제를 해결하기 위해 무엇이 행해져야 하는지를 결정하도록 도울 수 있다.

　문제해결 학습은 크게 '미래 문제해결 학습'과 '공동체 문제해결 학습'으로 구분될 수 있다. 미래 문제해결 학습은 학생들의 문제 분석 기능 개발을 돕기 위한 흥미 있고 실천적인 전략으로, 학생들로 하여금 미래에 대한 흥미를 느끼게 하는 동시에 연구, 그룹 활동, 의사소통 기능을 개선할 수 있다. 이러한 과정을 통해 학생들은 다른 심각한 문제를 일으키지 않으면서 문제를 쉽게 하거나 제거할 수 있는 바람직한 실천적 해결책을 제시할 수 있다. 공동체 문제해결 학습은 학생들과 관련된 지역 쟁점의 해결책을 찾는 데 필요한 기능을 익힐 수 있는 기회를 제공한다. 이를 통해 지속가능발전교육에서 중요한 시민 의식을 신장할 수 있고, 학생과 교사의 기능을 통합해 경험적이고 탐구에 기초한 전략을 학습할 수 있다. 또한 가능한 해결책과 더불어 가치 분석과 가치 명료화에 필요한 기능을 통합해서 학생들이 지속가능한 미래를 성취할 수 있는 행동을 배울 수 있다.

　위와 같은 과정을 통해 문제해결 학습은 지속가능한 미래 사회를 구성할 공동체가 가질 수 있는 문제나 쟁점을 해결하는 데 필요한 기술을 기를 수 있고, 문제해결의 이해를 증진할 수 있으며, 문제해결에 직접적으로 참여하는 학생들의 기능을 향상시킬 수 있다. 즉, 공동체 문제해결에 직접적으로 참여하는 학생들의 기능을 향상시킬 수 있는 것이다.

문제해결 학습을 통해 개발되는 학생의 기능

- 집단 진행 기능
  - 집단 내에서 다른 역할을 취하고, 필요시 집단의 지도자 되기
  - 생각들을 경청하고 이해하기
  - 생각을 정확히 표현하기
  - 타인을 고려하고 존중하기
  - 타인에게 건설적인 반응 제공하기
  - 집단의 의사결정 과정 탐색하기
  - 집단의 업무수행 상의 행동 모니터링하기
  - 업무에 분배된 시간 모니터링하기
- 정보 수집 기능
  - 유인물과 전자 자원을 포함한 도서관 이용하기
  - 조사하고 있는 문제에 대한 자료 수집 전략 설계하기
  - 자연과학적, 사회과학적 방법 사용하기
  - 관련된 기구와 조직 및 공동체의 구성원 확인하기
  - 전자우편, 전화 조사, 편지 등을 통해 정보 요청하기
- 분석 및 의사결정 기능
  - 자연과학적, 사회과학적 방법을 이용하여 수집된 자료 분석하기
  - 가능한 대안에 관해 창의적이고 비판적으로 생각하기
  - 타인의 가치와 자신의 가치를 비교하기
  - 행위 방향 결정하기
  - 의사결정을 정당화하기
- 행위 및 평가 기능
  - 실행 계획에 대한 단계 결정하기
  - 실행에 옮길 행위를 자유롭게 선택하기
  - 문제해결을 위한 행위 결과가 변화되었는지 여부를 평가하기

(2) 과정 절차

문제해결 학습은 일반적으로 [표 5.13]과 같은 단계로 진행된다.

[표 5.13] 문제해결 학습의 단계

단계	영역	설명
1단계	문제 인식의 단계	학습자가 문제를 발견하고 충분히 인식하여 강한 학습동기가 유발되는 단계이다. 교사가 제시하는 경우는 충분히 설명하여 학습자가 그 문제를 파악하도록 하는 문제의 결정 단계이다.
2단계	자료 수집의 단계	인식된 문제를 해결하는 데 관련된 자료를 계획에 따라 조사하는 단계로, 문헌 등을 통해서 자료를 수집한다.
3단계	가설 설정의 단계	인식된 문제를 해결하기 위하여 해결방법을 계획하는 단계이다. 결과를 가정하고 그 문제의 성질에 따라서 해결방법이나 과정 그리고 과제의 분담 등을 정하는 단계이다.
4단계	실행 검증의 단계	수집한 자료를 가지고 실제 활동을 전개하는 단계이다. 학습활동은 학습자 중심이며, 교사는 단지 문제에 대한 깊은 연구와 정확한 지식을 가지고 학습자에게 시사점을 던져주며, 자주적인 활동이 가능하도록 환경을 정비해주는 역할을 한다.
5단계	일반화의 단계	실행하고 검증한 결과를 일상생활에서 일반화하는 단계이다. 문제해결 활동을 실시한 후 종합적인 결과를 정리, 검토 및 발표하게 된다. 교사는 학습자의 문제해결 과정과 발표를 비판하고 지도함으로써 후속 학습으로 발전할 수 있도록 이끄는 역할을 한다.

이러한 과정을 통해 학습자는 일상생활의 여러 상황에서 당면한 문제에 대한 해답을 스스로 해결해 가는 과정을 경험하게 되며, 사회에서 능동적으로 살아갈 수 있는 능력과 태도를 기르게 된다. 교사는 이를 안내해주는 역할을 하는 것이다.

이러한 문제해결 학습을 '미래 문제해결 학습'과 '공동체 문제해결 학습'으로 구분하여 제시하면 다음과 같다.

① 미래 문제해결 학습

미래 문제해결 학습은 학생들의 문제 분석 기능을 향상시키기 위한 흥미 있고 실천적인 전략이다. 이 교수 전략은 학생들로 하여금 미래에 대한 흥미를 느끼게 하는 동시에 연구, 그룹 활동, 의사소통 기능을 개선하도록 돕는다. 이를 위해 매우 중요한 부분은 분명하고, 흥미롭고, 도전적인 문제의 진술이다. 좋은 진술문의 조건은 실제 문제에 관한 것이며, 가까운 미래를 설정하고, 절박함이 강조되고, 문제의 원인과 결과가 확인되는 것이다. 이러한 진술은 학생들이 문제의 징후보다는 근본 원인을 찾고, 해결책에 초점을 맞추어 학습하도록 돕는다.

좋은 문제 진술은 문제를 가까운 미래에 놓는다. 그러기 위해서는 그 문제에 작용하고 있는 원인과 결과를 조사하고, 10년 정도 후를 내다보고 설정해야 한다. 즉 이 문제는 그때가 되면 손쓸 수 없을 만큼 심각해져야 하고, 학생들은 그 문제를 조정하기 위해 10년 전에 세워졌어야 하는 일련의 단계를 제시할 수 있다. 이러한 예를 제시하면 다음과 같다.

1단계: 가능한 원인과 결과 확인하기

이 단계에서 학생들은 작은 팀으로 나누어져, 무엇이 문제의 원인이고 결과인지를 브레인스토밍 한다. 가능한 원인과 결과가 모두 숙지되도록 확인하며, 보통 20분정도 걸린다.

2단계: 근본적인 문제점 확인하기

이것은 좀 더 구조화된 단계이다. 문제의 요점에 도달하기 전에 학생들은 1단계에서 다루는 아이디어를 종합하는 과정이 필요하다.

이 단계의 처음 부분은 자기 설명적이지만, 마지막 부분은 목표의 찬반 의견을 제시해야 한다. 예를 들면 폐기물과 관련된 ○○○ 지역 사례 연구에서 학생들은 다음과 같이 말할 수 있다.

- 정부는 ○○○ 지역의 공장 경영자들과 사람들이 폐기물의 양을 줄이도록 교육해야 한다.
- 왜냐하면 그 도시는 자신들이 만들어 놓은 쓰레기 때문에 죽어가고 있기 때문에
- 그래서 공장과 사람들은 그들의 습관을 변경하려는 노력을 제고할 것이다.
- 왜냐하면 이는 건강, 위생 및 도시 외관 등의 중요한 개선에 기여할 것이기 때문이다.

이 단계는 보통 15분 정도 걸린다.

3단계: 근본적인 문제에 대한 가능한 해결책 브레인스토밍하기

이 단계에서 팀에 속한 학생들이 선택한 근본적 문제에 대한 해결책을 만들어 낸다. 이 단계는 모든 가능한 해결책이 학생들이 이야기한 문제를 해결할 수 있는지에 관한 것이다. 이러한 과정은 문제를 충분히 고민할 수 있도록 하고, 팀들이 문제에 대한 해결책을 너무 적게 제시하지 않도록 하는 것이 중요하다.

1단계와 3단계의 목적은 한 개 이상의 아이디어가 진짜 문제의 현실적인 해결책을 이끌어낼 수 있다는 바람으로 가능한 많은 아이디어를 만드는 것이다. 이 단계에서는 팀들이 누가 관여하고, 무엇이 어떻게, 왜 조사되는지 기술하는 것도 중요하다. 어떤 복잡한 문제든지 다양한 개인과 매개자들의 기여가 요구되며, 한두 명의 매개자들이

그 모든 일을 하도록 해서는 안 된다.

이 단계는 보통 20분 정도 걸린다.

4단계: 해결책을 평가하기 위한 기준 개발하기

지속가능한 방법으로 사는 원리는 문제를 해결하거나 지속가능한 미래를 위해 일하는 데에도 적용된다. 여기에는 다음과 같이 지속가능발전의 원리와 관련된 명확한 문제 상황에 맞는 표준을 개발하는 것이 요구된다.

• 사회정의, 적정개발, 환경보전, 민주주의

잠재적인 해결책 평가 기준으로서 원리는 '이 해결책은 직접적으로 영향을 받는 사람들 대다수에게 공평한가?'와 '제시된 해결책은 지구 환경에 미치는 영향이 적은가?' 같은 것이 사용될 수 있다.

팀이 중요하다고 믿는 관련 원리들뿐만 아니라 다른 지속가능성의 원리에 대해서도 기준이 필요하다. 이 단계는 보통 15분 정도 걸린다.

5단계: 최선의 해결책을 결정하기 위하여 모든 해결책 평가하기

팀은 최선의 것이라고 믿는 해결책을 확인하기 위한 잠재적인 해결책을 평가하는 데 4단계에서 개발한 기준을 사용해야 한다. 여기에는 아이디어를 종합하기 위하여 어느 정도 해결책의 부분들을 결합하여 연관시켜야 한다.

학생들은 가능한 최선의 해결책을 실현가능하게 제시해야 하며 사고의 일관성이 시험되고, 최선의 해결책은 2단계에서 요약되는 내재적 문제를 역점에 두고 다루어야 한다. 이 단계는 보통 15분 정도 걸린다.

6단계: 최선의 해결책에 대한 활동 계획 개발하기

이 단계에서 팀은 그들이 선호한 해결책에 관하여 최선의 실행을 수행하기 위하여 필요로 하는 작업 순서에 대해 논의한다. 이 순서는 학습일지 안 진술문에서 다룬다.

해결책이 받아들여지는 최선의 기회를 갖도록 팀은 논리적인 단계를 거쳐야 한다. 이 순서가 수행되는 동시에 팀원은 관련 활동에서 발생되는 결과를 예상해야 한다.

예를 들면 만약 첫 번째 실시 단계가 '길거리에 무단 투기하는 사람이 잡히면 큰 과태료 부과하기'이면, 그 결과는 매우 부정적이고, 학생 수준에서 실현하기 어렵기 때문에 나머지 단계를 실행하기 힘들 것이다. 반대로 처음 단계에서 긍정적인 결과가 나타난다면, 나머지 다른 단계들도 성공 기회를 더 많이 가질 것이다. 이 단계는 보통 20분 정도 걸린다.

② 공동체 문제해결 학습

공동체 문제해결 학습은 학생들이 지속가능한 미래를 성취하기 위한 관점을 가지고 공동체 관심사를 다루는 데 적극적으로 참여할 수 있도록 도와주는 교수·학습 방법이다. 이를 위한 단계를 8단계로 제시하면 다음과 같다.

1단계: 공동체 관심사 탐색하기

먼저 공동체 문제해결의 취지와 특성에 관한 정보를 학생과 교사, 학교행정가들에게 제공한다. 예를 들어 공동체 문제해결을 해온 다른 공동체와 교육 단체를 초대하여 그 과정이나 그들의 환경에서 그것이 사용되어졌던 방법의 예를 듣는다. 지역 공동체에서 학생 활동은 중요하기 때문에 이 단계에서 교사와 교육행정가들이 의도적으로 공동체 문제해결 교수·학습 전략을 채택하는 것이 중요하다.

2단계: 문제 선택하기

이 단계에서 해결할 문제를 선택한다. 문제는 여러가지 방법으로 선택할 수 있다. 예를 들어 지역 공동체와 함께 학교 정원을 탐색하는 것은 학생들이 조사하고 싶어 하는 문제들을 끌어낼 수 있게 한다. 그런 다음 학생들은 한 학급당 한 문제 혹은 작은 집단으로 여러 문제들을 결정할 수 있다. 문제를 선택할 때 중요한 점은 유용한 자료를 충분히 확보하는 것이고 그 문제가 학생에게 부여된 시간 안에서 다루어질 수 있어야 한다. 학생과 교사들은 다음과 같은 질문을 고려해야 한다.

- 우리 공동체에 이것이 왜 중요한가?
- 나의 학생들은 이 문제를 다룰 수 있는가?
- 우리가 완전한 공동체 문제해결 과정을 수행할 시간이 있는가? 아니면 우리가 더 작은 문제를 선택해야 하는가?

3단계: 학생들의 기능 개발 및 평가하기

학생들은 공동체 문제해결 과정에 따라 활동함에 있어 문제해결과 조사, 단체 활동 기능의 범위를 살필 필요가 있다. 교사들은 필요로 하는 기능을 평가하고, 학생들이 진행 전에 이러한 기능들을 습득하였는지 살펴보아야 한다. 교사들은 계속적으로 학생들의 기능 수준을 관찰해야 하고, 기능 개발을 위해 교실 활동과 같은 기회를 제공해야 한다. 공동체 문제해결 과정을 통한 교사 안내 수준은 그 과정과 함께 이러한 단계에서 학생들의 과거 경험, 특수한 문제해결, 모둠 활동, 학생들의 조사 기능에 따라 조절되어야 한다. 교사들은 다음과 같은 질문을 고려해야 한다.

- 공동체 문제해결을 수행하기 위해 나의 학생들은 어떤 기능이 필요한가?
- 내가 어떤 종류의 지침을 제공해야 하는가?

4단계: 문제 조사하기

학생들이 문제 전체를 탐색하는 단계이다. 이 단계는 현재 상황의 이해와 그 문제가 왜 발생하였는지에 대한 이해를 포함한다. 교사와 학생은 다음과 같은 질문을 고려해야 한다.

- 우리 공동체의 현재 상황은 무엇인가? 이것은 나에게, 지역 공동체에게, 국가에게, 전 세계에게 얼마나 중요한가?
- 어떤 변화가 이 문제를 일으켰는가?
- 우리 공동체의 단체들 사이에 어떠한 이해 충돌이 있는가?
- 이 쟁점을 해결하기 위해 어떤 결정을 내릴 수 있는가?

5단계: 지속가능한 미래의 전망 개발하기

이 단계는 매우 중요하다. 이 단계에서 학생들이 현재 상황에서 미래를 보는 법을 개발하도록 해야 한다. 교사와 학생은 다음과 같은 질문을 고려해야 한다.

- 미래에 대한 우리의 전망은 무엇인가?
- 대안은 무엇인가?
- 우리는 어떤 전망을 선호하고 왜 그러한가?

6단계: 행동계획 세우기

이 단계는 학생들이 조사한 문제에 대해 선택한 전망을 이루기 위해 행동계획을 세우는 것이다. 이 단계의 필수적인 요소는 그러한 행동이 바라던 변화를 이끌지 아닌지에 대한 신중한 고려와 행동의 평가이다. 교사와 학생은 다음과 같은 질문을 고려해야 한다.

- 어떤 변화가 지속가능한 미래를 우리에게 더 가깝게 가져올 것인가?
- 이러한 변화를 일으키기 위해 우리는 어떤 장벽을 극복해야 하는가?
- 이러한 변화를 가져오기 위해 추구할 필요가 있는 것은 무엇인가?
- 이러한 행동계획이 어떻게 평가되는가?

7단계: 행동하기

이 단계는 행동계획을 학생과 교사가 수행하는 단계이다. 공동체 문제해결 과정은 민주주의적이어야 한다. 이를 위해 학생들이 확인한 공동체 문제를 중점적으로 다루기 위한 행동을 자유로이 선택할 수 있도록 하는 것이 중요하다. 이러한 행동은 학생들 자신의 생활 방식과 가족 그리고 더 넓은 공동체 내에서 나타날 것이다. 교사와 학생은 다음과 같은 질문을 고려해야 한다.

- 계획된 행동이 어떻게 그 문제를 해결할 것인가?
- 이러한 행동의 결정에 있어서 학생들의 역할은 무엇인가?

8단계: 행동과 변화 평가하기

이 단계는 교사와 학생의 행동에 따른 변화를 확인하고 행동을 검토해보는 단계이다. 그리고 이제껏 행해왔던 공동체 문제에 대한 미래 전망과 비교한다. 이 평가로 5단계(지속가능한 미래의 전망 개발하기)와 7단계(행동하기)가 수정될 것이다. 학생과 교사는 다음과 같은 질문을 고려해야 한다.

- 어떤 행동을 취했는가?
- 어떤 변화가 야기되었는가?
- 이러한 변화가 우리의 전망과 어느 정도 일치하는가?
- 장벽은 어떻게 극복되었는가?
- 공동체 문제해결로부터 무엇을 배웠는가?

이러한 공동체 문제해결 학습의 단계별 교수·학습 활동을 요약하면 [표 5.14]와 같다.

[표 5.14] 공동체 문제해결의 단계별 사용가능한 교수·학습 활동

단계	교수·학습 활동
1. 공동체 관심사 탐색하기	공동체 집단이 어떻게 문제를 해결했는지에 관해 말하기
2. 문제 선택하기	전략적 질문하기
3. 학생들의 기능 개발 및 평가하기	가치분석에 있어서 학생들의 기능을 발전시키기 위한 역할놀이하기
4. 문제 조사하기	공동체의 변화 조사와 다양한 사람들이 공동체 변화에 관해 느끼는 것 조사하기
5. 지속가능한 미래의 전망 개발하기	미래에 관한 전망들을 학생들이 개발하도록 돕기 위한 '원하는' 미래와 '가능한' 미래 연습 사용하기
6. 행위 계획 세우기	실행 계획을 개발하기 위한 미래 문제해결 전략 사용하기
7. 행동하기	지역의 장에게 그들의 실행 계획을 나타내기
8. 행위와 변화 평가하기	변화가 공동체에게 영향을 주었던 방법을 공유하기 위해 다른 공동체로부터 손님 초청하기

이러한 공동체 문제해결 학습에서 8단계를 그대로 따를 필요는 없다. 예를 들어 학생들이 공동체 문제해결에서 자신감이 향상된다면 기능 개발과 평가에 대한 필요성은 감소할 것이다. 그리고 종종 단계적으로 진행함에 따라 그 단계가 아래에서부터 위까지 재순환을 요구하는 새로운 쟁점이 부각되기도 한다. 중요한 것은 학생과 교사의 교수법에 대한 접근이 지역 환경에 알맞고 융통성 있게 적용되어야 한다는 것이다.

실제로 학생들이 설정한 문제를 해결하지 못하는 경우가 많을 것이다. 하지만 이러한 과정을 통해 학생들은 앞으로 자신에게 처할 수 있는 잠재적인 문제 상황에 대해 구성원과 소통하고 협력하는 과정을 경험한다. 이러한 과정에서 학생들은 문제를 자신의 것으로 내면화하게 되고, 해결하고자 하는 의지를 함양하는 것이 문제해결 학습에서 중요하다.

(3) 유의점/고려사항

문제해결 학습은 다음과 같은 사항을 고려하여 편성해야 한다.

- 폭넓은 범위의 아이디어를 얻기 위해 상상력을 사용해야 한다.
- 아이디어를 향상시키기 위해 많은 노력이 필요하다.
- 많은 아이디어들을 생각해내는 노력은 좋은 해결책을 찾을 기회를 향상시킬 것이다.
- 어떤 아이디어에 대해 너무 일찍 버리거나 비판적이 되지 말아야 한다.

공동체 문제해결을 사용할 때 다음과 같은 문제점들이 발생할 수도 있다.

- 일부 학생들은 특정 주제(예를 들어, 지역 문제)를 선택하여 공부하는 것이 익숙하지 않을 수 있다.
- 교사가 일방적으로 문제를 설정하고 과정을 안내해주지 않을 때 일부 학생들은 당황할 수 있다.
- 일부 학생들은 현장학습을 위해 교실 밖으로 나갈 때 집중력을 잃어버린다.
- 학생들이 흥미를 갖는 지역 문제가 그 공동체의 논쟁의 원인이 될 수 있다.

학생들이 조사하고 실행 가능한 쟁점을 선택하는 것은 공동체 문제해결을 위한 계획을 세우는 데 있어 매우 중요하다. 공동체 문제해결의 문제 선택 시 다음과 같은 준거를 고려하는 것이 바람직하다. 그러나 학생들 자신이 선택한 문제를 연구할 때 가장 동기유발이 잘된다는 것은 분명한 사실이다.

- 학생들이 접근 가능한 위치에 있는가?
- 학생들의 안전에 위험 요소가 없는가?
- 학생들의 능력에 맞는 프로젝트인가?
- 이 문제해결은 공동체가 절실히 원하는 것인가?
- 그 문제가 학생에게 매우 중요하다고 믿는 것인가?

(4) 사례[4]

우리지역 전통시장 활성화 방안 찾기 (1/2)

수업주제	우리지역 전통시장 활성화 방안 찾기		대상	중학교	차시	1/2
교과 및 단원명	중3 사회		X. 일상생활과 경제 주체의 역할 1. 소비자의 경제적 역할과 책임			
관련직업			경제·경영 컨설턴트, 교육 컨설턴트, 행정공무원, 공간예술가, 광고 및 홍보전문가, 지역문화해설사			
학습목표	• 시장의 역사와 특징을 이해하고 설명할 수 있다. • 합리적 소비와 합리적 경제활동에 대하여 이해하고 실천할 수 있다. • 우리지역 전통시장의 상황과 문제점을 분석할 수 있다.					
중점 ESD역량	문제해결력, 협동능력		중점 ESD요소	공동체, 지속가능한 생산과 소비, 시장 경제		
수업 주안점	• 경제 활동은 세상 사람들의 다양한 삶과 관계하고 있다는 것을 알고 합리적 경제활동을 위한 공동체 의식을 키운다. • 개인이 만족을 얻기 위한 경제활동에서 머무르지 않고 사회에 대한 책임 있는 경제활동으로 확장·발전할 수 있도록 한다.					
준비물	PPT자료, 전지, 보드마카펜, 스티커, 포스트잇, 활동지					

흐름	수업모형		교수-학생 활동	지도관점 (Tip)
	단계	시간 (분)		
도입	동기유발	7	1. 인사, 수업의 주제 설명 2. 학습목표 제시 3. 내가 살고 있는 지역의 시장은? 4. '전통시장 살리기' 거액지원…매출은 '반토막' (KBS뉴스, 2014.10.07.) 5. 전통시장은 왜 보호되어야 할까? 〈학생 동기유발 및 자기 내재화〉 내가 살고 있는 지역의 시장 모습은 어떠할까? 활동을 통해 전통시장의 발전방안을 모색하여 지속가능한 지역사회를 만들어 보자.	– 우리 주위에서 문제를 인식하고 해결해나가는 수업이 될 수 있도록 동기를 유발한다.

---

4) '사회문제 해결형 지속가능발전교육 수업 모델 개발 연구(손연아, 2014)'에 포함되어 있는 사례를 일부 수정하여 제시하였음.

흐름	수업 모형		교수-학생 활동	지도관점 (Tip)
	단계	시간 (분)		
전개	step 1 상황 인식	3 5	1. 시장의 현재 상황에 대해 인식하기 위해 자신의 경험을 공유하기 – 내가 살고 있는 지역의 시장에 가본 경험과 느낌을 자유롭게 토의 – 토의한 내용을 모둠별로 정리 및 발표	
	step 2 자료 발견	10	2. 시장의 역사와 특징, 합리적 경제활동에 대하여 알아보기 – 시장의 역사와 특징에 대하여 설명 – 합리적 경제활동에 대하여 설명 – 시장의 역사와 합리적 경제활동에 대한 생각을 모둠별로 토의 및 발표	– 합리적 경제활동이 소비자의 입장에서만 만족하는 것이 아니라 생산자나 판매자의 입장에서도 고려되어야 함을 알려준다.
	step 3 문제 선정	15	3. 우리지역 전통시장의 상황과 문제점에 대하여 알아보기 – 우리지역 전통시장의 만족도 조사 – 우리지역 전통시장의 문제점에 대해 조사	– 모더레이션기법을 활용한다. 만족도 조사는 스티커를 활용하고 문제점은 포스트잇에 개별로 한 가지씩 작성하고 모둠장은 주제별로 분류한다.
정리		5	1. 차시 예고 – 전통시장 활성화로 지역경제가 성장한 사례를 모둠별로 조사해 올 것(활동지 배부) – 전통시장 활성화 사례 조사 방법 – 나는 직업인으로서 전통시장의 활성화를 위하여 어떤 노력을 할 수 있을까?(마인드 맵 제시)	– 조사하는 시장을 직접 탐방할 수 있도록 유도한다.

우리지역 전통시장 활성화 방안 찾기 (2/2)

수업주제	우리지역 전통시장 활성화 방안 찾기	대상		중학교	차시	2/2
교과 및 단원명	중3 사회	X. 일상생활과 경제 주체의 역할 1. 소비자의 경제적 역할과 책임				
관련직업		경제·경영 컨설턴트, 교육 컨설턴트, 행정공무원, 공간예술가, 광고 및 홍보전문가, 지역문화해설사				
학습목표	• 전통시장이 활성화된 사례를 분석할 수 있다. • 우리지역 전통시장이 활성화될 수 있는 다양한 아이디어를 제시할 수 있다. • 자신의 진로와 전통시장 활성화 방안을 연계하여 제시할 수 있다.					
중점 ESD역량	문제해결력, 협동능력	중점 ESD요소	시민참여, 지속가능한 생산과 소비, 거버넌스			
수업 주안점	• 참여적 시민의식을 바탕으로 진로를 개척하는 능력을 키운다. • 학생들의 생활과 연계가 되는 사회 문제를 해결하기 위한 능력을 스스로 키운다. • 사회문제해결의 주체가 되어 ESD에 대한 이해를 높이고 실천할 수 있도록 한다.					
준비물	PPT자료, 전지, 보드마카펜, 스티커, 포스트잇, 활동지					

흐름	수업모형		교수-학생 활동	지도관점 (Tip)
	단계	시간 (분)		
도입		5	인사 전시 학습 정리 및 수업주제 설명 3. 학습목표 제시 〈학생 동기유발 및 자기 내재화〉 나를 비롯한 우리의 노력이 지속가능한 사회를 만드는 것임에 자부심을 갖고 전통시장의 활성화를 위해 내가 할 일을 찾아본다.	– 과제수행에 대하여 격려하며 적극적인 발표와 참여를 유도한다.
전개	step 4 아이디어 발견	10	1. 전통시장 활성화로 지역경제가 성장한 사례를 모둠별로 발표 예) 서울의 통인시장, 평택국제중앙시장, 수원의 못골시장, 정선 5일장	– 사례발표에만 그치지 않고 우리 지역에 도입할 수 있는 것도 발표할 수 있도록 유도한다.

흐름	수업 모형 단계	시간 (분)	교수-학생 활동	지도관점 (Tip)
전개	step 5 해결 방법 결정	15	2. 우리지역 전통시장 활성화 방안을 설계하고 정리하기 예) - 시장 축제 구성 - 지역화폐, 시장만의 쿠폰제 활성화 - 상인협동조합의 활성화 - 젊은 고객층모집을 위한 이벤트 - 어린이 경제교실	- 모더레이션기법을 활용한다. 포스트잇에 개별로 세 가지씩 작성하고 모둠장은 주제별로 분류한다. 교사는 다양한 해결방법이 모둠별로 나올 수 있도록 유도한다.
	step 6 행위 계획	10	3. 내가 희망하는 직업에 종사하게 되면 전통시장의 활성화를 위하여 어떤 일을 할 수 있을지에 대하여 마인드 맵 작성	- 자신의 진로에 대하여 신중히 생각하고 직업인으로서 실천방안을 모색하도록 한다.
정리		5	1. 모둠 활동 고찰 및 평가 - 2차시에 걸친 수업에서 느낀 점과 앞으로 할 일에 대하여 자유롭게 발표 및 공유 2. 차시 예고	- 수업의 의의를 교사가 다시 한 번 일깨우고 학생 스스로 탐구하고 실천하도록 유도한다.

5) 프로젝트 학습

(1) 정의

프로젝트(project)란 원래 '던지다, 생각하다, 계획하다'라는 의미이다. 따라서 프로젝트 학습은 자연스럽고 실제와 같은 방식으로 학습자에 의해 그들의 생각을 표출시켜 수행하는 교수·학습 방법이라고 말할 수 있다. 프로젝트 학습은 학생이 학습할 것과 학습방법을 결정하는 데 있어서 자율성을 가진다는 점에서 다른 전통적인 방법들과 차이가 있다.

프로젝트 학습은 결과물을 만들어내기 위해 특정 기간 동안의 집중적인 노력을 필요로 한다. 많은 경우 프로젝트는 의미 있는 질문에 대한 답을 찾아 제시하거나 달성해야 할 구체적인 목표를 이루어내는 과정을 통해 진행된다.

프로젝트는 흥미로우면서 배울 필요가 있는 중요한 주제와 관련된 활동에 일회성이 아닌, 장기적으로 참여하도록 계획된 집중적인 과정으로 정의할 수 있다. 많은 경우 프로젝트에는 어떤 주제를 깊이 있게 탐구하고 결과물을 만들기 위해 두 명 이상이 함께 참여하여 노력하게 된다. 이러한 과정을 통해 타인과의 협력과 소통의 중요성을 배우게 되며, 이러한 경험은 구성원이 팀외부의 사회단체나 전문가 그룹이 될 수 있도록 하는 데 도움을 준다.

이러한 프로젝트 학습은 진행하기 위한 계획을 직접 세워보고 목표하는 결과물을 만들어내기 위해 필요한 과정과 단계를 직접 확인한다. 프로젝트에서는 지속가능발전과 관련된 다양한 주제 중 자신이 관심 갖고 좀 더 알아보고 싶은 주제를 정하고 그 주제를 탐구하는데 적절한 문제해결 방법이나 탐구 방법을 선정하여 수행하는 과정을 통해 문제를 해결하거나 결과물을 만들어낸다.

이때 중요한 점은 자신이 중요하게 생각하면서도 스스로 진행할 수 있는 범위에서 프로젝트의 주제를 정하는 것이다. 주제를 정하면 프로젝트를 통해 질문에 대한 해결책을 발견하기 위해 일정 기간 탐구를 수행하게 된다. 이러한 프로젝트는 학생과 교사뿐만 아니라 지역주민이나 정부기관, 시민단체 등이 함께 참여하고 프로젝트의 결과물을 공유할 수 있다. 지속가능발전교육에서 프로젝트 학습은 우리 주변의 문제해결을 위해 학생들이 주도적으로 참여할 수 있는 교수 · 학습 방법이다. 이러한 측면에서 프로젝트 학습의 특징을 기술하면 다음과 같다.

첫째, 일상에서 출발

프로젝트 학습이란 우리가 일상 생활에서 부딪히는 문제를 해결하는 과정과 같은 일을 하는 것이다. 지속가능발전과 관련된 문제에는 지구적인 차원의 문제도 있지만, 학생들이 문제의 과정과 결과를 직접 느끼고 볼 수 있는 일상에서 출발을 하는 것이 좋다. 이러한 맥락에서 "Think globally, act locally"라는 슬로건은 프로젝트 학습에서도 유효하다. 지속가능발전교육 프로젝트에서 중요한 점은 무엇보다 그 주제가 내 삶과 관련이 있고 나에게 의미 있는 것이어야 한다. 이를 통해 합리적이고 창의적인 문제해결력이 효과적으로 길러질 수 있으며 문제를 자신의 것으로 받아들이게 된다.

예를 들어, [그림 5.1]과 같이 영생고등학교에서 수행한 지역의 자전거도로 지도 보급을 통해 이산화탄소를 줄여 지구온난화를 방지하는 '자전거도로 지도 보급을 통한 탄소발자국 줄이기 프로젝트'나 청심국제중학교의 플라스틱 쓰레기 문제를 해결하기 위한 '커피전문점

영생고등학교 프로젝트 활동

청심국제중학교 프로젝트 활동

[그림 5.1] 우리 주변의 일상에서부터 시작한 프로젝트

마다 한 번 쓰고 버려지는 플라스틱 컵의 이유 있는 변신' 등이 지구적인 문제를 일상에서부터 해결하기 위해 접근한 프로젝트의 예로 볼 수 있다.

둘째, 탐구 과정의 수행

지속가능발전 프로젝트를 통해 우리는 자신의 질문에 대한 해결책을 발견하기 위해 일정 기간 탐구를 수행하게 된다. 이는 일회성 이벤트와는 다르며 프로젝트에서 과정의 중요성을 나타낸다. 이 과정에서 탐구를 설계하고, 측정 및 정보를 수집하고, 이를 바탕으로 분석하여 결론을 맺기도 한다. 이와 같은 탐구 과정은 복잡하고 잘 정의되지 않는 실제 상황의 문제에서 정해지지 않은 해결책을 찾아가는 과정을 통해 통찰력, 확산적 사고능력, 수렴적 사고 능력, 분석 능력, 맥락이해 능력 등을 기를 수 있다.

프로젝트 운영 협의   병아리 생태 관찰

캠페인 준비   교내 홍보 캠페인   전문가 인터뷰

[그림 5.2] 장기고의 마트를 나온 암탉과 학교에서 함께 살아가기

[그림 5.2]의 탐구 과정은 장기고등학교 학생들이 수행한 생명의 끝인 마트에서 생명의 시작을 찾아보자는 취지로 마트의 유정란을 부화하여 학교 내 구성원으로써 받아들이는 과정을 담은 프로젝트이다. 이러한 과정을 통해 학생들이 스스로 문제를 설계하고 예상되는 질문들에 대한 답을 찾아가는 탐구 과정을 통해 새로운 사실의 발견과 실제 적용의 어려움을 배울 수 있다.

셋째, 프로젝트 결과물의 공유와 일반화

지속가능발전교육 프로젝트는 그 자체로 끝나지 않고 프로젝트의 결과물을 친구나 부모님, 지역주민 등과 공유하는 것이 좋다. 따라서 내가 참여하는 프로젝트의 최종 결과물이 어떤 모습일지 생각하면서 진행할 필요가 있다.

[그림 5.3] 경기도교육청 제1회 지속가능발전교육 실천나눔한마당

프로젝트의 결과물을 구성하고 발표하면 프로젝트를 통해 자신의 이해를 표현할 기회를 갖게 될 뿐 아니라 때로는 이러한 결과물이 지역을 개선하는 데 기여하기도 한다.

이와 같이 도출된 결과물은 특정 사례에 적용되기 보다는 일반적인 원리를 추출하여 매뉴얼화함으로써 다른 여러 사례에 적용할 수 있도록 가공하는 것이 중요하다.

이러한 프로젝트의 결과물의 공유와 일반화 과정을 위해 최근 교육청 차원에서 많은 노력을 하고 있다. [그림 5.3]은 2014년 경기도교육청이 주관한 '제1회 지속가능발전교육 실천나눔한마당'의 모습이다. 이러한 과정을 통해 학생들은 자신들이 수행한 프로젝트 결과물을 발표하고, 관련된 체험 부스를 운영해 봄으로써 프로젝트의 결과를 공유하게 된다. 또한 프로젝트 과정에서 산출된 보고서를 책자 등의 형태로 개발하여 각급 학교에 보급 또는 인터넷 자료실 등에 탑재함으로써 자료의 일반화에도 기여할 수 있다.

넷째, 해결을 위한 협력과 소통의 강조

지속가능발전교육 프로젝트에는 학생들과 교사만 참여하는 게 아니다. 때로는 지역주민이나 정부기관, 시민단체 등이 함께 참여하고 인터넷을 통해 다른 나라의 학생들과 협력할 수도 있다. 자신들이 처한 문제의 해결책은 자신이 가진 능력을 벗어나는 경우가 많기 때문에 자신의 문제를 나누고 이러한 과정에서 공동의 문제로 만드는 것은 프로젝트 학습의 중요한 목표이자 과정이 된다.

이러한 사례로 숭신여자고등학교의 '지속가능한 학교 만들기' 프로젝트가 있다. '지속가능한 학교 만들기'란 지역사회와 지구가 직면하고 있는 빈곤, 물, 에너지, 기후변화, 재해, 생물다양성, 문화다양성, 식량, 보건, 사회적 취약성 등 다양한 사회문제를 미래세대인 학생들과 함께 해결해 나가는 학교를 만들기 위한 노력으로 시작한 프로젝트이다. 이러한 과정에서 숭신여자고등학교 환경탐사부 학생들은 성남환경운동연합과 함께 3년 동안 성남의 녹색소비지도 및 지속가능한 학교 만들기 사업을 평가하여 학생들의 필요와 사회적 요구를 접목하여 [그림 5.4]와 같이 국내 실정에 맞는 지속가능한 학교 56가지 요소와 사례를 발굴하였다.

이러한 문제 해결을 위한 협력과 소통의 과정을 위해서는 기존의 환경교육의 범위를 확대하여 사회, 경제 등의 영역에 대한 전문성이 필요하며, 이러한 측면에서 학교교육과 사회교육의 연계가 필수적으로 이루어져야 한다. 이러한 연계를 위해서는 지역사회자원의 네트워크 망이 구축되어야 하며, 이를 학교 교육 내에서 의미 있게 수용할 수 있는 학교 내의 교육과정 활동이 계획되어 있어야 한다. 이러한 과정을 통해 학습자들은 자신의 학교에서 지속가능한 요소들을 찾아보고 이를 개선하는 활동을 눈으로 직접 확인할 수 있다.

분야	항목	비고	분야	항목	비고	분야	항목	비고
환경	1.학교 숲		사회	20.야외 학습장		경제	39.컴퓨터 검정색 바탕화면	
	2.학교 내 새집			21.공정상품 매점			40.프린트 양면 출력	
	3.재활용 화장지			22.전력사용량 모니터			41.타이머콘센트	
	4.고효율 단열재 사용			23.친환경 소비			42.절전형 네임 멀티탭	
	5.재활용 종이 사용			24.로컬 푸드			43.충전지 사용	
	6.이면지 사용			25.자전거 거치대			44.전기자동차 충전소	
	7.잔디 블록(생태통로)			26.워킹 스쿨버스			45.고효율 전기 제품	
	8.연못(습지)			27.환경 관련 규칙 유무			46.변화	
	9.교실 식물 키우기			28.동물 서식지			47.소통의 벽	
	10.학용품 수거함			29.대중교통 승강장			48.벤치	
	11.개별 온도 조절기			30.환경교육 실시			49.칭찬 게시판	
	12.EM 용액 사용		경제	31.풍력발전		문화	50.우리지역 역사알기 게시판	
	13.학급 분리 배출함			32.투광조명			51.교과서 물려주기	
	14.지렁이 화분			33.태양광발전			52.교복 물려주기	
	15.식수대			34.물 절약 캠페인			53.아나바다 장터	
	16.방과 후 운동장 개발			35.절수형 수도꼭지			54.등굣길 자전거 도로	
사회	17.도서실 개방			36.LED 전구			55.외부 전시공간	
	18.텃밭			37.스텐드			56.자동차 함께 타기	
	19.산책로			38.컴퓨터 화면 보호기 사용				

※자신의 학교 요소를 비고란에 '✔'해 보시오.

[그림 5.4] 숭신여고의 지속가능한 학교 만들기 분야별 항목

프로젝트 수행을 통해 학생들은 대인관계 기술, 사회적 기술, 의사소통 기술 등을 발달시킬 수 있다. 또한 여러 사람들이 함께 학습하는 과정에서 다른 사람들을 리드하는 리더십과 갈등이 생길 때 민주적이고 합리적으로 해결할 수 있는 민주시민의식이 함양된다.

(2) 과정 절차

프로젝트 학습은 주제 탐색과 선정, 계획 수립과 실행, 결과 발표와 평가의 단계를 통해 진행될 수 있다. 이러한 과정은 탐구 학습과 그 과정이 유사한데 탐구 학습의 일반적인 과정을 제시하면 [표 5.15]와 같다.

프로젝트 학습은 학생들이 주제를 선정하여 진행하고 그 결과를 발표하는 과정을 거친다. 따라서 프로젝트가 성공적으로 수행되기 위해서는 좋은 주제를 발굴하는 것이 매우 중요하다. 주제를 선정하였

[표 5.15] 탐구 학습의 과정

단계	영역	설명
1단계	도전	중요한 질문이나 쟁점 및 문제를 인식하게 되면서 학생들은 퍼즐을 맞추는 듯한 호기심이 생기거나 좀 더 탐구하기 위한 도전의식을 느끼게 될 것이다. 이후 조사를 위한 특정 질문이나 쟁점 및 문제를 분명하게 하고 사안에 대해 정의 및 재정의 한다.
2단계	능동적인 조사	학생들은 능동적으로 자료를 수집하고 조사 활동을 수행한다. 문제에 대해 고민하고, 상상하고, 예견하며 이미 알고 있는 것을 수행하고, 문제를 해결하기 위해 노력한다. 학생들 앞에 놓인 자료를 분석하고 해석하는 단계이다.
3단계	일반화하기	결국 학생들은 자신들이 발견한 것을 종합하여 일반화 한다.
4단계	반성적 사고	학생들은 자신이 수행한 방법을 되돌아 볼 필요가 있다. 발전 여부를 파악하고 새로운 것을 계획하고 평가하며 가능한 활동을 판단하기 위해 고찰하고 확인한다.

으면 그 주제를 효과적으로 해결할 수 있는 프로젝트 계획을 수립하여 수행한다. 이렇게 프로젝트를 수행하면서 수집한 자료나 결과를 정리하여 발표하고 평가함으로써 자신의 프로젝트를 개선할 수 있으며, 지속가능발전교육 프로젝트에서 도출된 결과물의 공유와 사회 기여도는 중요한 요소로 취급된다.

프로젝트의 수행 방법은 주제에 따라 절차가 다양할 수 있지만 일반적으로 다음과 같은 절차를 따른다.

① 프로젝트 주제 탐색과 선정

프로젝트 수행에서 중요한 점은 수행할 프로젝트의 주제를 선정하는 일이다. 프로젝트 주제는 가능한 자신이 평소에 관심을 가졌던 주제, 해결해보고 싶었던 문제를 선정하는 것이 좋다. 주어진 주제가 아니라 스스로 선택한 주제를 탐구함으로써 즐겁게 적극적으로 참여할 수 있게 되기 때문이다. 프로젝트의 주제는 자신의 일상적인 삶이나 학교, 지역 사회, 국가, 나아가 전 세계에 이르기까지 매우 다양한 수준과 범위에서 탐색할 수 있다. 자신의 생활 주변, 지역 사회의 문제를 탐색함으로써 자신 주변이나 가까운 지역 사회에는 어떤 문제가 존재하고 있으며 이러한 문제를 어떻게 접근하여 해결하는 것이 바람직한지 모색해보는 기회가 될 수 있다. 하지만 프로젝트 주제와 목적이 자신이 가고자 하는 방향이 아니거나 명확하지 않으면 프로젝트를 수행함에 있어 길을 잃거나 방황하게 된다.

지속가능발전교육 프로젝트 학습은 자신의 프로젝트 주제가 프로젝트를 수행하는 주체인 개인뿐만 아니라 환경적, 사회적, 경제적으로도 의미를 가지는 주제일 필요가 있다. 그리고 그 주제의 개인적, 환경적, 사회적, 경제적 의미가 바로 프로젝트의 목적이 된다. 그런데

주제 탐색을 위해 할 수 있는 방법들: 문제 발견을 통한 주제 탐색

- 일상적인 삶에서 소재 찾기: 프로젝트는 자신의 생활에서 직면하게 되는 문제나 의문들에서 시작되기도 한다. 자신의 일상을 다시 한 번 돌아보면서 적당한 프로젝트 주제가 없을지 생각해본다.
- 학교나 지역 사회 탐색하기: 학교 혹은 지역 사회를 프로젝트의 범위로 고려한다면, 학교나 지역 사회를 조사해보면서 실제적인 프로젝트의 주제를 탐색해본다. 이 과정에서는 체크리스트 점검, 사진 찍기 활동 등을 통해 환경 프로젝트의 주제가 될 만한 현상들이나 문제를 발견할 수 있다.
- 국가 및 국제적 사건과 관련짓기: 최근 발생하고 있는 지역이나 국가의 환경 문제나 사건 혹은 국제적 환경 쟁점 등에 관심을 갖고, 이를 환경 프로젝트의 주제로 탐색한다. 이를 위해서는 신문이나 인터넷 기사 등을 검색해보는 활동을 수행할 수 있다.

이때 유의해야 할 점은 프로젝트의 주제 탐색 시 모둠 구성원의 다양한 생각들을 고려하고 반영해야 한다는 점이다. 만약 한 사람의 고집스러운 태도에 의해 프로젝트 주제가 탐색된다면, 그 외의 모둠 구성원들은 프로젝트 주제에 대해 공감하고 의미를 부여하지 못해 이후에 적극적인 수행으로 이어지지 못할 것이다. 따라서 모둠 내에서 적극적인 의견 개진과 충분한 토의를 하면서 각자의 생각들을 다양하게 모으고, 서로의 생각을 존중하는 것이 중요하다.

프로젝트를 수행하기 위한 첫 번째 단계로 주제를 탐색해보았다면, 다음 단계로는 탐색된 주제들 중 실제로 수행할 프로젝트의 주제를 선정하는 과정이 필요하다. 이제 보다 구체적으로 프로젝트의 방향을 정하고, 개인의 흥미나 가치뿐만 아니라 다양한 기준에 의거하여 프로젝트의 주제를 선택해야 한다.

주제를 선정하기 위한 방법은 바로 질문하기이다. 탐색한 주제에 대해 제기될 수 있는 여러 질문들을 수집하고, 그중에서 실제 프로젝트 수행을 위한 질문을 선정한다. 프로젝트 주제 선정에 있어서의 이러한 질문을 추진 질문이라고 한다. 추진 질문은 쉽게 해결하거나 대답할 수 없는 형태의 질문으로, 프로젝트의 목적과 주제를 안내하며 프로젝트의 수행을 지속시키는 역할을 한다. 따라서 추진 질문을 생성하고, 적절한 추진 질문을 선정하는 과정은 프로젝트를 시작하는 데 있어서 매우 중요한 단계가 된다. 추진 질문은 자신이 직접 제기할 수도 있고, 선생님에 의해서도 주어질 수도 있다. 하지만 질문에 대한 중요성과 의미를 발견하는 것은 자신의 몫이 되어야 한다.

프로젝트 주제를 선정하는 과정에 대한 사례들을 보면, 이렇게 추진 질문을 다양하게 생성해내는 것뿐만 아니라, 굉장히 넓은 주제에

좋은 주제의 조건

좋은 주제는 프로젝트를 흥미롭게 만들고 문제를 효과적으로 해결할 수 있도록 동기를 부여해준다. 주제를 선정할 때 다음과 같은 점들을 고려할 필요가 있다.

• 주제가 흥미롭고 도전적인 실제 세계 문제로부터 출발해야 한다.
• 주제가 개방적이어야 한다.
• 주제가 핵심 학습 목표를 담고 있어야 한다.
• 주제를 탐구하는 과정에서 생물이나 환경에 위해가 되지 않아야 한다.
• 주제가 통합적이어야 한다.

서부터 구체적인 추진 질문을 끌어내는 방법, 자신의 일상에서부터 프로젝트로 수행할 만한 의미 있는 질문을 찾아내는 방법 등도 있다. 이를 학습 단계별로 제시하면 [표 5.16]과 같다.

[표 5.16] 학습 단계별 추진 질문과 학습 목표

단계	추진 질문	학습 목표
도입	왜 이것을 조사해야 하는가? 이미 알고 있는 것은 무엇인가? 이것은 어떻게 영향을 미쳤는가? 무엇을 발견하기를 원하는가? 여러분의 감정이나 의견은 무엇인가? 무엇이 쟁점인가?	쟁점 확인 및 증명-흥미 유발, 현 지식 정립, 과거 경험 묘사, 조사 가능한 측면 확인
방향 설정	만약 ○○이면 무슨 일이 발생하는가? ○○에 관하여 무엇을 생각할 수 있는가? ○○일 때 볼 수 있을 것 같은 것은 무엇인가? 어떻게 설명할 수 있는가? 관심 있는 것은 무엇인가? 어떤 질문이 필요한가? 왜 이러한 것이 발생했는가?	다음과 같은 것을 포함한 가설의 공식화-관점 선정, 범위 확장, 질문 확인 및 정의
발견 준비	어떻게 프로젝트를 수행할 것인가? 어떤 계획을 세울 수 있는가? 필요한 정보는 어떠한 형태이고 어떻게 그것을 발견하고 수집할 수 있는가? 임무 분담을 위해 가장 좋은 방법은 무엇인가?	프로젝트 접근법 구성은 방향 설정 단계와 밀접한 연관이 있다.
발견	어떻게 이것에 대하여 발견할 것인가? 사용할 수 있는 정보는 누가, 무엇을, 어디에 가지고 있는가? 이 정보는 얼마나 적절하고 유용한가? 이 정보에 누구의 의견이 반영되는가? 기타 발견한 것은 어떠한 것인가? 어떻게 자료를 나타낼 것인가?	자료의 수집은 그 자체로 그치는 것이 아니라 이해를 증진하기 위한 하나의 수단이다.

[표 5.16] (계속)

단계	질문	학습 목표
분류	어떻게 정보를 분류할 것인가? 유사점과 차이점은 무엇인가? 정보를 어떻게 분류할 수 있는가? 다른 상황에서는 정보를 어떻게 비교하거나 대조하는가? 관련성은 있는가? 어떤 추론이나 결론을 이끌어낼 수 있는가? 이 정보가 쟁점에 대한 우리의 견해를 변화시키는가?	자료수집, 전개 및 분석. 쟁점 순화−자료 조직 및 표현, 분류 전략을 통한 개념 구성 또는 수정, 발견의 비교 및 대조, 쟁점과 가설을 논의, 평가
결론 도출	지금 무엇을 말할 수 있는가? ○○에 관한 생각이 변했는가? 발견한 것의 유사점과 차이점은 무엇인가? 일반화한 결론은 무엇인가? 이러한 것을 수행하기 위한 증거는 무엇인가? 이것은 이전 질문 및 가설과 어떻게 연결될 것인가?	결론 도출은 학생들의 이해 표현 및 타인과의 교류를 요구한다 −정보 해석, 일반화 개발과 수정, 유사점과 차이점 설명, 관계 설정, 가설과 예견 확인, 수정, 문제 해결책 제안
사회적 행위 고려	학급이나 학교에서의 의사결정에 어떻게 기여할 수 있는가? 이 쟁점에 대해 무엇이 수행될 수 있는가? 만일 이러한 것들이 실행된다면 무엇이 발생할 것인가? 아는 것을 다른 사람들이 어떻게 자각하게 할 것인가? 조직과 사회 안에서 어떻게 의사결정에 기여하거나 영향을 줄 수 있는가? 무엇이 행해질 수 있는가?	사회적 행동은 학생들에게 탐구나 결론도출 과정 동안 활동적으로 의사 결정할 것을 요구한다. −탐구의 결과물이 될 수 있는 행동 찾기, 적절한 실행

이처럼 주제 선정 과정에 있어서 지속가능발전교육 프로젝트 수행에 적절한 추진 질문을 생성하고 선택하는 일은 매우 중요하다. 되도록 자신의 일상적인 삶과 밀접한 범위에서의 구체적인 추진 질문을 선정하는 것이 바람직하다. 또한 추진 질문은 자신이 탐구를 통해 밝혀낼 수 있을 만한 내용이어야 한다. 단지 다른 사람의 이론을 통해서 설명이 가능하거나 '예' 혹은 '아니오'의 단순 대답을 할 수 있는 질문은 프로젝트의 지속성에 방해가 된다.

브레인스토밍과 주제망 그리기

- 브레인스토밍: 브레인스토밍은 여러 사람들이 각자 떠오르는 생각들을 말하고, 그것을 기록하는 방식으로 이루어진다. 모둠 내에서 한 명씩 돌아가면서 자유롭게 생각을 말한 뒤에는 몇 가지 질문을 통해 생각을 발전시켜 본다. "이 생각 외에 다른 것은 없을까?", "생각을 다른 각도로 바꿔보면 어떨까?", "다른 요소를 덧붙여서 확대하여 생각해보면 어떨까?"와 같이 응용, 수정, 대체, 재결합, 확대 등 생각을 확장할 수 있는 질문들을 통해 토의를 이어간다. 토의에서 나오는 모든 생각은 기록을 통해 남기도록 한다.

- 주제망 그리기: 브레인스토밍을 통해 떠오른 생각들을 적절한 범주에 따른 유목화를 통해 주제망을 그려본다. 브레인스토밍에서 기록한 생각들을 작은 종이 카드에 적어 모은 뒤, 모둠 내에서 적절한 기준을 정해 카드를 분류한다. 그리고 분류된 카드를 가지고 망 형태로 생각들을 도식화하여 주제망을 그린다.

② 프로젝트 계획 수립

주제 선정의 다음 단계로 프로젝트 실행 계획을 세워야 한다. 같은 주제라고 하여도 그 해결 방법이 다양하고 수준에서 차이가 있을 수 있다. 또한 같은 주제를 단기간에 해결할 수도 있고 장기간에 걸쳐서 해결할 수도 있다. 이와 같은 다양한 방법 중에서 자신이 원하는 방법으로 문제를 해결하도록 프로젝트 실행 계획을 수립한다. 계획은 프로젝트 시작부터 마무리 단계까지 전체 내용을 미리 생각하여 각 단계별로 해야 할 일의 종류와 절차를 고려하여 체계적으로 세워야 한다. 특히 장기 프로젝트의 경우 사전에 충실한 계획을 세워서 대비하지 않으면 프로젝트가 원만히 진행되기 어려운 경우가 있으므로 구체적이며 상세한 계획을 세우는 것이 중요하다. 이와 같은 계획 수립의 단계에서 구성원들의 참여는 중요하다. 실제 이들의 일정, 능력, 구체적인 산출물의 산정은 프로젝트 계획단계에서 필요한 요소이다.

프로젝트 계획을 세울 때에는 먼저 전체적인 수행 과정의 흐름도를 작성한다. 그리고 각 절차별로 필요한 자원, 시간, 세부 목표 등을 기록한다. 이러한 흐름도는 처음부터 단계별로 구체적으로 작성하는 것보다 전체적인 흐름을 대략적으로 작성하고 세부적인 일정과 내용은 단계별 수행 과정에서 작성해 나가는 것이 좋다. 사회단체와 연계하여 진행하는 프로젝트에서는 협의체 간의 협력이 중요한 요소이므로, 계획을 수립할 때 역시 협력기관 간의 상황을 서로 조율해가면서 계획을 세워야 한다.

그런데 프로젝트 계획 수립이 반드시 프로젝트 초기에 치밀하게 이루어져야만 하는 것은 아니다. 계획 수립 단계에서 매우 치밀하고 구체적으로 계획을 수립하였다 하더라도 수행 과정에서 여러 상황에 직면하다보면 일정한 단계를 수정해야 하는 경우가 생기게 된다. 중요한 것은 즉흥적으로 프로젝트를 수행하기 보다는 계획을 통해 전체 과정 중에서 자신의 현재 수행 정도와 그 의미를 파악하면서 프로젝트를 수행하는 것이다.

프로젝트는 주로 모둠 단위로 수행되다보니 프로젝트 계획에 구성원 간의 역할 분담 계획도 포함될 필요가 있다. 프로젝트의 수행 방법 및 절차에 대한 계획을 세우고 난 뒤에, 구성원의 능력과 관심에 따라 적절한 역할 분담을 함으로써 구성원들의 참여도를 보다 높일 수 있을 것이다. 이러한 구성원 간의 역할 분담 계획 역시 반드시 프로젝트 초기에 이루어지지 않아도 된다. 사정에 따라서는 중간에 팀원이 교체되기도 하며, 경우에 따라서는 외부 전문가가 그 역할을 대신하게 된다. 역할 분담은 프로젝트를 수행하는 과정에서 자연스럽게 이루어지는 것이 중요하다. 이러한 점에서 프로젝트 대회 등에 출전을 목적으로 실시하는 프로젝트는 그 유연성이 떨어질 수도 있다.

③ 프로젝트 실행

지속가능발전교육 프로젝트 계획을 수립하였으면 계획에 의하여 프로젝트를 수행한다. 학생들이 문제를 해결하는 과정에서 계획 수립 시 생각하지 못하였던 다양한 문제와 한계, 어려움을 겪게 된다. 이러한 수집, 분석, 결론 맺기, 추론, 설명 형성, 의사소통, 새로운 문제 제기의 탐구 과정을 거치게 되는데, 사실 매우 다양한 수행 방법과 절차가 있으며, 이를 상황에 맞게 여러 방식으로 재조직할 수도 있다. 그러므로 지금까지 수행된 다양한 방법의 예시들을 참고로 하여, 각자 자신이 작성한 프로젝트 계획에 맞게 이들을 변용하거나 경우에 따라서는 새로운 수행 방법을 고안하여 수행할 수 있다. 따라서 본 교재에서는 각각의 구체적인 방법들에 대해 다루지 않도록 한다.

④ 프로젝트 결과 및 평가

프로젝트 수행 과정에서는 다양한 산출물이 나온다. 가능하면 탐구 과정과 산출물을 수시로 발표하고 전시하여 자신을 표현하고 다른 사람들의 의견을 들을 수 있으면 좋다. 프로젝트의 수행 과정에서 나오는 다양한 산출물을 정리하여 포트폴리오나 활동일지 등을 작성하면 사신의 과제 수행 과정을 잘 파악하여 문제해결 과정에서 자신의 장·단점을 잘 파악할 수 있을 뿐만 아니라 자신 스스로에 대한 평가를 할 수 있다.

이러한 결과물을 작성할 때는 다음과 같은 점에 유의하여야 한다.

먼저 결과물을 제작하는 과정은 단지 앞서 실행된 활동의 결과를 정리하는 것을 넘어서 그 과정 자체가 프로젝트의 의미를 확인하고 구체화를 통해 일반화 자료를 만들 수 있다는 점에서 중요한 과정이다. 따라서 결과물은 프로젝트를 시작할 때 달성하고자 했던 목표와 문제가 얼마나 달성되었는지를 보여줄 수 있어야 하고, 가급적 프로젝트를 수행하는 과정에서 배운 점이나 발견한 점, 경험한 것들이 최대한 효과적으로 담길 수 있도록 시각적인 면과 디자인을 고려하여 유형과 제작과정을 결정하는 것이 바람직하다.

프로젝트의 마지막 단계는 평가이다. 평가는 어떤 대상의 가치를 판단하는 일이며, 의사결정에 필요한 정보를 수집하는 과정이고, 앞으로 어떤 부분이 계속되어야 하고 어떤 부분은 변화가 필요한지를 결정하는 종합적인 과정이다. 학생들은 자신과 동료가 수행한 프로젝트를 과정과 결과에 대해 합리적인 준거와 기준을 사용하여 평가할 수 있어야 한다.

프로젝트 학습에서는 결과보다는 과정을 중심으로 평가하며, 지식도 평가 하지만 기능과 태도 또한 중요하게 평가한다. 그리고 과정 중심의 평가이므로 교사의 관찰 기록, 동료 평가 등 다양한 방법이 동원될 수 있다. 이러한 프로젝트의 평가에는 일반적으로 다음과 같이 네 가지 유형이 있다(한국교육과정평가원, 2010).

평가를 위한 네 가지 방법

• 지식의 평가

지식은 전통적인 지필 평가를 통해서 이루어질 수 있다. 그러나 가능하면 단편적인 지식보다는 핵심적인 지식에 대한 깊은 이해도와 다양한 지식의 연관 관계를 통합적으로 제시할 수 있는 능력을 평가하는 것이 중요하고, 이를 위하여 포트폴리오를 검토하여 평가하는 것이 바람직하다. 포트폴리오에는 학생들이 프로젝트를 수행하면서 쓴 글이나 수집한 자료, 각 자료를 읽고 느낀 점이나 정리한 내용 등 다양한 자료들이 제시되어 있다. 이것들을 검토하면 학생들이 프로젝트를 수행하면서 고민한 내용들이 상세하고 구체적으로 드러난다. 아울러 이러한 점에서 프로젝트 평가는 지필 평가로 파악하지 못한 학생 지식의 심도와 고민을 평가할 수 있는 좋은 기회이기도 하다.

• 사고력과 창의적 문제해결력 등 창의성 평가

사고력과 문제해결력을 포함하는 창의성에 대한 평가는 문제를 인식하고, 자료를 수집하고, 수집한 자료를 창의적으로 정리하고 표현하며, 문제를 창의적으로 해결하고, 익힌 지식과 방법을 활용하여 실생활 문제를 창의적이고 비판적으로 해결해 나가는 능력을 평가하는 것을 의미한다. 창의적 문제 해결력은 프로젝트 수행 중 학생들의 활동 관찰, 포트폴리오에 수집한 자료의 질과 양, 활동 결과 산출한 글이나 작품 등을 종합하여 평가하는 것이 바람직하다.

[표 5.17] 창의적 문제 해결력 평가

수준	평가 기준
3	• 지속가능발전 쟁점을 명확하게 인식하고 문제와 관련된 지식이나 정보를 체계적으로 수집, 활용하여 독창적이고 정교한 해결책을 제시한다.
2	• 지속가능발전 쟁점을 인식하고 문제와 관련된 지식이나 정보를 수집, 활용하여 해결책을 제시하지만 독창성과 정교성이 부족하다.
1	• 지속가능발전 쟁점을 제대로 인식하지 못하고 문제와 관련된 지식이나 정보를 제대로 수집, 활용하여 해결책을 제시하지 못한다.
0	• 지속가능발전 쟁점을 인식하지 못하고, 문제와 관련된 지식이나 정보를 수집, 활용하지 못하며 해결책도 제시하지 못한다.

• 정의적 특성 평가

학생들은 프로젝트를 수행하면서 다양한 상황과 접하게 되는데, 이러한 과정에서 학생들의 정의적 특성이 잘 드러나게 된다. 정의적 특성으로는 프로젝트 주제에 대한 흥미와 관심, 학습 의욕과 동기, 책임감, 자율성, 만족감, 도전감, 어려움에 부딪혔을 때 인내 및 극복 의지, 협동심, 리더십 등이 있다. 정의적 특성을 평가하기 위해서는 학생의 활동을 관찰하거나 동료 평가 등의 방법을 사용하기도 하지만, 학생들의 포트폴리오를 관찰하는 것도 좋은 방법이다.

[표 5.18] 정의적 특성 평가

평가 내용	평가 기준		
	상	중	하
흥미와 관심			
학습 의욕과 동기			
책임감			
자율성			
인내심			
협동심			
리더십			
도전 정신			
정직성			

• 통합적 평가

프로젝트의 평가는 지식, 사고력과 문제 해결력, 인성을 포함한 정의적 특성을 따로 평가하기보다는 이들을 통합적으로 평가한다는 데에 핵심이 있다. 이들을 통합적으로 평가하는 데에 가장 적합한 것은 포트폴리오를 통한 평가이다. 포트폴리오는 학생들이 프로젝트를 수행하면서 수집한 자료, 정보뿐 아니라 학생들이 쓴 글이나 토의 내용, 고민, 좌절 등 모든 내용들이 포함된 한 개인의 역사적 자료이다. 따라서 포트폴리오를 통하여 학생들의 지식의 심도나 창의성, 정의적 특성을 종합적으로 평가할 수 있다.

아울러 프로젝트를 수행하고 난 후 발표회를 개최하여 학생들이 평소에 활동한 것을 동료나 교사, 학부모들께 소개하는 기회를 갖는 것이 중요하다. 같은 프로젝트를 한다고 하더라도 프로젝트가 마무리된 다음 친구나 부모들께 보여주고 평가받는 것을 전제로 한다면, 학생들이 프로젝트에 더욱 적극적으로 참여하여 정성을 들여 프로젝트를 수행하고 창의적 작품을 낼 것이다. 이러한 발표회는 학교 행사와 연계하여 실시하도록 계획하고 창의적 체험 활동이나 지역 사회의 참여 활동과 연계하여 수행하도록 하는 것이 바람직하다.

⑤ **프로젝트 발표 및 결과물의 공유**

발표는 프로젝트를 통해 학습하거나 발견한 내용을 다른 사람과 직접적으로 공유하는 과정이다. 이는 위의 결과 및 평가 단계와 함께 진행할 수 있다. 이러한 과정을 통해 학생들은 프로젝트를 준비하고 수행하는 과정에서 겪게 된 여러 가지 어려움을 극복하고 나름의 성취를 이루었음을 자신과 다른 사람들 앞에서 확인하고 그만큼의 성취와 발전을 증명하는 시간으로 활용할 수 있다.

이러한 발표회를 함에 있어 프로젝드 수행에 대한 평가와 반성노 중요하지만 더 중요한 것은 일련의 과정을 수행한 학생들에 대한 축하와 격려이다. 이러한 점에서 자칫 프로젝트 심사 과정에서 나타나는 비난과 비판은 프로젝트의 가치를 떨어트릴 수 있다. 학생들은 비난 받기 위해 과정을 수행한 것이 아님을 잊지 말아야 한다. 또한 학생들이 프로젝트에 시간과 에너지를 쏟아 성공적으로 수행하였을 때 그들이 이루어낸 성과에 대해 프로젝트에 참여한 다른 학생, 교사, 학부모, 지역사회 인사들에게 감사할 수 있는 기회를 갖는 것도 중요하다. 발표와 축하는 병행될 수 있으며, 높은 성취를 보인 팀에 대해서는 수상이나 전문가들에 의한 프로젝트 평가 의견을 기록에 남기는 것도 가능하다.

또한 수행한 프로젝트 결과물을 일반화하여 공유하는 시간을 가져야 한다. 즉 프로젝트에 지속성을 부여하는 것이다. 프로젝트의 초기 과정은 다소 소모적일 수 있고 충분한 목표 달성이 어렵다. 이러한 점에서 이를 일반화하고 후속 활동으로 연계해 주는 활동은 중요하다. 지속가능발전교육의 가치 중 하나는 자신의 변화가 사회의 변화의 시발점에 된다는 점이다. 이러한 점에서 지속가능발전교육의 가장 핵심적인 교수·학습 방법이라고 할 수 있는 프로젝트 학습의 결과물을 공유하고 지속성을 부여해 주는 것은 중요한 학습의 마무리이다. 이러한 과정을 통해 학생들은 자신들의 노력이 현실 세계에 적용될 수 있음을 경험할 수 있고 사회의 구성원들의 노력이 학교와 연계될 수 있음을 보여주게 된다.

(3) 유의점/고려사항

프로젝트 학습은 다음과 같은 사항을 고려하여 편성해야 한다.

첫째, 프로젝트의 가장 중요한 과정은 주제의 선정이다. 주제는 전체 프로젝트의 방향과 결과물에 영향을 준다. 프로젝트의 주제에는 핵심 개념과 과정, 결과물의 내용을 함축적으로 담고 있어야 한다. 이러한 주제를 선정하기 위해서는 평소 자신의 주변 환경에 대해 지속가능발전의 관점으로 바라볼 수 있는 시각이 있어야 하며, 시각은 지속가능한 사회를 위한 문제해결의 기초가 된다.

둘째, 결과물의 설정이 구체적이고 명확해야 한다. 결과물의 유형을 결정하기 위해서는 프로젝트의 주제, 성과물 제작에 필요한 기술의 숙달 정도, 활용할 수 있는 시간과 예산, 결과물을 공유하고자 하는 대상 등을 고려해야 한다.

셋째, 프로젝트 수행에 있어 설정한 문제를 자신의 것으로 받아들여야 한다. 이러한 과정은 수행과정에 있어 참여 의지를 결정하는 데 중요한 척도가 된다. 프로젝트를 수행할 때에는 스스로 적극적인 자세로 프로젝트에 참여해야 한다는 점과 다른 사람들과의 협력적인 수행을 해야 한다는 점을 중요하게 고려해야 한다.

기타 프로젝트가 학습자에게 의미 있는 교육적 경험을 제공하기 위한 지도상의 유의점은 다음과 같다.

- 해결하려는 문제는 학생들이 좋아하는 것이어야 한다.
- 계속되는 여러 문제가 단편적이 아니고, 연속적 과정으로 발전성을 띠고 있어야 한다.
- 계획을 정밀하게 세우는 습관을 길러 학습효과를 도모해야 한다.
- 학습자들의 흥미에 입각한 활동이므로 혼란이나 무질서하게 되지 않도록 해야 한다.
- 사용하는 재료나 도구는 미리 준비가 잘 되어 있는지 확인해야 한다.
- 교사는 학습자의 활동에 대한 일방적 평가 태도를 피하고, 조언을 통해 학습자 스스로 자신의 활동을 평가하도록 지도한다.
- 자신의 평가와 다른 학습자의 평가를 살펴봄으로써 상호 평가를 할 수 있도록 한다.

(4) 사례5)

<table>
<tr><td colspan="6" align="center">**학교를 지속가능하게 만들 수 있을까? (1/2)**</td></tr>
<tr><td>수업주제</td><td>우리 학교의 지속가능한 요소 찾기</td><td>대상</td><td colspan="2">고등학교</td><td>차시</td><td>1/2</td></tr>
</table>

수업주제	우리 학교의 지속가능한 요소 찾기	대상	고등학교	차시	1/2
교과 및 단원명	고 환경과 녹색성장	Ⅶ. 녹색 사회로 가는 길, 1. 개인과 지역 사회에서의 실천			
관련직업		교사, 테마파크디자이너			
학습목표	• 우리 학교의 지속가능발전 요소를 찾아 환경·경제·사회적 분류 할 수 있다. • '지속가능한 학교 71가지 요소'를 통해 우리 학교의 지속가능한 요소를 찾을 수 있다.				
중점 ESD역량	탐색적 사고, 분석적 사고	중점 ESD요소	문화적 다양성, 기업의 지속가능성, 지속가능한 촌락과 도시		
수업 주안점	• 학교의 다양한 요소를 찾을 수 있도록 지도한다. • 학생이 지속가능한 요소를 사회·환경·경제적 요소로 분류할 때 어려움이 있으므로 교사는 적절한 피드백을 통해 분류할 수 있도록 한다. • 수업 후 주위 학교 또는 SNS를 통한 지속가능한 학교 요소를 찾아오도록 한다.				
준비물	PPT자료, Suschool의 지속가능한 학교 만들기 71가지 요소가 적힌 포스트잇, 사진기				

흐름	수업모형 단계	시간 (분)	교수-학생 활동	지도관점 (Tip)
도입	동기 유발	2 3	1. 인사 및 전시 학습 정리 2. 학습목표 제시 3. 우리 학교의 장점과 단점은? 〈학생 동기유발 및 자기 내재화〉 지속가능한 사회를 실현하기 위해서는 미래세대인 청소년들이 가장 많은 시간을 소비하는 학교가 지속가능의 장이 되어야 한다. 이에 우리 학교의 지속가능성을 학생들이 직접 확인해 보고자 한다.	학생들이 수업의 목적 및 동기를 이해할 수 있도록 지도

---

5) '사회문제 해결형 지속가능발전교육 수업 모델 개발 연구(손연아, 2014)'에 포함되어 있는 사례를 일부 수정하여 제시하였음.

흐름	수업 모형		교수-학생 활동	지도관점 (Tip)
	단계	시간 (분)		
전개	step 1 주제 결정	10	1. 'Suschool'에서 제시한 지속가능한 학교를 위한 71가지 방법의 항목을 구체적으로 소개 – 모둠별로 교실, 운동장, 교무실, 특별실, 식당, 복도로 학교를 돌아다니며 요소를 찾아 사진을 찍고 활용사례를 활동지에 기록	제시된 요소를 활동지에 기록 야외 수업시 주의
		3	2. 제시된 장소 외에 지속가능한 학교의 요소를 찾아 발표	사회·문화적, 환경적, 경제적 ESD 설명,
		12	3. 학교의 요소를 사회·문화적, 환경적, 경제적 요소로 분류하기 – 사회·환경적, 환경·경제적, 경제·사회적 요소 – 사회·환경·경제적 요소	요소가 적힌 포스트잇 준비
	step 2 활동 계획	10	1. 'Suschool'에서 제시한 지속가능한 학교를 위한 71가지 방법의 항목을 구체적으로 소개 – 지속가능한 학교 만들기 71가지 방법에서 우리 학교의 요소를 찾아 장소를 기록	71가지 항목에 대해 학생들이 모두 이해할 수 있도록 설명
			2. 제시된 71가지 요소 이외에 지속가능한 요소를 우리 학교에서 찾기 – 모둠별로 우리 학교만의 지속가능한 요소를 찾고 그 이유를 설명 (예시 : 환경교육 유무 등)	지속가능한 이유에 대해 구체적으로 이해
	step 3 탐구 및 표현	7	1. 과제 설명 – 주변 학교에서 'Suschool'에서 제시한 지속가능한 학교를 위한 71가지 방법의 항목을 찾아 사진을 찍고 그 요소의 활용 사례를 조사하도록 과제 부여 – 직접 탐방하여 조사가 어려울 경우 SNS와 같은 다양한 방법을 통하여 조사	프로젝트 진행시 장소(학교)가 겹치지 않도록 적절한 역할분담 어려운 요소는 교사가 자료 제시
정리		3	차시 예고 – 발표한 내용을 다음 시간에 평가(칭찬) – 조사한 사진을 통해 드림스쿨(지속가능한 학교) 만들기 설명 2. 동료평가지 작성(1차)	

학교를 지속가능하게 만들 수 있을까? (2/2)

수업주제	지속가능한 학교 만들기 위한 프로젝트 수행	대상	고등학교	차시	2/2
교과 및 단원명	고 환경과 녹색성장	VII. 녹색 사회로 가는 길, 1. 개인과 지역 사회에서의 실천			
관련직업		교사, 테마파크디자이너			

학습목표	• 주변의 학교를 조사하여 지속가능한 학교를 만들 수 있다. • 우리 지역에 적합한 지속가능한 학교 요소를 목록화 할 수 있다. • 지속가능한 학교를 만들기 위한 다양한 방법의 실천방법(제안서)을 만들 수 있다.

중점 ESD역량	탐색적 사고, 공감	중점 ESD요소	문화적 다양성, 사회 정의, 생물종 다양성

수업 주안점	• 학생들에게 드림스쿨을 통해 지속가능한 학교 만들기가 어려운 일이 아님을 인식하게 한다. • 외국의 사례를 국내에 적용하기 위한 활동임을 강조한다. • 건의문 작성 이전 교장(교감)선생님께 이 수업의 취지를 충분히 협의 후 진행한다.

준비물	PPT자료, 학교 지도, 지속가능한 학교의 요소 사진, 건의문 양식

흐름	수업모형 단계	시간 (분)	교수-학생 활동	지도관점 (Tip)
도입		3	인사 및 동료, 교사 평가 요소를 공유 전시 학습 정리 및 학습목표 제시 〈학생 동기유발 및 자기 내재화〉 교장(교감) 선생님께 드리는 건의문 및 ESD 학교 만들기 위해 내가 할 수 있는 일을 찾아 실천하면서 우리 학교를 지속가능한 학교로 만들기 위한 주체가 바로 '나'라는 점을 인식	평가 요소를 학생들에게 미리 설명
전개	step 3 탐구 및 표현	12	1. 지속가능한 드림스쿨 만들기 - 지속가능한 학교 만들기 71가지 방법에 제시된 요소를 주변의 학교에서 찾아 지속가능 학교 지도 제작 - 각각의 요소 및 활용된 사례를 발표	우리 학교에는 없지만 다른 학교에 있는 사례의 활용 사례 위주로 설명

흐름	수업 모형 단계	시간 (분)	교수-학생 활동	지도관점 (Tip)
전개	step 4 마무리	10	1. 외국의 사례인 지속가능한 학교 만들기 71가지의 요소를 다음의 요소로 분류 • 적합 • 불필요 • 대체 요소 • 추가 2. 대체 요소 및 추가 요소의 경우 새로운 요소를 제시하고 그 이유 또는 활용 사례를 설명	외국의 사례인 만큼 우리나라 실정에 적합하지 않음을 인식하고 학생의 창의적이고 논리적인 사고가 발휘될 수 있도록 지도
전개	step 5 평가	20	1. 모둠별로 우리 학교에 필요한 지속가능한 요소를 우선순위를 정하여 5가지 제시 – 모둠별 발표를 통하여 다른 모둠의 생각을 경청하고 우리가 실천할 수 있는 내용을 모둠에 반영 2. 지속가능한 학교 만들기를 위해 우리가 할 수 있는 일을 자신의 흥미와 진로를 고려하여 아래의 예시와 같이 실천 〈협동학습〉 ① 건의문 작성 : · 교장선생님(시장님)께 드리는 건의문 작성 · 학생회 건의문 작성 ② 개인적 실천 (물절약, 새집 만들기 등) ③ 지역사회와 연계한 활동 · 지역사회와 연계한 아나바다운동 기획하기 · 안전한 자전거 통행로 만들기 3. 모둠별 건의문, 실천, 연계활동 발표	현실성을 고려하고 요소 제시의 이유를 객관적으로 작성 자신의 흥미를 고려하여 프로젝트 선택 제시된 방법 이외에 다른 방법도 가능 교장(교감) 선생님께 이 수업의 취지를 미리 설명
정리		5	1. 지속가능한 학교 만들기 – 지속가능한 학교의 의미를 인식하고 물적 요소만큼 학생간의 소통과 개인적인 실천의 문화도 중요함을 인식 2. 평가 및 차시 예고	추가 프로젝트의 예시를 통해 학생들의 동기유발

3부

지속가능발전교육의 평가와 전망

6장 지속가능발전교육의 평가
7장 지속가능발전교육의 전망과 제언

3부에서는 지속가능발전교육의 평가를 학습자 수준, 교사 수준, 학교 수준, 종합적 차원에서 어떻게 진행해야 하는지에 대한 내용을 제시하고 있다. 또한 본 교재를 마무리하면서 지속가능발전교육의 향후 전망과 지속가능발전교육이 보다 바람직한 방향으로 나아가기 위한 제언을 포함하고 있다.

지속가능발전교육의 평가

지혜로운 사람은 누구를 만나든 그의 좋은 점을 발견해내고
어떤 일을 제대로 해내기 위해
자신에게 무엇이 필요한지 현명하게 판단(평가)한다.
- 발타자르 그라시안

1. 지속가능발전교육 학습자 평가

지속가능발전교육은 지속가능성과 관련된 지식에 대한 이해뿐만 아니라 복잡하고 현실적인 문제를 분석하고, 비판적인 사고를 통해 이를 해결하는 방안을 찾아본 후 실제로 행동하는 것을 포함하는 복잡한 교육 형태이다. 따라서 하나의 정답을 찾아가는 형태의 전통적인 평가 방식으로 지속가능발전교육을 평가하는 것은 적합하지 않다. 다시 말해 지속가능발전교육과 같이 다양한 내용과 방법이 도입된 학습을 객관식 시험과 같은 단순화된 평가 방식으로 평가하기에는 무리인 것이다.

이렇게 지속가능발전교육에서는 다양한 차원과 방법으로 학습이 진행되기 때문에 정형화된 평가 틀을 제시하는 것은 쉽지 않다. 다만 지속가능발전교육도 분명히 하나의 교육인 만큼 이를 시행한 후 평가는 꼭 이루어질 필요가 있다. 따라서 이번 장에서는 평가가 어떻게

진행되는 것이 바람직한지, 평가에서 무엇을 고려해야 하는지, 평가의 사례들은 어떤 것들이 있는지를 다음과 같이 제시하였다.

1) 목표 평가

지속가능발전교육도 엄연히 하나의 교육활동이기 때문에 교육을 계획하는 단계에서 설정한 목표가 있어야 한다. 간혹 다른 정형화된 교과 형태와는 다른 방식의 접근 때문에 지속가능발전교육에서 학습 목표를 설정하지 않고 교육을 진행하는 경우가 있다. 이럴 경우 학습자들이 어느 정도의 성취를 이루었는지를 확인할 수 있는 기준이 되는 목표가 없기 때문에 온전한 교육 활동이 이루어졌다고 할 수 없다. 따라서 어떤 형태의 지속가능발전교육을 진행하더라도 계획 단계에서 교육의 목표를 분명하게 설정한 후 학습이 끝난 후에는 해당 목표에 학습자들이 도달했는지를 평가하는 과정이 필요하다.

지속가능발전교육은 독립된 교과에서 다루어지기도 하는데, 이러한 독립된 과목은 교육과정이 있고, 교육과정에는 해당 내용에 대한 목표가 제시되어 있다. 이렇게 독립된 교과에서 지속가능발전교육이 다루어지고 있을 때에는 교육과정에 제시되어 있는 목표를 활용한 평가를 하는 것이 바람직하다.

독립된 교과에서 지속가능발전교육을 다루면서, 교육과정의 목표 차원에서의 성취 기준과 성취 수준을 정리한 것으로 "환경과 녹색성장" 과목에서 성취 기준과 성취 수준을 제시한 것이 있다. 이 내용은 환경과 녹색성장 과목 내에 있는 지속가능발전교육 관련 단원의 교육 과정을 분석한 후, 이에 따른 성취 기준을 제시한 것으로 성취 기준별로 상, 중, 하의 성취 수준을 제시한 것이 특징이다. 해당 내용의 일부를 제시하면 [표 6.1]과 같다.

[표 6.1] 중학교 환경과 녹색성장 과목의 지속가능발전교육 부분 성취 기준과 성취 수준 예시

교육과정	성취기준	성취수준		
		상	중	하
① 지속가능발전에서 녹색 기술이 갖는 의의를 이해하고 새로운 녹색 산업의 가능성을 탐색하여 자신의 진로와 연관지어 본다.	지속가능발전에서 녹색 기술이 갖는 의의를 이해한다.	지속가능발전에서 녹색 기술이 갖는 의의를 이해한다.	녹색 기술의 의미를 진술할 수 있다.	간단한 녹색 기술의 예를 한두 가지 제시할 수 있다.
	새로운 녹색 산업의 가능성을 탐색하여 자신의 진로와 연관지을 수 있다.	새로운 녹색 산업의 가능성을 탐색하여 자신의 진로와 연관지을 수 있다.	녹색 산업의 의미를 진술할 수 있다.	녹색 산업의 의미를 진술하는 데 어려움을 겪는다.
② 녹색 정책과 제도를 조사하고, 지속가능발전에 어떻게 기여할 수 있는지를 알아본다.	녹색 정책과 제도를 조사하고, 지속가능발전에 어떻게 기여할 수 있는지를 설명한다.	녹색 정책과 제도를 조사하고, 지속가능발전에 어떻게 기여할 수 있는지를 설명할 수 있다.	녹색 정책과 제도를 조사할 수 있지만, 지속가능발전과 관련짓지 못한다.	녹색 정책과 제도를 조사하는 데 어려움을 겪는다.

2) 방법 평가

교재의 1부와 2부에서 지속가능발전교육은 워낙 다양한 내용이 다루어지고, 각 내용 간 융합이 이루어지기 때문에 이를 교육하기 위해서도 다양한 방법들이 활용된다는 것을 제시한 바 있다. 이렇게 지속가능발전교육이 다양한 방법으로 진행되기 때문에 이러한 방법들에 따라서 평가도 다양해질 수밖에 없다. 다양한 방법들 중에서 지속가능발전교육에서 많이 활용하는 몇 가지 방법들에 대한 평가 예시를 제시하면 다음과 같다.

우선 지속가능발전교육에서 가장 많이 활용하는 방법 중 한 가지는 "프로젝트 학습" 방법이다. 프로젝트 학습의 평가 예시는 [표 6.2], [표 6.3]과 같다.

[표 6.2] 프로젝트 학습의 평가 예시

문항 형태	수행 평가			
소요 차시	5차시			
평가 문항	【 7일간의 기록−○○중학교 환경 살리기 프로젝트 】 아래 주제와 같은 학교 내 환경 문제를 찾고, 이를 해결하기 위한 프로젝트 보고서를 작성하여 발표해보자. •급식소 음식물 쓰레기 줄이기　•교내 과자 봉지 버리지 않기 •학교 운동장 깨끗이 유지하기　•화장실 깨끗이 사용하기 •교실 내 분리 배출 제대로 하기　•교내 쓰레기 버리지 않기 •껌을 아무데나 뱉지 말기　•교내 전기 낭비 줄이기 •학용품 아껴 쓰기　•수돗물 아껴쓰기 •교내에서 큰 소리로 떠들지 않기　•휴지 아껴쓰기 등			

채점 기준	항목	평가 내용	배점	배점 기준
	포트폴리오 (2점)	제출 분량 준수 *제출 자료는 평가 문항 참조	1	− 한 가지 이상 항목 제출: 1점 − 미제출: 0점
		모둠 활동 참여 *회의록 참조	1	− 활동 참여: 1점 − 미참여: 0점
	최종 결과물 (3점)	주제의 적합성	1	− 주제와 적합함: 1점 − 미제출: 0점
		문제점, 원인, 해결 방안 기술	2	− 문제점, 원인, 해결 방안 중 두 가 　지 이상 기술: 2점 − 한 가지 기술: 1점 − 미제출: 0점

출제 의도 및 해설	학생들이 가장 많이 접하는 환경인 학교 환경을 우리 사회의 축소된 부분으로 학교에서 일어나고 있는 환경 문제를 찾아보고, 해결 방안을 프로젝트를 통해 모색해봄으로써 환경 문제의 원인 및 영향, 해결 방법의 과정을 이해한다. 또한 모둠 프로젝트를 통해 타인과의 협동, 타협 등이 환경 문제를 해결할 수 있음을 이해한다.			
평가 시 고려 사항	− 포트폴리오 평가 시 주제의 적합성 및 프로젝트 수행 과정을 평가하기 위해 주기적인 평가 시기를 정한다. − 최종 결과물에서는 해결 방법을 실행하기 위한 노력들이 실제로 이루어졌는지에 대해 유의한다.			

[표 6.3] 프로젝트 활동 평가 예시

문항 형태	수행 평가
소요 차시	3차시
평가 문항	[기후 변화 포스터 만들기] 다음의 내용을 포함하고 있는 기후 변화 포스터를 만들어 보자. – 개별적으로 기후 변화로 인해 사라지는 것들 중 지키고 싶은 것을 활동지에 작성한다. – 활동지를 바탕으로 모둠원이 기후 변화의 원인과 이로 인해 사라지는 것을 그림으로 나타낸다(또는 사라지는 것을 막기 위한 대책을 그림으로 제시해도 됨).

채점 기준	항목	평가 내용	배점	배점 기준
	활동지 (개별) (3점)	주제 및 내용의 적합성	2	– 주제나 내용 중 하나 이상 적합: 2점 – 모두 적합하지 않음: 1점 – 미제출: 0점
		제출분량	1	– 활동지의 항목 중 한 가지부터 세 가지 이상 채움: 1점 – 미제출: 0점
	포스터 (모둠) 또는 엽서(개별) (2점)	원인의 적합성	1	– 원인이 적합함: 1점 – 미제출: 0점
		영향 또는 대책의 적합성	1	– 영향 또는 대책이 제시됨: 1점 – 미제출: 0점

출제 의도 및 해설	기후 변화의 원인 및 그 영향(대책)에 대해 아는지를 평가하려는 문항이다. 지구상에는 여러 가지 기후 변화로 인해 사라져 가는 것들이 있다. 북극의 빙하, 각종 생물, 마실 물 등 각 지역에서 다양한 환경 요소들이 사라지고 있다. 이는 산업 혁명 이후 화석 연료의 사용이 증가하게 되고 지구 대기에 이산화탄소의 양이 증가하고 이로 인해 지구 온난화가 가속화되고 있으며, 이 현상은 각 지구에서 다양한 기후 변화로 나타나고 있는 것이다. 자원을 절약하고 신·재생 에너지를 사용하며 인공 환경 요소보다는 자연 환경 요소를 더 지켜나갈 때 우리는 이러한 현상을 막을 수 있다.
평가 시 고려 사항	– 기후 변화 원인 및 영향(사라지는 것들로 표현)이 서로 연관되어 있는지 파악한다. – 평가는 발표 시 설명을 참조하여 평가한다. – 얼마나 잘 그렸나 보다는 포스터에 표현하고자 하는 것이 얼마나 잘 나타나 있는지를 평가한다.

지속가능발전교육에서는 학습자들이 직접 어떤 결과물을 만들어가는 활동을 하는 경우가 많다. 이러한 학습자 중심의 활동과 결과물이 도출되는 방식을 평가해야 하는 경우가 자주 발생하는데, [표 6.4]는 학습자들이 포스터를 그리는 프로젝트 활동을 한 후 이를 평가한 예시이다.

지속가능발전교육에서는 어떠한 주제에 대한 종합적인 이해를 하도록 하는 경우가 많은데 이럴 때 교사는 해당 주제를 직접적으로 전달하기보다는 주제에 대한 간단한 설명을 하고, 관련된 활동을 한 후 이러한 활동을 종합 정리함으로써 자연스럽게 주제를 이해하도록 하는 흐름의 수업이 많다.

실제로 초등학교 수준에서 기후변화 주제를 학습자들이 잘 이해할 수 있도록 하기 위해 관련 주제를 수업하고, 학생들이 그리기 활동을 통해 이를 표현하는 활동을 한 후 평가하였다면, [표 6.4]와 같은 평가가 가능하다.

[표 6.4] 초등학교 기후변화 주제 수업 평가 예시(서울 월정초등학교)

평가 기준		점수		
		1	2	3
원인과 결과	지구온난화의 원인을 나타내었는가?	세 가지 이상	한두 가지	없음
	지구온난화의 결과로 나타내는 현상을 나타내었는가?	세 가지 이상	한두 가지	없음
모델개발 및 활용	원인과 결과 사이의 관계를 나타내었는가?	모두 나타냄	일부만 나타냄	나타내지 않음
	오류 없이 에너지의 흐름을 표시하였는가?	출입, 반사 모두 있음	둘 중 한 가지만 제시	없음
글로벌 시민의식	지구온난화의 원인에 따른 예방 방법을 서술하였는가?	세 가지 이상	한두 가지	없음
총점				

3) 학습자 자기 평가

지속가능발전교육의 학습자 자기 평가는 지속가능발전교육의 세 영역(환경적, 경제적, 사회적)에 대해서 평가가 진행될 필요가 있다. 본 교재의 3장에서 밝힌 것처럼 지속가능발전교육은 기본적으로 환경적, 경제적, 사회적 영역을 통합하는 접근 방식을 기본으로 한다. 따라서 지속가능발전교육 학습자 자기 평가는 이 세 내용 영역 모두에 대한 평가를 진행하는 것이 바람직하다.

만약 초등학교에서 학생들과 함께 자원 절약과 관련된 지속가능발전교육 프로그램을 운영하였다면, 이 프로그램을 학습한 학생들이 환경적인 부분에서는 어떤 내용을 학습하였는지, 경제적인 영역과 사회적인 영역에서는 어떤 내용을 학습하였는지를 스스로 평가해볼 수 있는 것이다. 이러한 평가는 지속가능발전교육 프로그램이 전통적인 환경교육이나 사회교육, 경제교육과 차이 없이 진행되는 오류를 범하지 않도록 도와주는 역할도 하게 된다.

또한 학습자의 성취 수준을 평가함에 있어서 교수자에 의한 평가가 진행되기에 앞서 학습자 스스로 자신의 현재 상태를 확인하거나 학습 이후에도 학습 결과를 스스로 확인하는 것은 매우 중요하다. 외부적인 평가보다는 내부적인 평가에 의해서 바람직한 변화가 생길 가능성이 더 높기 때문이다.

[표 6.5]는 지속가능발전교육 프로그램을 경험한 학습자가 스스로 자기를 평가하는 예시이다. 만약 실제로 [표 6.5]에 제시된 평가 항목을 활용한다면 평가 항목별로 3점 척도 또는 5점 척도의 질문지를 만들어서 평가에 활용할 수 있을 것이다.

[표 6.5] 지속가능발전교육 자기 평가 항목 예시

영역	평가 항목
환경	나는 자연환경과 사회의 여러 가지 문제들이 서로 관련이 있다고 생각한다. 나는 자원을 절약하기 위한 행동을 실생활에서 실천을 하고 있다. 나는 지구환경을 보호하기 위해 신재생에너지(태양열, 풍력 에너지 등 환경을 배려한 에너지)를 사용하는 것이 중요하다는 것을 알고 있다. 나는 전기 절약을 위해 사용하지 않는 전자제품의 전기플러그를 뽑는다. 나는 지구온난화(지구가 더워지는 현상)로 인한 기후변화 현상에 대해서 알고 있다. 나는 나의 일생생활에서 배출되는 탄소 양을 줄이기 위해 노력하고 있다. 나는 많은 생물들이 멸종 위기에 처해있다는 것을 알고 있다. 나는 환경 보전을 위한 다양한 활동(봉사활동, 캠페인 등)에 참여할 의사가 있다. 나는 환경문제와 나의 생활습관이 직접적으로 연결되어 있다고 생각한다. 나는 학교나 가정에서 쓰레기 분리수거를 한다. 나는 비료와 농약 사용으로 토양이 산성으로 바뀌고 오염된다는 것을 알고 있다. 나는 식품을 구입할 때 포장지의 정보를 확인한다.
경제	나는 공정거래무역에 대해서 설명할 수 있다. 나는 물건을 구입할 때 지속가능성(원산지, 재료 등)을 고려하여 선택한다. 나는 기업의 이익 일부는 사회 발전을 위해 사용해야 한다고 생각한다. 나는 기업의 투명하고 책임 있는 활동을 알아보기 위해 인터넷 검색을 한 경험이 있다. 나는 국가가 경제적으로 어려운 사람들을 위해 더 많은 배려를 해야 한다고 생각한다. 나는 용돈을 사회공동 모금, 자선냄비 등에 기부한 경험이 있다. 나는 재래시장의 역할과 필요성에 대해 알고 있다. 나는 경제적 여유가 있는 사람들이 세금을 더 많이 내야 하는 이유에 대해 설명할 수 있다.
사회	나는 모든 사람은 존중받아야 하며 세계평화가 중요하다는 것을 알고 있다. 나는 화재 및 자연재해 발생 시 안전하게 대피하는 방법을 알고 있다. 나는 청년과 마찬가지로 나이든 어르신들에게도 일자리가 주어져야 한다고 생각한다. 나는 사회적 약자를 보호하기 위한 활동을 한 적이 있다. 나는 오염이나 항생제, 비위생적인 문제로 식품 안전이 위협받고 있다는 것을 알고 있다. 나는 불량식품이 우리 몸에 해롭다는 것을 다른 사람에게 알리고 사먹지 않는다. 학급회의는 민주적인 의사결정의 과정을 통해 이루어져야 한다고 생각한다. 나는 사회 문제를 해결하기 위해 봉사활동이나 기타 활동에 참여한 적이 있다. 나는 다른 나라 사람들과 함께 어울리며 살아가는 데 필요한 시민의식을 갖추었다고 생각한다. 나는 지나친 경쟁으로 국가 간의 불평등이 생겨나는 현상을 설명할 수 있다.

4) 기존 학습과의 관계 평가

지속가능발전교육 학습 평가에서 세 번째로 고려해야 하는 것은 기존 교과의 학습 목표이다. 지속가능발전교육은 기존의 다른 교육(교과)과는 별도로 독립적으로 진행되는 경우도 있지만, 기존에 진행되던 교육이 이미 있었던 상황에서 내용이 통합되면서 적용되는 경우도 많다. 예를 들어 전통적인 과학수업 시간에 에너지와 관련된 교육을 하다가 지속가능발전교육 차원에서 에너지 통합 교육을 진행하는 경우가 있다.

위와 같은 교육 상황이 발생되었을 때, 평가에서 꼭 고려해야 하는 것은 기존 과학 수업시간에 성취해야 하는 목표이다. 교수자들이나 연구자들은 통합 수업에 대한 평가에서 지속가능발전교육적 측면에서의 성과나 변화에만 집중하는 경향이 있는데, 이는 바람직한 접근이 아니다. 만약 앞에서 예로 든 통합 과학 수업을 받은 학생들이 지속가능발전교육적 측면에서는 유의미한 성취를 이룬 반면 당초 그 수업을 통해 이루어야 하는 과학적 목표에 도달하지 못했다면 이는 바람직하다고 할 수 있을까?

당연히 바람직한 지속가능발전교육 에너지 통합 수업은 당초의 에너지 수업에서 도달하고자 하는 목표를 성취함과 동시에 지속가능발전교육의 목표를 함께 성취하는 것이어야 한다. 따라서 기존에 있던 수업을 변형하거나 특정 교과의 교육과정 안에서 진행되는 지속가능발전교육의 경우에는 반드시 원래 수업에서 제시하고 있는 목표의 도달 여부를 평가할 필요가 있는 것이다.

2. 지속가능발전교육 교사 평가

1) 지속가능발전교육 교사 인식 평가: 양적 평가

교사들이 지속가능발전교육에 대해 어떻게 인식하고 있는지를 알아보는 것은 특정 시점에서 지속가능발전교육이 어느 정도 수준에 도달해 있는지 혹은 앞으로 성공할 가능성이 있는지를 알아볼 수 있는 좋은 기준이 된다. 따라서 다양한 연구자와 교육자들은 교사를 대상으로 지속가능발전교육에 대한 인식을 평가해오고 있다.

일반적으로 교사를 대상으로 지속가능발전교육에 대한 인식을 조사할 때에는 지속가능발전과 지속가능발전교육에 대해 어느 정도 알고 있는지를 확인한다. 그리고 현재 근무하고 있는 학교에서의 지속가능발전교육 수준에 대한 인식과 프로그램에 대한 조사를 포함하는 경우가 많다.

[표 6.6]은 이선경 등(2012)의 연구에서 활용했던 교사 인식 평가지를 약간 수정한 것으로 교사 인식 평가 항목과 내용이 잘 나타나 있다.

[표 6.6] 지속가능발전교육에 대한 교사 인식 평가지 예시

---

1. 선생님께서 지속가능발전(Sustainable Development: SD)에 대해 어느 정도 알고 계신지 가장 적합한 란에 ✔표 하십시오.
   - ☐ 잘 알고 있다   ☐ 조금 알고 있다
   - ☐ 용어만 들어 보았다   ☐ 전혀 알지 못 한다

2. 선생님께서 지속가능발전교육(Education for Sustainable Development: ESD)에 대해 어느 정도 알고 계신지 가장 적합한 란에 ✔표 하십시오.
   - ☐ 잘 알고 있다   ☐ 조금 알고 있다
   - ☐ 용어만 들어 보았다   ☐ 전혀 알지 못 한다

[표 6.6] (계속)

3. 선생님께서 계신 학교에 지속가능발전과 관련된 교육프로그램/활동이 있습니까?
   □ 있다   □ 없다

4. 선생님께서 계신 학교에서 이루어지는 교육 프로그램/활동이 다루고 있는 주제를
   다음 중에 골라 모두 ✔표 하십시오(복수 응답 가능).
   □ 인권   □ 평화   □ 갈등 해결
   □ 민주시민   □ 양성 평등   □ 문화적 다양성
   □ 생물다양성   □ 자연자원   □ 기후변화
   □ 에너지   □ 지속가능한 도시/촌락   □ 환경과 건강
   □ 빈곤 완화   □ 지속가능한 생산과 소비 □ 기업의 사회적 책임

5. 선생님께서 계신 학교에서 이루어지는 교육 프로그램/활동이 다루는 기능이나 역량
   을 다음 중에 골라 모두 ✔표 하십시오(복수 응답 가능).
   □ 비판적 사고   □ 시스템적 사고
   □ 미래지향적 사고   □ 불확실성을 고려한 의사결정
   □ 자기표현과 의사소통   □ 가치 명료화
   □ 타인과 생명에 대한 존중   □ 협의와 공감대 형성
   □ 전통과 혁신의 조화

6. 문항 4와 문항 5에 해당하는 교육 프로그램/활동이 있다면 그 이름을 적어주십시오.
   다수일 경우, 가장 대표적인 세 가지를 명기하여 주십시오.
   (1) _____
   (2) _____
   (3) _____

※ 문항 7~12는 문항 6에서 답한 교육 프로그램/활동의 전반적인 경향을 고려하
   여 답하시기 바랍니다(상충될 경우에는 가장 대표적인 프로그램/활동에 대해
   응답해 주십시오).

7. 문항 6의 교육 프로그램/활동이 어떤 형태로 이루어지는지 가장 적합한 란에 ✔표
   하십시오.
   □ 교과   □ 재량활동   □ 특별활동   □ 학교 행사
   □ 학교 전체적 접근   □ 기타(   )

8. 문항 6의 교육 프로그램/활동을 실시하게 된 계기가 무엇인지 ✔표 하십시오(복수
   응답 가능).
   □ 정부의 정책   □ 학교장의 관심   □ 교사의 열의   □ 학부모의 요구
   □ 사회적 요청   □ 기타(   )

[표 6.6] (계속)

9. 문항 6의 교육 프로그램/활동의 계획, 실행, 평가 단계에 실제로 참여한 주체를 ✔표 하십시오.

참여 주체	계획 단계	실행 단계	평가 단계
학교장	☐	☐	☐
교사	☐	☐	☐
학부모	☐	☐	☐
학생	☐	☐	☐
정부, 지자체	☐	☐	☐
지역사회 주민	☐	☐	☐
시민단체(NGO)	☐	☐	☐
기업	☐	☐	☐

10. 문항 6의 교육프로그램/활동을 실시하는 데 어려웠던 점은 무엇인지 중요한 세 가지를 골라 1~3의 순서를 매기시오.

교육 프로그램/활동 시 어려운 점	1순위	2순위	3순위
교재 및 수업자료 부족	☐	☐	☐
교사의 전문성 부족	☐	☐	☐
담당자의 잦은 변경	☐	☐	☐
교육과정 내 반영 부족	☐	☐	☐
수업 준비 등에 필요한 시간 부족	☐	☐	☐
학교장 등 관리자의 이해 부족	☐	☐	☐
예산의 부족	☐	☐	☐
기타( )	☐	☐	☐

11. 문항 6의 교육 프로그램/활동을 보다 잘 실시하기 위해 교사의 학습 기회가 제공되었습니까? 있었다면 ✔표 하십시오(복수 응답 가능).
    ☐ 학교 내 워크숍   ☐ 전문가 초청 강연
    ☐ 외부 연수   ☐ 우수 학교 방문
    ☐ 교사 회의   ☐ 연구회 운영
    ☐ 기타 (구체적으로) _____

12. 문항 6의 교육 프로그램/활동으로 인해 어떤 변화를 확인할 수 있었는지 환경적, 사회적, 경제적, 교육적 측면에서 적어 주십시오.
    – 환경적 측면 : _____
    – 사회적 측면 : _____
    – 경제적 측면 : _____
    – 교육적 측면 : _____

2) 지속가능발전교육 교사 인식 평가: 질적 평가

앞서 제시한 교사들의 지속가능발전교육에 대한 인식 평가 방법은 설문지를 활용한 양적 평가 방법이라고 할 수 있는데, 이러한 양적 평가 방법과는 다른 방법으로 질적 평가 방법이 있다. 질적 평가 방법은 양적 평가에 비해 보다 심층적으로 대상에 대한 평가를 할 수 있는 장점을 가지고 있다. 하지만 많은 대상을 동시에 평가하기가 어렵고 대상 한 명을 평가하는 데 많은 시간과 노력이 필요하다는 단점을 가지고 있다.

따라서 일반적으로 교사를 대상으로 지속가능발전교육에 대한 평가를 할 때에는 양적 평가 방법과 질적 평가 방법을 동시에 사용하는 경우가 많다. [표 6.7]은 주형선 등(2011)이 예비 초등교사를 대상으로 지속가능발전교육에 대한 인식을 면담을 통해 평가한 기준(프로토콜)이다.

[표 6.7] 예비 초등 교사를 대상으로 한 지속가능발전교육 면담 기준(프로토콜) 예시

초등학교에서 지속가능발전교육
– 초등학교에서 지속가능발전교육을 하기 좋은 과목(단원)은 어디라고 생각하는가? – 초등학교에서 지속가능발전교육을 한다면 어떤 교수학습방법이 좋을까? – 교사가 되었을 때, 지속가능발전교육을 수행할 의향이 있는가? 장애 요인은 무엇이라고 생각하는가? – 교생실습 때, 지속가능발전교육을 수행할 의향이 있는가? 장애 요인은 무엇이라고 생각하는가?

3) 지속가능발전교육 교사 평가: 교사 집단 평가

지속가능발전교육은 교사 혼자서 수업이나 교육 활동에 적용하는 경우가 있지만, 여러 교사들이 연계해서 프로그램을 만들거나 교육

활동을 공유하는 경우가 많다. 이는 지속가능발전교육이 다양한 영역과 교과의 연계를 기본적인 특성으로 하기 때문이다. 따라서 과거부터 현재까지 지속가능발전교육에 관심이 있는 교사들이 모여 연구회를 조직하고, 이러한 연구회를 중심으로 다양한 활동들이 이어져 오고 있다.

교사연구회와 같이 여러 교사들이 함께 모여 지속가능발전교육 프로그램을 개발하거나 교육활동을 할 때에 고려해야 할 사항은 다양한 교과가 협업을 하는 중에도 지속가능발전교육의 특성이 얼마나 잘 반영되는지, 기존 수업의 목표와도 잘 부합되는지, 우리나라의 교

[표 6.8] 지속가능발전교육 교사 연구회 평가 기준 예시

기준	세부 평가 기준	배점
창의성	· 제시하고 있는 ESD 연구 주제 및 차시별 수업 내용이 기존에 나와 있는 ESD 사례 및 수업 내용에 비해 차별성이 있는가? · 학생들의 창의적 사고 경험 제공 및 협동학습, 상호간 이해증진 등의 ESD의 효과를 높일 수 있는 창의적인 교수학습 방법을 사용하고 있는가?	20
적절성	· 선정한 주제와 내용이 지속가능발전교육에서 지향하는 환경·사회·경제 분야의 관계성 및 통합성을 실현하는 데 적절한가? · 연계과목 및 단원은 수업 모델에서 선정한 주제와 차시별 내용에 적합한가? · 제시된 수업 모델이 지속가능발전교육의 가치를 담고 있는가?	30
타당성	· 교사연구회 운영 및 수업 모델 개발 방법이 타당한 방법을 사용하고 있는가? · 수업지도안 및 결과물, 영상 등 예상 산출물이 전국 학교 및 교실에서 일반화하는 데 용이한가? · ESD과 관련해서 일회성이나 행사성 교육이 아닌 체계적이고, 학교 교육과정에 지속적으로 적용될 수 있는가?	30
수행 정도	· 제출한 최종 보고서 및 수업모델의 교수학습 자료로써의 완성도가 높으며, 수업자료가 성의 있게 구성이 되어 있는가?	20
합계		100

육 현실에 적용하기에 타당한지, 프로그램의 결과물의 질이 활용하기에 충분한지 등이다. [표 6.8]은 "2013 중등 지속가능발전교육 교사 연구회"를 평가한 기준으로 연구회 차원에서 지속가능발전교육을 운영할 경우의 평가 기준이 잘 나타나 있다.

3. 지속가능발전교육 학교 평가

지속가능발전교육 평가에서 학교는 하나의 평가 단위가 될 수 있다. 지속가능발전교육 학교 평가를 통해 학교 전반(교육과정, 운영, 기타 프로그램 등)에서 지속가능발전교육이 어느 정도 수준으로 이루어지고 있는지를 확인할 수 있다. 평가 범위가 학교 전반적인 사항 모두를 포괄하기 때문에 평가 영역이 다양한 것이 특징이다. [표 6.9]는 우정애 등(2007)이 유네스코에서 제시하고 있는 평가 지표를 보완해서 제시한 지속가능발전교육 학교 평가 지표인데, 이 학교 평가 지표에서는 평가 영역을 교육과정 영역과 정책과 절차 영역으로 구분한 후 정책과 절차 영역을 다시 "사회적, 경제적, 생태적, 민주적" 영역으로 구분한 것이 특징이다.

이러한 평가 지표를 통해 학교의 지속가능발전교육을 평가하는 것은 결국 전반적으로 학교교육과정 속에 지속가능발전교육과 관련된 요소가 얼마나 포함되어 있는지를 확인하는 것이며, 이와 함께 학교 시설, 자원 등이 지속가능발전 측면에 얼마나 부합하며, 학교 조직의 운영과 문화, 구성원이 지속가능발전 측면에서 보았을 때 그 수준이 어떠한지를 확인하는 과정을 포함한다는 것을 알 수 있다.

[표 6.9] 지속가능발전교육 학교 평가 지표 예시

영역	세부 지표
형식적 교육과정 정책과 교육적 협력 및 수업	지속가능발전교육의 목적과 목표에 대한 학교 정책 지속가능발전교육에 대한 교과 간의 협력 지속가능발전에 대한 쟁점의 도입 기회 지속가능발전 쟁점에 관한 교재 지속가능발전교육에 관한 교수의 평가
사회적인 지속가능성을 지원하는 정책과 절차	학교와 교육과정에서 성평등 쟁점 학교와 교육과정에서 다문화적인 사회생활의 준비 신체적 장애나 학습 장애를 가진 학생의 요구 교직원의 긍정적인 학생 행동 지원
경제적인 지속가능성을 지원하는 정책과 절차	학교의 종합적인 재활용 정책 학교의 에너지 효율 실행 학교의 자원 구입 학교건물과 주변의 심미적 즐거움 자연에 대한 조심스런 태도와 책임감 증진
생태적인 지속가능성을 지원하는 정책과 절차	학교의 자원 배치에 있어 협력과 공유 학생들의 지역사회 프로젝트 조직 기회 학생들의 학교 자원 배치 참여 기회 학교건물과 장비의 수리 정도 학교의 기금마련 활동의 윤리적인 원칙
민주적인 지속가능성을 지원하는 정책과 절차	자존심, 상호 존중, 인간적인 사회관계에 대한 학교 풍조 교직원과 학생의 학교 의사결정에 참여 기회 학생들의 지역사회 문제해결 참여 기회 지역사회와 학교 공동체에서 학교의 역할 학교의 사회적, 환경적인 진보에 대한 기여 정도

4. 지속가능발전교육 평가 지표

지속가능발전교육은 교육 내용적 측면에 대한 평가와 교육 방법적인 측면에서의 평가가 가능하며, 단위 수업에 대한 평가부터 학교 평가와 교육 정책 평가에 이르기까지 다양한 수준에서의 평가가 필요하다. 이러한 다양한 내용과 영역, 방법을 평가하기 위해 여러 연구자들이 평가 지표를 개발하였는데, 비교적 최근에 우리나라의 상황에 맞는 지속가능발전교육 평가 지표가 개발된 바 있다.[6] 해당 연구에서 제시한 지속가능발전교육을 평가하기 위한 지표는 [표 6.10]과 같다.

지속가능발전교육을 평가하는 지표 중 내용 지표는 교육 내용을 평가하는 지표로 지속가능발전교육이 다루고 있어야 하는 세부 영역의 내용을 어떤 기준으로 평가해야 하는지를 포함하고 있다. 세부 영역별 학습목표가 제시되어 있는데, 이 영역별 학습 목표는 평가 기준으로 활용할 수 있다.

[표 6.10] 지속가능발전교육 평가 지표

지표 구분	대표 영역	세부 영역
내용 지표	사회영역	인권존중, 성평등, 다문화이해, 갈등해결, 민주시민양성, 평화증진, 국제이해, 자원활동, 지역문화전수, 사회복지, 교육복지
	경제영역	공정거래, 빈곤퇴치와 국제개발협력, 기업의 사회적 책임, 책임소비
	환경영역	녹색성장, 친환경에너지, 탄소배출 감소, 쓰레기와 자원재활용, 생물다양성, 기후변화, 재해예방
운영 지표	사회영역	민주시민으로서 참여와 소통 보장, 지역사회와의 연대와 협력 증대, 지속가능발전교육에서 지역과 세계의 연계성
	경제영역	재활용 상품 구매 및 책임소비, 지역 경제에 기여
	환경영역	에너지와 자원의 절약, 여행과 이동에서의 탄소발자국 관리, 안전한 먹거리 확보
성과 지표	공통영역	교육과정으로서 완결성, 교육실천의 확산성, 교육의 실천적 적용, 교육활동의 지속성, 전환적 경험의 기회 제공, 변화와 발전의 성취

6) 박순용 (2011). 한국형 ESD 평가 지표(Indicator) 연구

운영 지표도 내용 지표와 같은 형식으로 세 영역으로 제시되어 있는데, 운영 지표는 평가하고자 하는 대상이 지속가능발전의 측면에서 운영되고 있는지를 확인하는 지표이다. 교육이 다루고 있는 내용들은 지속가능발전과 관련된 것이라 하더라도 그 교육이 이루어지는 절차와 방식이 지속가능발전의 측면에 부합하는지는 또 다른 문제이다. 따라서 지속가능발전교육 종합 평가에서는 운영지표에 대한 평가가 동시에 진행될 필요가 있다.

성과 지표는 평가 대상이 하나의 완결된 교육 활동으로 충분한 성과를 낼 수 있을 것인가를 평가하는 지표이다. 지속가능발전교육이 다른 교육 활동들과 마찬가지로 교육적인 요소를 충분하게 갖추고 있는지를 확인하는 지표이기도 하다.

7장

지속가능발전교육의 전망과 제언

> 좋은 것이란 거의 언제나 그 가치에 비해 값이 싸다.
> 나쁜 것이란 거의 언제나 그 가치에 비해 값이 비싸다.
>
> — 헨리 데이비드 소로

지속가능발전교육은 현재 우리나라뿐만 아니라 전 지구적으로 그 중요성을 인정받고 있고, 2015년에 DESD 기간이 끝나면서 실질적인 적용과 확산도 어느 정도 이루어졌다. DESD 기간 동안의 지속가능발전교육에 대한 정확한 평가는 이제 시작해야 하는 단계에 있지만 이미 국가별로 다양한 실천 성공 사례들이 보고되고 있다.

이러한 상황을 보면 지속가능발전교육은 그 개념이 처음 제시된 30여 년 전 이후부터 계속해서 발전하고 있다고 할 수 있다. 하지만 아직까지 지속가능발전교육을 교육에 접목하기가 쉽지 않은 국가들도 상당수 존재한다. 본 교재의 1장에 제시했던 것처럼 여전히 전 지구 인구의 20 %는 영양 공급이 충분하지 않은 기아 상태에 있고, 재산과 에너지 공급 불균형 상태가 심해지고 있으며, 고등교육을 받고 있는 인구는 단 1 %에 불과하다. 이렇게 상황이 좋지 않은 국가들에서 지속가능발전교육이 활성화되기 위해서는 최소한의 경제적 수준과 사회적인 안정, 기초교육 제공이 함께 병행되어야 한다. 지속가능발전과 지속가능발전교육은 기초적인 토대가 탄탄해야만 실현 가능하기 때문이다.

우리나라의 경우에는 지금까지 경제적인 측면, 사회적인 측면, 환경적인 측면에서 어느 정도 기본적인 토대를 다졌다고 볼 수 있기 때문에 지속가능발전교육이 잘 적용될 수 있는 조건이 갖추어져 있다고 할 수 있다. 실제로 최근 들어서는 초ㆍ중ㆍ고등학교 및 대학교에서 다양한 방식으로 지속가능발전교육을 강화하기 위한 노력이 진행되고 있고, 많은 교육자들이 지속가능발전에 대한 소양과 전문성을 쌓아가고 있다.

하지만 지속가능발전교육이 점차 자리를 잡아가는 과정에서 몇몇 보완할 부분이 포착된다. 우리나라의 지속가능발전교육이 더욱 발전하기 위해서 다음과 같은 내용에 대한 보완을 제안한다.

우선 우리나라의 지속가능발전교육 추진 방식은 대부분 국가 주도형의 "Top-Down 방식"이다. 지속가능발전교육이 외형적인 확장을 하고 있고, 국가 수준에서의 강한 추진력을 가지고 있지만 이러한 위로부터 아래로 향하는 방식은 지속가능발전의 기본적인 가치(개개인의 민주적인 의사결정과 자기 주도적인 행동, 다양한 의견의 조율과 사회적 합의 과정 등)와 대립되는 측면이 크다. 지금까지는 지속가능발전에 대한 기본적인 인식 확산을 위해 불가피하게 이러한 방식으로 진행했다면, 이후에는 학생, 교원, 일반인들이 각자의 수준에서 지속가능발전을 고민하고 실행하면서 합의해 가는 분위기가 국가 전반에 퍼져가는 방식으로 전환될 필요가 있다.

또 다른 부분은 지속가능발전교육은 교육의 전반적인 방향을 근본적으로 바꾸는 패러다임적 변화여야 하는데, 지금까지 우리나라에서 추진되고 있는 지속가능발전교육의 모습은 프로그램을 개발하거나 교원의 인식을 높이기 위한 연수를 하는 것과 같은 차원의 활동이 주를 이루고 있다. 다시 말해 지속가능발전교육에 대한 큰 그림 속에서 교육의 목표를 설정하고 내용과 방법을 고민하며, 학교 운영 전반에 대한 변화를 추구해야 하는데, 아직까지 우리나라는 이러한 차원에서의 노력은 잘 이루어지지 못하고 있는 것이다.

마지막으로 우리나라의 지속가능발전교육에서 우려되는 부분은 고착화되어 있는 교육자들의 인식이다. 우리나라는 교육을 통해 현재와 같은 성취를 이루어냈고, 이러한 성취는 세계의 많은 나라로부터 부러움의 대상이 되고 있다. 우리나라가 이만한 성취를 이루는 데 기여한 것은 기초소양교육에 우리 국민들이 열정적인 모습을 보였고, 교육자들은 헌신적으로 교육 활동에 전념했으며, 국가가 이를 적극 지원했기 때문이다.

하지만 이제는 상황이 달라졌다. 이제는 단순한 기초소양교육만으로는 국가와 사회의 지속가능발전을 기대하기가 어려운 상황이다. 따라서 교육자들도 이러한 시대적인 변화에 민감하게 반응하고 스스로 교육의 모습을 바꿔 나갈 필요가 있다. 기초소양교육을 충실히 하면서도 지속가능발전교육으로의 전환을 과감히 시도해야 하는 것이다. 이런 측면에서 우리나라의 교육자들은 아직까지 과거의 교육 형태를 벗지 못하는 경향이 강하며, 이러한 모습은 반드시 극복되어야 할 부분이다.

이상의 내용들이 보완된다면, 우리나라의 지속가능발전교육은 현재보다 한 단계 더 도약할 수 있을 것이다.

사실 지속가능발전이라는 발전 방식을 받아들이는 것은 선택의 문제라기보다는 필수적으로 요구되는 문제라고 할 수 있다. 그러한 발전 방식을 받아들이지 않으면, 우리 인류와 지구에 미래가 없기 때문이다. 지속가능발전교육은 이러한 지속가능발전을 모든 인류가 이해하고 실천할 수 있도록 하는 데 가장 중요한 역할을 할 수 있다. 우리가 지금부터라도 지속가능발전교육에 관심을 가져야 하는 이유이다.

참고문헌

교육과학기술부 (2010). 교육과학기술부 고시 제 2009-41호에 따른 고교 환경과 녹색성장 교육과정 해설서. 교육과학기술부.

김호석, 최석진, 강상규 (2011). 학교 교육과정 지속가능발전교육 (ESD) 강화방안 연구. 한국유네스코위원회.

남상준 (1995). 환경교육론. 대학사.

노선숙, 김민경, 임해미 (2007). 프로젝트기반학습 입문서. 교육과학사.

박순용, 서정기, 박수연 (2011). 한국형 ESD 평가지표(Indicator) 연구. 유네스코한국위원회.

박인기, 이지영, 이미숙, 김지남, 김수미, 이지영, 강문경, 채현정, 최영경, 성나래 (2013). 스토리텔링과 수업기술. ㈜사회평론.

박태윤, 성정희 (2007). 지속가능발전교육을 위한 교사 지침서. 유네스코한국위원회.

유네스코한국위원회 (2008). 지속가능한 미래를 위한 교육. 유네스코한국위원회.

유네스코한국위원회 (2012). 유네스코협동학교 길잡이. 유네스코한국위원회.

유네스코한국위원회 (2013). 지속가능발전교육 길잡이. 유네스코한국위원회.

유네스코한국위원회 (2013). 내일의 교육을 그리다: 유엔 지속가능발전교육 10년 2차 보고서. 유네스코한국위원회.

유네스코한국위원회 (2013). 지속가능발전교육 렌즈: 정책 및 실행 평가도구. 유네스코한국위원회.

이선경, 김남수, 김이성, 김찬국, 이재영, 이종훈, 장미정, 정수정, 정원영, 조우진, 주형선, 황세영 (2014). 지속가능발전교육 10년 (DESD) 국가보고서 작성연구. 유네스코한국위원회.

이상원, 최지연, 이태석, 황동국, 유동현 (2014). 지속가능발전교육 컨설팅 방안. 학습자중심교과교육학회지, 14(8), 285-309.

지속가능한 학교를 만드는 71가지 방법(www.suschool.org.uk).

청람환경교육연구회 (2010). 환경교사 전문성 신장 직무연수 자료집. 청람환경교육연구회.

최돈형 (2005). 환경교육학 입문. 원미사.

최돈형 (2007). 지속가능발전을 위한 「학교의제21」 개발. 충북청풍명월21실천협의회.

최돈형, 손연아, 이미옥, 이성희 (2007). 환경교육 교수학습론. 교육과학사.

최돈형, 조성화, 안재정, 홍현진, 정국초 (2011). 교사가 실천하는 지속가능발전교육: 미래 세대와 동행하기. 유네스코한국위원회.

최지연, 이상원, 유동현, 황동국, 이태석 (2013). 초등학교 학부모를 위한 지속가능발전교육 프로그램 개발. 실과교육연구, 19(3), 143-165.

한국과학창의재단 (2014). 지속가능발전교육 원격 연수 자료집.

UNESCO (2012). Shaping the Education of Tomorrow: 2012 Full-length Report on the UN Decade of Education for Sustainable Development.

UN (1987). Report of the World Commission on Environment and Development: Our Common Future.

UN (2002). Human Development Report 2002. UNDP.

UNESCO (2009). UNESCO World Conference on Education for Sustainable Development: Bonn Declaration.

UNESCO (2015). Teaching and Learning for a Sustainable Future: TLSF. (www.unesco.org/education/tlsf).

2008년 유네스코 지속가능발전시리즈 자료집.

2009년 충북의제21 환경교육연구학교 운영 보고서.

2011년 녹색교육 우수 사례집.

2011년 '환경과 녹색성장' 우수 프로그램 공모 수상집.

2012년 녹색교육 우수 사례 수상집.

2012년 교육부 지정 녹색성장 시범학교 운영보고서.

2013년 교육부 지정 지속가능발전교육 선도학교 운영보고서.

부록

국내외 지속가능발전교육사

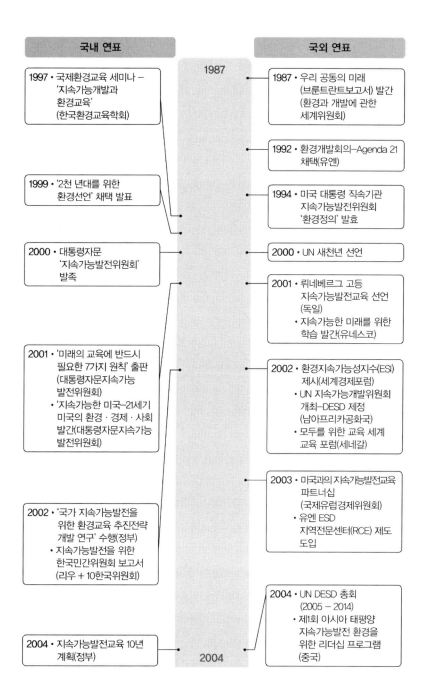

국내 연표		국외 연표

1987

1997 · 국제환경교육 세미나 –
'지속가능개발과
환경교육'
(한국환경교육학회)

1987 · 우리 공동의 미래
(브룬트란트보고서) 발간
(환경과 개발에 관한
세계위원회)

1992 · 환경개발회의–Agenda 21
채택(유엔)

1999 · '2천 년대를 위한
환경선언' 채택 발표

1994 · 미국 대통령 직속기관
지속가능발전위원회
'환경정의' 발효

2000 · 대통령자문
'지속가능발전위원회'
발족

2000 · UN 새천년 선언

2001 · 뤼네베르그 고등
지속가능발전교육 선언
(독일)
· 지속가능한 미래를 위한
학습 발간(유네스코)

2001 · '미래의 교육에 반드시
필요한 7가지 원칙' 출판
(대통령자문지속가능
발전위원회)
· '지속가능한 미국–21세기
미국의 환경 · 경제 · 사회
발간(대통령자문지속가능
발전위원회)

2002 · 환경지속가능성지수(ESI)
제시(세계경제포럼)
· UN 지속가능개발위원회
개최–DESD 제정
(남아프리카공화국)
· 모두를 위한 교육 세계
교육 포럼(세네갈)

2003 · 미국과의 지속가능발전교육
파트너십
(국제유럽경제위원회)
· 유엔 ESD
지역전문센터(RCE) 제도
도입

2002 · '국가 지속가능발전을
위한 환경교육 추진전략
개발 연구' 수행(정부)
· 지속가능발전을 위한
한국민간위원회 보고서
(리우 + 10한국위원회)

2004 · 지속가능발전교육 10년
계획(정부)

2004 · UN DESD 총회
(2005 – 2014)
· 제1회 아시아 태평양
지속가능발전 환경을
위한 리더십 프로그램
(중국)

2004

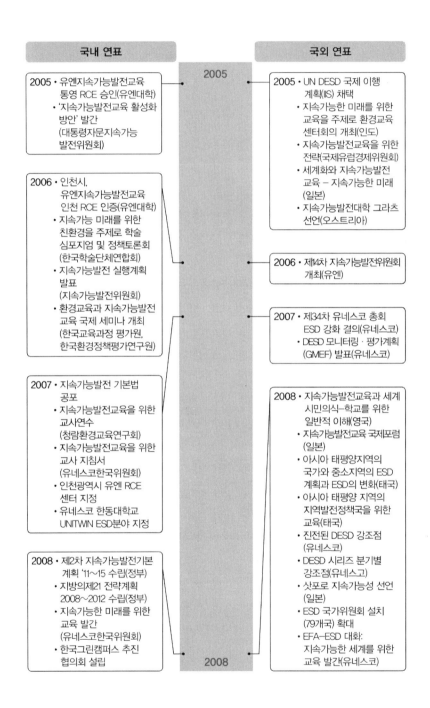

국내 연표		국외 연표
2005 · 유엔지속가능발전교육 통영 RCE 승인(유엔대학) · '지속가능발전교육 활성화 방안' 발간 (대통령자문지속가능 발전위원회)	**2005**	2005 · UN DESD 국제 이행 계획(IIS) 채택 · 지속가능한 미래를 위한 교육을 주제로 환경교육 센터회의 개최(인도) · 지속가능발전교육을 위한 전략(국제유럽경제위원회) · 세계화와 지속가능발전 교육 – 지속가능한 미래 (일본) · 지속가능발전대학 그라츠 선언(오스트리아)
2006 · 인천시, 유엔지속가능발전교육 인천 RCE 인증(유엔대학) · 지속가능 미래를 위한 친환경을 주제로 학술 심포지엄 및 정책토론회 (한국학술단체연합회) · 지속가능발전 실행계획 발표 (지속가능발전위원회) · 환경교육과 지속가능발전 교육 국제 세미나 개최 (한국교육과정 평가원, 한국환경정책평가연구원)		2006 · 제14차 지속가능발전위원회 개최(유엔) 2007 · 제34차 유네스코 총회 ESD 강화 결의(유네스코) · DESD 모니터링 · 평가계획 (GMEF) 발표(유네스코)
2007 · 지속가능발전 기본법 공포 · 지속가능발전교육을 위한 교사연수 (청람환경교육연구회) · 지속가능발전교육을 위한 교사 지침서 (유네스코한국위원회) · 인천광역시 유엔 RCE 센터 지정 · 유네스코 한동대학교 UNITWIN ESD분야 지정		2008 · 지속가능발전교육과 세계 시민의식–학교를 위한 일반적 이해(영국) · 지속가능발전교육 국제포럼 (일본) · 아시아 태평양지역의 국가와 중소지역의 ESD 계획과 ESD의 변화(태국) · 아시아 태평양 지역의 지역발전정책국을 위한 교육(태국) · 진전된 DESD 강조점 (유네스코) · DESD 시리즈 분기별 강조점(유네스고) · 삿포로 지속가능성 선언 (일본) · ESD 국가위원회 설치 (79개국) 확대 · EFA–ESD 대화: 지속가능한 세계를 위한 교육 발간(유네스코)
2008 · 제2차 지속가능발전기본 계획 '11~15 수립(정부) · 지방의제21 전략계획 2008~2012 수립(정부) · 지속가능한 미래를 위한 교육 발간 (유네스코한국위원회) · 한국그린캠퍼스 추진 협의회 설립	**2008**	

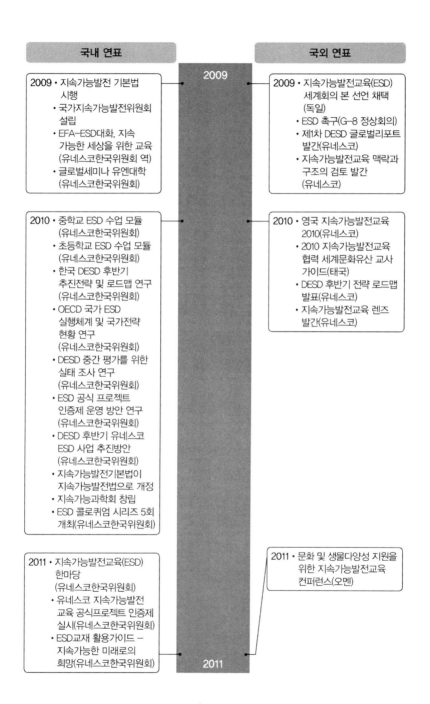

국내 연표		국외 연표

2009

2009 · 지속가능발전 기본법
시행
· 국가지속가능발전위원회
설립
· EFA-ESD대화, 지속
가능한 세상을 위한 교육
(유네스코한국위원회 역)
· 글로벌세미나 유엔대학
(유네스코한국위원회)

2009 · 지속가능발전교육(ESD)
세계회의 본 선언 채택
(독일)
· ESD 촉구(G-8 정상회의)
· 제1차 DESD 글로벌리포트
발간(유네스코)
· 지속가능발전교육 맥락과
구조의 검토 발간
(유네스코)

2010 · 중학교 ESD 수업 모듈
(유네스코한국위원회)
· 초등학교 ESD 수업 모듈
(유네스코한국위원회)
· 한국 DESD 후반기
추진전략 및 로드맵 연구
(유네스코한국위원회)
· OECD 국가 ESD
실행체계 및 국가전략
현황 연구
(유네스코한국위원회)
· DESD 중간 평가를 위한
실태 조사 연구
(유네스코한국위원회)
· ESD 공식 프로젝트
인증제 운영 방안 연구
(유네스코한국위원회)
· DESD 후반기 유네스코
ESD 사업 추진방안
(유네스코한국위원회)
· 지속가능발전기본법이
지속가능발전법으로 개정
· 지속가능과학회 창립
· ESD 콜로퀴엄 시리즈 5회
개최(유네스코한국위원회)

2010 · 영국 지속가능발전교육
2010(유네스코)
· 2010 지속가능발전교육
협력 세계문화유산 교사
가이드(태국)
· DESD 후반기 전략 로드맵
발표(유네스코)
· 지속가능발전교육 렌즈
발간(유네스코)

2011 · 지속가능발전교육(ESD)
한마당
(유네스코한국위원회)
· 유네스코 지속가능발전
교육 공식프로젝트 인증제
실시(유네스코한국위원회)
· ESD교재 활용가이드 –
지속가능한 미래로의
희망(유네스코한국위원회)

2011 · 문화 및 생물다양성 지원을
위한 지속가능발전교육
컨퍼런스(오멘)

2011

2011

2011 · ESD 연구과제: 학교 교육
  과정 ESD 강화방안 연구
  (유네스코한국위원회)
· 초등/중등 교감 유네스코
  지속가능발전교육(ESD)
  역량개발 직무연수
  (유네스코한국위원회)
· IAEC-UNESCO 국제교육
  심포지엄 자료집
  (유네스코한국위원회,
  창원시)
· 지속가능발전교육
  콜로퀴엄 시리즈 자료집
  (유네스코한국위원회)
· 지속가능발전교육 개황
  (유네스코한국위원회)

2012 · Rio+20 및 2012 ICLEI
  세계총회 참가
  (전국지속가능발전협의회)
· 초등 및 중등 지속가능
  발전교육 직무연수
  (서울특별시교육연수원)
· 청소년, 지역사회와 지속
  가능발전교육(ESD)을 말
  하다: 제14차 ESD 콜로퀴엄
  (유네스코한국위원회)
· 지속가능미래를 위한
  모의 유네스코 총회
  종합보고서: 세계화 시대
  문화다양성의 보호와 청소
  년의 역할
  (유네스코한국위원회)
· 한국형 ESD 평가지표
  연구
  (유네스코한국위원회)
· 중등 유네스코 ESD 수업
  역량강화 직무연수
  (서울특별시교육연구원)
· 지속가능발전교육 한일
  교사포럼
  (유네스코한국위원회)
· 창원-UNESCO 국제교육
  심포지엄: 모두를 위한 도시,
  교육과 지속가능발전
  (유네스코한국위원회)

2012 · 지속가능발전교육
  유네스코 국제 컨퍼런스
  (독일)
· 지속가능발전과 평화를
  위한 교육 간디협회 간디
  컨퍼런스(인도)
· 군소도서 개도국의 기후
  변화와 지속가능발전교육
  보고서(유네스코)
· DESD 유엔 보고서(유네스코)

2012

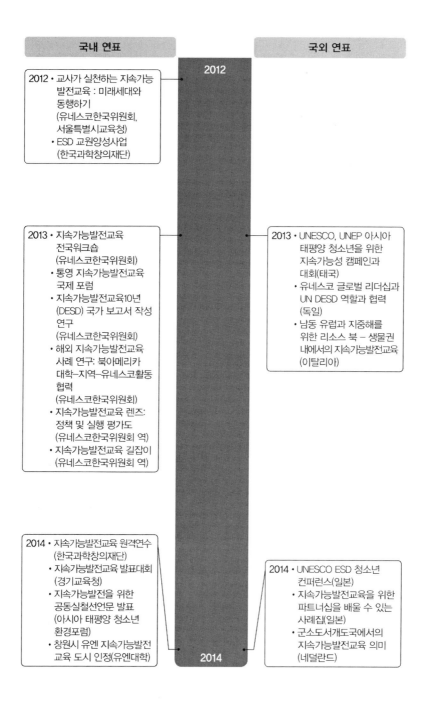

2012

2012 • 교사가 실천하는 지속가능
발전교육 : 미래세대와
동행하기
(유네스코한국위원회,
서울특별시교육청)
• ESD 교원양성사업
(한국과학창의재단)

2013 • 지속가능발전교육
전국워크숍
(유네스코한국위원회)
• 통영 지속가능발전교육
국제 포럼
• 지속가능발전교육10년
(DESD) 국가 보고서 작성
연구
(유네스코한국위원회)
• 해외 지속가능발전교육
사례 연구: 북아메리카
대학–지역–유네스코활동
협력
(유네스코한국위원회)
• 지속가능발전교육 렌즈:
정책 및 실행 평가도
(유네스코한국위원회 역)
• 지속가능발전교육 길잡이
(유네스코한국위원회 역)

2013 • UNESCO, UNEP 아시아
태평양 청소년을 위한
지속가능성 캠페인과
대회(태국)
• 유네스코 글로벌 리더십과
UN DESD 역할과 협력
(독일)
• 남동 유럽과 지중해를
위한 리소스 북 – 생물권
내에서의 지속가능발전교육
(이탈리아)

2014 • 지속가능발전교육 원격연수
(한국과학창의재단)
• 지속가능발전교육 발표대회
(경기교육청)
• 지속가능발전을 위한
공동실천선언문 발표
(아시아 태평양 청소년
환경포럼)
• 창원시 유엔 지속가능발전
교육 도시 인정(유엔대학)

2014 • UNESCO ESD 청소년
컨퍼런스(일본)
• 지속가능발전교육을 위한
파트너십을 배울 수 있는
사례집(일본)
• 군소도서개도국에서의
지속가능발전교육 의미
(네덜란드)

2014

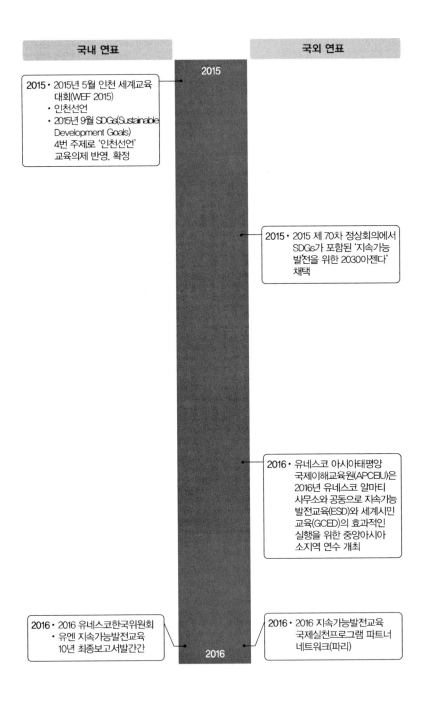

| 국내 연표 | | 국외 연표 |

2015

2015 · 2015년 5월 인천 세계교육
대회(WEF 2015)
· 인천선언
· 2015년 9월 SDGs(Sustainable
Development Goals)
4번 주제로 '인천선언'
교육의제 반영, 확정

2015 · 2015 제 70차 정상회의에서
SDGs가 포함된 '지속가능
발전을 위한 2030아젠다'
채택

2016 · 유네스코 아시아태평양
국제이해교육원(APCEIU)은
2016년 유네스코 알마티
사무소와 공동으로 지속가능
발전교육(ESD)와 세계시민
교육(GCED)의 효과적인
실행을 위한 중앙아시아
소지역 연수 개최

2016 · 2016 유네스코한국위원회
· 유엔 지속가능발전교육
10년 최종보고서발간간

2016 · 2016 지속가능발전교육
국제실천프로그램 파트너
네트워크(파리)

2016

찾아보기

교사를 위한 지속가능발전교육

교육과 지속가능발전의 만남

지은이 · **조 성 화 · 안 재 정 · 이 성 희 · 최 돈 형**
펴낸이 · **조 승 식**
펴낸곳· (주) 도서출판 **북스힐**
등 록 · 제22-457호
주소 · 서울시 강북구 한천로 153길 17
www.bookshill.com
E-mail · bookswin@unitel.co.kr
전화· (02) 994-0071(代)
팩스 · (02) 994-0073
저자 E-mail · treesarang@knue.ac.kr

2015년 2월 19일 1판 1쇄 발행
2016년 12월 20일 1판 2쇄 발행

값 **15,000원**
ISBN   978 - 89 - 5526 - 924 - 6

**본 도서 판매로 발생되는 인세는 전액
지속가능발전교육 확산을 위해 사용됩니다**